家藏文库

王阳明家书家训

〔明〕王阳明 著　　王程强 注译评

中州古籍出版社
·郑州·

图书在版编目（CIP）数据

王阳明家书家训 /（明）王阳明著；王程强注译评 . -- 郑州：中州古籍出版社，2024.9. --（家藏文库）. -- ISBN 978-7-5738-1423-4

Ⅰ. B248.2

中国国家版本馆 CIP 数据核字第 2024FP4093 号

JIACANG WENKU：WANG YANGMING JIASHU JIAXUN

家藏文库：王阳明家书家训

出 版 人	许绍山
选题策划	卢欣欣
约稿统筹	卢欣欣
责任编辑	张　雯
责任校对	刘丽佳　苏晓园
封面设计	王　歌
版式设计	曾晶晶

出 版 社	中州古籍出版社（地址：郑州市郑东新区祥盛街 27 号 6 层 邮编：450016　电话：0371-65723280）
发行单位	河南省新华书店发行集团有限公司
承印单位	河南新华印刷集团有限公司
开　　本	640 mm × 960 mm　1/16
印　　张	25.5
字　　数	325 千字
版　　次	2024 年 9 月第 1 版
印　　次	2024 年 9 月第 1 次印刷
定　　价	76.00 元

本书如有印装质量问题，请联系出版社调换。

前　言

家书，又叫家信，在电报和电话出现之前，非常重要。重要到什么程度呢？杜甫在《春望》一诗中说"烽火连三月，家书抵万金"。战火纷飞的年代，最让人牵肠挂肚的是家人的安危，这时候能收到一封远方家人报平安的家书，可谓价值连城。现在有了智能手机等，可以通话，可以视频，年轻人很难体会到家书的重要性。

现在很少有人写信，最常见的微信从某种意义上说，就是碎片化的家书。现如今，我们天天很忙，忙得没有耐心和家人多说几句话，浮躁得难以用心端详家人的容颜，家人浅浅的笑容、家人轻轻皱了下眉，我们都捕捉不到。我们关心家人，不仅要关心家人的身体健康、生命安全，还应该关心家人的精神健康。这个时候，蜻蜓点水一般的微信难以承载这份重任。

因此，我们重温家书就有了新的意义。

一、"三立"圣人

王阳明（1472~1529），名守仁，字伯安，尝筑室故乡阳明洞中，世称"阳明先生"，谥文成。余姚（今属浙江）人。中国历史上公认的立德、立功、立言的"真三不朽者"。王阳明的一生真正做到了知行合一，既是伟大的哲学家、思想家,也是一位伟大的政治家、军事家。他的思想在明代中后期的思想界占据重要地位,在后世更是影响深远。王阳明的思想被称为"阳明心学"。阳明心学是中国传统文化中的精华,也是增强中国人文化自信的切入点之一。

阳明心学来自于王阳明的生命实践。

家风优良。王阳明是王姓第74代①。曾祖王杰为纪念创建开封三槐堂②的先祖,自号"槐里子"。祖父王伦一辈子教书育人,以诗书传家。父亲王华学有所成,当过弘治、正德两任皇帝的老师。

少年立志。王阳明12岁时有一次问老师:"什么是天下第一等事业?"老师说:"好好读书,考中进士。"他疑惑地说:"第一等事业恐怕不是考中进士,应该是好好读书,学圣贤,做圣贤。"

悟道龙场。正德三年(1508),他被贬到位于贵州深山的龙场驿做从九品的驿丞。龙场生存环境极端恶劣,在生命朝不保夕中,他悟道了,悟通"格物致知"。

事上磨炼。从弘治十二年(1499)到嘉靖七年(1528),在贵州贵阳、江苏南京、安徽滁州、江西等地,他经历政事和战事的磨炼。正德十二年(1517)正月,王阳明巡抚南赣汀漳等处,用一年多的时间,剿灭肆虐多年、祸乱四省的三大土匪集团。正德十四年(1519),他出差路过江西丰城,遭遇朱宸濠叛乱,前后仅仅43天,就平定叛乱。嘉靖七年(1528),他在广西用不到一百天时间,捣毁八寨和断藤峡两大土匪集团。

悟道,意味着先天智慧的开启和内心道德的确立。在智慧的指引下,在道德的规范下,他实现了剿匪安民和平叛定国,做到了仁政爱民和忠君

---

①王姓第74代:王姓创姓始祖是周灵王太子晋。
②三槐堂:王姓的堂号,始于北宋初年王祜(924~987)。王祜在庭院里种植三棵槐树,来祝愿子孙后代繁荣昌盛。

报国。不凡的经历，检验了他的智慧，落实了他的道德，成就了他的思想。从此，他著书和讲学，言之有物，言之有据，言之有理。著作有《传习录》和《王文成公全书》。

王阳明思想包含四项核心内容：心即理、知行合一、致良知和万物一体。晚年时，他把自己的思想总结为"致良知"。

这样，一位圣贤的家书家训就有了不一般的意义。

二、内容与体例

本书共收录王阳明家书家训47封（篇）：写给父亲的6封、给诸弟的11封、给儿子的13封、给诸侄的1封、给太叔的3封、给妻弟和妻侄的3封、给姑表弟的4封、给舅表侄的3封、给自己的1封、给弟子及其他的2封。

其中，《客座私祝》属于家训内容。《四箴》本来是王阳明45岁时用来自我警示的，在正德十一年（1516）冬，他曾抄给弟子白说。这赋予了《四箴》教训弟子的意义。圣贤的家书，本身就有训导子弟的内涵，因此将本书命名为《王阳明家书家训》。

全书根据家书家训写给谁分为十章。体例为家书家训原文、随文的页下注、古文今话、阳明智慧和故事链接。书末另有附录，即王阳明年谱、家风传承、十大弟子。

古文今话，是家书家训的白话大意；阳明智慧，是对每封（篇）家书家训做的点评；故事链接，是为家书家训配编的故事。阳明智慧，或者对家书家训蕴含的各个智慧点做出提炼和总结，或者就某一个智慧点展开说，点破智慧的内核，说透它对人生的指导意义。故事链接，所谓故事，取"过去的事情"这个意思，不追求故事情节的完整，不讲究故事要素的齐全，只讲述故事包含的事实和道理。所谓故事是从家书家训中某一个概念、某一个人物、某一个道理发散，引出同类的历史故事。例如：有的故事，延伸了书信背景，叙述王阳明的生平；有的故事，拓展了书信或家训内涵，介绍王阳明的思想；有的故事，罗列师承关系，隐含着尊师重道的意义；有的故事，对王阳明思想，做了与时俱进的创新；等等。在此部分，对心即理、知行合一、致良知、万物一体等的介绍既简洁又通俗。

王阳明晚年得子，却没时间、精力陪在儿子身边教导他。让王阳明付出更多心血的是他成百上千的弟子。嘉靖八年（1529），王阳明去世时，为他送殡的弟子达上千人。据现有文献可知，王阳明亲传弟子有300余人；其中进士有108个。许多弟子在王阳明的教育启发下，开启了心中良知，生命得到觉醒与成长，成为建设国家的有用人才。本书书末附录介绍了他的十大弟子，可供参考。

三、六大板块

王阳明家书家训包含六大板块：读书明理、日常践行、人生立志、榜样力量、自我批评、对标圣贤。

读书明理。继子正宪是王阳明叔叔王衮的孙子，年幼时便过继给王阳明。在给克彰太叔的书信中，王阳明说不指望正宪能通过科举考试，取得功名，光宗耀祖，只希望他能够懂得尊敬长辈、友爱兄弟姐妹。在正德十二年（1517）二月给徐爱等人的书信中，他说正宪读书时表现得很笨，对他不抱太高希望，只希望他能够看守住门户就可以了。既然正宪读书时表现得笨，王阳明为什么多次要求他读书呢？在要求正宪读书时，王阳明说得很清楚，要他通过读书明白做人做事的道理，规范自己的一言一行。

日常践行。家书家训内容丰富，蕴含着深刻的中国传统文化思想，比如孝敬长辈、友爱兄弟姐妹等。不少内容是琐碎的家长里短，比如问候奶奶身体可好、父母是否安康、弟弟学习成绩如何等，再如汇报自己的身体状况、工作动向、喜悦烦恼及朋友交往等。

人生立志。在《示弟立志说》中，他详细说明了青少年立志的重要性，并介绍了如何立志和如何坚守志向。他说心中的志，是全身气的统帅，简直是人的命，拿一棵树做比喻就是树根，拿一条河做比喻就是源头。立志，是多封书信中的主题，有对弟弟说的，有对太叔说的。

榜样力量。在《寄诸弟书》中，他提出的榜样是知错能改的圣人孔子和春秋大贤蘧伯玉。在给父亲的信中，王阳明提出让弟弟跟从品行优良的王文辕学习。在给堂弟的信中，王阳明提出要以友爱的祖辈为榜样。在给儿子的信中，他三番五次地强调，要跟从具有君子品格的魏廷豹、王畿、钱德洪等人学习。

自我批评。这是王阳明家书家训中的特色。在给父亲的信中，他提及一个读书人写信批评他，他没有强调自己的无辜，而是反省自己，认为自己空谈好名又名不副实。正德十三年（1518），在给堂弟的两封信中，他对自己做了深刻而全面的批评。《四箴》更是一篇全面开火的自我批评。

对标圣贤。这是王阳明家书家训中最为显著的特点。尤其是在《寄诸弟书》中，他提出的榜样是圣人孔子和大贤蘧伯玉，指出的方法是发现错误立即改正。他把做圣贤的方法简单化，把做圣贤的标准明白化。他说，心中产生要改正错误的念头时，当下就是大贤；错误一改正，当下就是圣人。给闻人表弟的书信中，他谆谆教导的是如何做圣贤。给弟弟、给儿子的书信，苦口婆心、再三叮咛的是做圣贤。

四、两个突出特色

本书有两个突出特色：对传统文化创新性地继承，表现在对格物致知的综合性辨析；对王阳明思想创造性地发展，表现在对"致吾心之良知于事事物物"发展性的解读。

在贵州龙场，王阳明悟通《大学》"格物致知"，对"格物致知"的解释不同于南宋学者朱熹（1130~1200）。受历史局限，当时的学科分类不清晰。以前的学问，被简单地称为"做人做事"学问。按现代学科分类，朱熹对"格物致知"的解释，包含两门学科，即自然科学与社会科学。王阳明对"格物致知"的解释前后不同，正德三年（1508），龙场悟道后，他解释为"格物致良知"；正德十五年（1520）后，简称为"致良知"；嘉靖四年（1525），解释为"致良知"与"致吾心之良知于事事物物"。

朱熹对"格物致知"的解释是，研究各种物质，明白和利用其中的物理，这属于自然科学；研究各种事务，了解和掌握各种事务的规律，这属于社会科学。自然科学的研究成果是科技进步和物质文明，社会科学的研究成果是社会和谐、进步和文明。

朱熹对"格物致知"的解释不局限于自然科学和社会科学，他有更高的追求。他认为自然科学知识和社会科学知识一旦融会贯通，就达到了哲学的境界。

王阳明对"格物致知"的解释，即"格物致良知"，简称"致良知"。在内心做学问，属于心性科学，成果是自己心中良知的开启和彻底彰显。这一成果用过去的话说，是悟道和得道；用现代语言说，是一个人心灵的彻底解放和彻底自由。为了回答顾内不顾外的质疑，嘉靖四年（1525），王阳明提出了"致吾心之良知于事事物物"，即用良知之心来研究自然科学和社会科学。换种说法，即是用哲学来指导自然科学和社会科学研究。不幸的是，一是局限于历史；二是王阳明突然去世，他没来得及说清楚，如何致良知于事事物物。

王阳明和朱熹，对《大学》"格物致知"的解释，各有侧重、各有突破、各有局限，却共同丰富了中华民族的思想宝库。

本书对如何致良知于事事物物做了创新性的继承和创造性的发展。简单地说，就是用一颗没有患得患失、廓然大公的纯粹之心，来进行自然科学研究和社会科学研究。具体内容，可参看书中《阳明心学核心思想——致良知》与《阳明心学的创造性发展：致良知与致良知于事事物物》。

五、结语

致良知，是本书的灵魂。对"致良知"注解得最好的是"四句教"。嘉靖六年（1527）九月初八日夜，弟子钱德洪与王畿发生争论，王阳明总结两个弟子的言论，提出了"四句教"："无善无恶是心之体，有善有恶是意之动。知善知恶是良知，为善去恶是格物。"他对钱德洪和王畿说，这四句话是接引学生的口诀。

"四句教"中含有良知的属性、功能和致良知的方法，其中方法是"为善去恶"。

王阳明家书家训，可以辅助我们立志：

为善去恶致良知，知行合一做圣贤。

目 录

一 写给父亲

寓都下上大人书　正德六年（1511）　3
上大人书一　正德七年（1512）　9
上大人书二　正德七年（1512）　22
上大人书三　正德七年（1512）　30
寓赣州上大人书　正德十三年（1518）　36
寓吉安上大人书　正德十四年（1519）　43

二 写给弟弟

与徐曰仁　弘治十七年（1504）　53
示徐曰仁应试　正德二年（1507）　60
与徐曰仁　正德六年（1511）　67
寄诸弟书　正德十一年（1516）　75
与弟伯显一　正德十一年（1516）　83
与弟伯显二　正德十一年（1516）　89
与曰仁诸弟书　正德十二年（1517）　96

与诸弟书　正德十三年（1518）……………………… 106

寄诸弟　正德十三年（1518）………………………… 116

寄余姚诸弟　正德十六年（1521）…………………… 123

寄伯敬弟　嘉靖四年（1525）………………………… 133

三　写给儿子

示宪儿　正德十三年（1518）………………………… 141

书正宪扇　嘉靖四年（1525）………………………… 146

书扇示正宪　嘉靖六年（1527）……………………… 153

寄正宪男手墨　嘉靖六年（1527）…………………… 158

赴任两广途中的三封残信　嘉靖六年（1527）……… 164

岭南寄正宪男　嘉靖六年（1527）…………………… 172

平南家书　嘉靖六年（1527）………………………… 179

南宁家书　嘉靖七年（1528）………………………… 188

广州家书一　嘉靖七年（1528）……………………… 196

广州家书二　嘉靖七年（1528）……………………… 202

评判家仆　嘉靖七年（1528）………………………… 208

四　写给侄儿

示诸侄　正德十二年（1517）………………………… 217

五　写给太叔

与克彰太叔　正德九年（1514）……………………… 227

书石川卷　正德九年（1514）………………………… 233

又与克彰太叔　正德十五年（1520） ………………… 240

六　写给妻弟、妻侄
寄诸用明　正德六年（1511） …………………………… 249
书诸阳伯卷　正德十三年（1518） ……………………… 255
书诸阳伯卷　嘉靖三年（1524） ………………………… 260

七　写给姑表弟
送闻人邦允序　正德七年（1512） ……………………… 271
寄闻人邦英、邦正一　正德十三年（1518） …………… 276
寄闻人邦英、邦正二　正德十三年（1518） …………… 283
寄闻人邦英、邦正三　正德十五年（1520） …………… 289

八　写给舅表侄
写给舅表侄儿郑邦瑞一　嘉靖四年（1525） …………… 297
写给舅表侄儿郑邦瑞二　嘉靖四年（1525） …………… 302
写给舅表侄儿郑邦瑞三　嘉靖四年（1525） …………… 306

九　写给自己
四箴　正德十一年（1516） ……………………………… 315

十　写给弟子及其他
示弟立志说　正德九年（1514） ………………………… 327
客座私祝　嘉靖六年（1527） …………………………… 339

附录
　王阳明年谱 ·· 347
　家风传承 ·· 349
　十大弟子 ·· 363
主要参考书目 ·· 388
后记 ·· 390

一

写给父亲

寓都下上大人书①

正德②六年（1511）

寓都下③男④王守仁百拜书上父亲⑤大人膝下：

前月王寿与来隆去，从祁州⑥下船归，计此时想将到家矣。迩惟祖母老大人、母大人起居万福为慰。男辈亦平安。媳妇辈能遂不来极好，倘必不可沮，只可带家人、媳妇一人，衣箱一二只，轻身而行。此间决不能久住，只如去岁⑦江西，徒费跋涉而已。来隆去后，此间却无人，如媳妇辈肯不来，须遣一人带冬夏衣服，作急随便船来。

男尔来精神气血殊耗弱，背脊骨作疼已四五年⑧，近日益甚。欲归之计，非独时事足虑，兼亦身体可忧也。

---

① 此家书手札真迹藏于中国国家博物馆。
② 正德：明朝皇帝朱厚照的年号（1506~1521）。
③ 都下：京都，信中指北京。明代有北京和南京两京，各有一套中央机构。南京，又称南都、留都。
④ 男：儿子。男子对父母自称"男"，习惯用法。
⑤ 父亲：王华（1446~1522），字德辉，晚号海日翁，明余姚（今属浙江）人，少时住余姚，中状元后迁居绍兴。成化十七年（1481）状元，累官至南京吏部尚书。做过弘治皇帝朱祐樘的讲课老师，辅导过皇太子时的朱厚照。第一任妻子郑氏，生阳明。第二任妻子赵氏，生一女，嫁徐爱；生一子守文。侧室杨氏，生子守俭、守章。
⑥ 祁州：今河北安国。
⑦ 去岁：即正德五年（1510）。正德五年三月到十月，王阳明在江西省吉安府庐陵县当知县，十一月按例进京朝觐，十二月调任南京刑部六品主事。正德六年（1511）正月，改任吏部主事。
⑧ 背脊骨作疼已四五年：正德元年（1506）王阳明入狱被廷杖三十，留下后遗症。

闻欲起后楼，未免太劳心力，如木植不便，只盖平屋亦可。余姚①分析事不审如何？毕竟分析为保全之谋耳。

徐妹夫②处甚平安。

因会稽③李大尹④行便，奉报平安。省侍未期，书毕不胜瞻恋之至。

五月初三，男守仁百拜。

【古文今话】

儿王守仁从北京给父亲大人行礼：

上个月，王寿与来隆离开京师，在祁州转水路乘船回去，计算日子这个时候他们应该到家了。近来，奶奶老大人、母亲大人身体健康、诸事顺心，这让儿子心里感到很是安慰。

儿子在京师也平安无事。儿媳妇最好能不来京师，如果劝阻不住，一定要来，只可带家人和一个女佣，随身带一两只箱子装衣物等行李，这样行路轻便。此地绝对不是长住的地方，就像去年儿媳妇（从浙江老家）去江西，长途跋涉，一路颠簸，只落得来回折腾。来隆离开后，此地缺少使唤的人手，如果媳妇愿意不来，只需派一个人，带上冬天和夏天穿的衣物，乘坐方便的船只，尽快来京。

儿子身体近来气血不足，精神衰弱，四五年来脊背骨一直疼痛，这段日子疼痛得更厉害了。有辞职回家乡的打算，不单单因为朝政令人担忧，

---

① 余姚：成化八年（1472），王阳明出生于余姚。
② 徐妹夫：徐爱（1487~1517），字曰仁，又字仲仁，号横山，明余姚人。正德三年（1508）进士，曾任祁州知州、南京兵部员外郎、南京工部郎中等。《传习录》的第一位记录者。
③ 会稽：明代绍兴府下属县。
④ 大尹：借古官名代指府县行政长官，这里指会稽知县。尹，古代官名。

身体状况令人忧心也是一个原因。

听说家里准备再建一座后楼，父亲大人难免要费心劳力。如果建楼的木料不容易买办，就盖一座平房也可以。

余姚老家大家庭分家的事进展到哪一步了？大家庭分家毕竟是保全家产的一个办法。

徐妹夫那里一切平安。

趁会稽县李懋知县离京回浙的方便，捎回家书，向父亲大人禀报平安。

哪一天能够回家探望，膝下尽孝，还不得而知，写罢信，心中对大人的依恋之情更浓烈了。

五月初三日，儿守仁百拜。

【阳明智慧】

尊重只比自己大三岁的继母赵夫人

这封信写于正德六年（1511）。

这封信中提到三位长辈，一是祖母岑老夫人，二是父亲王华，三是继母赵夫人。王阳明亲生母亲郑氏于成化二十年（1484）去世，那时王阳明13岁。生母去世后不久，有了继母赵夫人。赵氏嫁入王家时17岁，比王阳明大3岁。这对继母子初次见面时，一个17岁，一个14岁，更像姐弟。但是，辈分上是两代人。儒家非常讲究名分，推崇各安本分。母亲去世后，父亲王华不仅娶了赵氏，还纳了一个侧室杨氏。王阳明弘治二年（1489）娶妻诸氏，那时他18岁。失去母亲和娶妻中间有四年时间，需要赵氏和杨氏照料生活。后来，在赣州做巡抚，完成剿匪任务后，王阳明请求退休，在请假奏疏中，他说，自己母亲去世早，是奶奶抚养自己长大，现在奶奶年近百岁，需要照顾，他请求回家照顾奶奶。

事实上，继母赵夫人对他的照顾是有限的。但是继母赵夫人照顾了他父亲和奶奶几十年，生了他的妹妹和弟弟。尊重她不仅是名分，还有情分。

根据现有资料，赵氏出身平民，是一个贤妻良母，也是一个优秀嫡母。有四件事可以证明：

一、勤俭持家，热爱劳动。王家家大业大，有仆人，有小老婆，有儿媳妇，赵氏仍能做到亲自纺花织布。孩子们劝她别干了，她还不高兴。

二、把做官的资格让给庶子。王华做礼部侍郎时，是正三品大臣，按规定可以安排一个儿子或者孙子进入国子监学习。监生资格约相当于举人，毕业后可以做官。当时，赵氏的儿子守文年少，杨氏的儿子守俭年长。按照封建宗法制度，这个监生资格要给长子王阳明，但是王阳明已经是进士，不需要了。按资格排序，首先是嫡子，然后是庶子。这时候，赵夫人说：“守文是我儿子，守俭难道不是我儿子？”于是，让守俭进入国子监学习，守俭毕业后做了官。守俭比王阳明小24岁，守文比王阳明小约29岁，兄弟俩相差没几岁。这样一让，王守文直到30年后的嘉靖十六年（1537）才考中举人，没有考中进士，最后进入国子监学习，毕业后才获得了做官的资格。

三、照看家门。赵夫人过70大寿时，感慨地说："守仁撇下了孤儿！我虽然老了，家门的事情还能照看，不能辜负了对国家有功的守仁呀！"

四、照顾侄儿。王阳明伯父王荣去世早。王阳明弟子邹守益在文章中提到，赵氏对王荣的孩子也很照顾，还带到了北京抚养。

信中，王阳明尊称只比自己大3岁的继母为"母大人"。尽管这只是王阳明的本分，但是在今天，对我们仍是一个启示。现在重组家庭多，能够尊重继母、继父，其实是对自己亲生父亲或母亲的尊重。

因为继子王阳明被封新建伯，赵夫人被封一品诰命夫人。

【故事链接】

王阳明的大家庭

弘治十二年（1499）春，王阳明考中进士。殿试考试卷子上要求每个考生填写自己的家庭状况。他是这样写的：王守仁，浙江绍兴府余姚县，民籍。国子监学生。主修《礼记》。字伯安，排行第一，28岁，生于九月三十日。曾祖父王杰是国子监生，祖父王天叙受赠右春坊右谕德，父亲王华右春坊右谕德。母亲郑氏受赠宜人，继母赵氏封宜人。父母健在。弟弟守义、守礼、守智、守信、守恭、守谦。娶诸氏。浙江乡试第70名，会试第2名。

上文中有5处需要解释：一、明代科举考试，中央级考试有会试和殿试，会试是淘汰选拔考试，由礼部组织，优胜者被称为贡士；殿试是排序选拔考试，名义上由皇帝亲自组织，所有考生都予以进士出身。二、明代科举考试，《大学》《中庸》《论语》《孟子》这四书属于必考内容，《诗经》《周易》《礼记》《尚书》《春秋》这五经任选一经。王阳明主修《礼记》。三、封与赠：给生人官爵称为"封"，给去世的人官爵称为"赠"。四、右春坊右谕德，是负责皇太子教育的机构詹事府下属官员，正五品。赠予去世的父亲、祖父、曾祖父官爵，是按做官人的现任官爵来算的。五、宜人，是对五品官员妻子的封赠爵号。

王阳明哪来这么多弟弟？这涉及对儒家《大学》中"齐家"的理解。

王阳明父亲弟兄三人，老大王荣，号半严；老二王华，字德辉，号实庵，晚年号海日；老三王衮，字德章，号易直。王荣有儿子王守义、王守智、王守温；王衮有儿子王守礼、王守信、王守恭；王华有儿子王守仁、王守俭、王守文、王守章。考卷中列出的弟弟是王阳明伯父王荣和叔叔王衮的儿子，属于叔伯兄弟。兄弟排序不在一奶同胞兄弟之间，而是在叔伯兄弟之间。从祖父王伦这里算起，王阳明是长孙，依次是二弟王守义，三弟王守礼，四弟王守智，五弟王守信，六弟王守温，八弟王守恭，九弟王守俭，十弟王守文。守谦，可能是伯父王荣的儿子。

中进士这一年，弟弟守俭4岁，考卷中没有列上，可能是因为没有成年。守文、守章也还没有出生。

王阳明给这些弟弟都写过"家书"。过去说，长兄如父，长兄负有教育、引导、扶助弟弟的责任。伯父、父亲、叔叔去世后，王阳明就成了家族的族长，更负有教育指导子弟的责任。

嘉靖四年（1525），作为族长，王阳明召集在余姚的弟弟们来绍兴召开家族会议。

这封信最后，王阳明问父亲，余姚老家大家族的老宅子和田产分给各家自己经营照管的工作完成了没有，简单说就是分家分完了吗？不仅这封信催问，下封信中继续催问。分家的原因在下面的家书中有解释，皇帝荒唐胡闹，宦官专权，天下要大乱，家大业大，容易惹人惦记。

这个时候，因为老奶奶健在，大家族还是一个统一的经济单位。大家族团结和睦，这也是朝廷号召的。进士考卷中要求填写叔伯兄弟，就是一个例证。

王阳明与弟弟王守俭、王守文、王守章的大家庭，一直等到他去世后，才由弟子们帮助分了家。

由此可以知道，《大学》中说的"齐家"，是要齐一个大家族。聚族而居，可能是一个村，能做好族长，就能做好村主任。能做好村主任，也就为做好县长、省长等准备了一定的条件。《大学》中"修身、齐家、治国、平天下"的逻辑关系就是这样建立的。

上大人书一

正德七年（1512）

父亲大人膝下：

毛推官①来，□②大人早晚起居出入之详，不胜欣□。弟恙尚未平，而祖母桑榆暮□，不能□。为杨公③所留，养病致仕皆未能遂，殆亦命之所遭也。人臣以身许国，见难而退，甚为不可。但于时位出处④中，较量轻重，则亦尚有可退之义，是以未能忘情；不然，则亦竭忠尽道，极吾心力之可为者，死之而已，又何依违观望于此，以求必去之路哉！

昨有一儒生⑤，素不相识，以书抵男，责以"既不能直言切谏，而又不能去，坐视乱亡，不知执事今日之仕，为贫乎？为道乎？不早自决，将举平生而尽弃，异日虽悔，亦何所及"等语，读之良自愧叹。交游之中，往往有以此意相讽者，皆由平日不务积德，而徒窃虚名，遂致今日。士夫不考其实，而谬相指目，适又当

---

①推官：官名，分管狱讼审判等。此指绍兴府推官毛伯温。
②□：古籍保存不善，造成文字脱落。下同。
③杨公：杨一清（1454~1530），字应宁，号邃庵，镇江丹徒（今江苏镇江）人，祖籍云南安宁。明代名臣，做过吏部尚书，官至内阁首辅。王阳明从南京刑部主事调任北京吏部主事，升员外郎、郎中、南京鸿胪寺卿，都曾受到时任吏部尚书的杨一清关照。公，明代对父辈、祖辈男子尊称"公""丈""翁"。
④出处：出仕和退隐。
⑤儒生：指研习儒家学说的学者，泛指读书人。

此进退两难之地，终将何以答之？反己自度，此殆欺世盗名者之报，《易》所谓"负且乘，致寇至"者也。

近甸①及山东盗贼奔突，往来不常。河南新失大将②，贼势愈张。边军久居内地，疲顿懈弛，皆无斗志，且有怨言，边将亦无如之何。兼多疾疫，又乏粮饷，府库外内空竭。

朝廷费出日新月盛，养子③、番僧、伶人、优妇居禁中④以千数计，皆锦衣玉食。近又为养子盖造王府，番僧崇饰塔寺，资费不给，则索之勋臣之家，索之戚里⑤之家，索之中贵⑥之家；又帅养子之属，遍搜各监内臣所蓄积；又索之皇太后。又使人请太后出饮，与诸优杂剧求赏；或使人绐⑦太后出游，而密遣人入太后宫，检所有尽取之。太后欲还宫，令宫门毋纳，固索钱若干，然后放入。太后悲咽不自胜，复不得哭。又数遣人请，太后为左右所持，不敢不至；至，即求厚赏不已。或时赂左右，间得免请为幸。宫苑内外，鼓噪火炮之声⑧昼夜不绝，惟大风雨或疾病，乃稍息一日二日。臣民视听习熟，今亦不甚骇异。

永斋⑨用事，势渐难测。一门二伯、两都督，都指挥、指挥十数，千百户数十，甲第、坟园、店舍，京城之外，连亘数里。城中

---

①甸：郊外。
②新失大将：正德七年（1512）三月，在河南剿匪的副总兵时源战败，都督佥事冯祯战死。
③养子：22岁的皇帝朱厚照无儿无女，热衷于收认干儿子。正德七年（1512）九月，恩赏127个干儿子国姓朱。
④禁中：封建帝王所居的宫苑。因不许人随便进出，故称。
⑤戚里：指外戚。
⑥中贵：有权势的太监。中，指禁中。
⑦绐（dài）：欺哄。
⑧鼓噪火炮之声：鼓声和炮声。朱厚照喜欢军事，经常在皇宫里举行军事演习。
⑨永斋：即大太监张永（1465~1529），保定人，正德朝太监"八虎"之一。

卅余处，处处门面，动以百计。谷、马诸家①，亦皆称是。榱桷②相望，宫室土木之盛，古未有也。大臣趋承奔走，渐复如刘瑾③时事。其深奸老滑，甚于贼瑾，而归怨于上，市恩④于下，尚未知其志之所存，终将何如。

春间黄河忽清⑤者三日，霸州诸处一日动地十二次，各省来奏山崩地动、星陨灾变者，日日而有。十三省⑥惟吾浙与南直隶无盗。近闻□中诸兵颇黠桀⑦，按兵不动，似有乘弊之谋。而各边谋将又皆顿留内地，不得归守疆场，是皆有非人谋所能及者。

七妹⑧已到此，初见，悲咽者久之。数日来喜极，病亦顿减，颜色遂平复。大抵皆因思念乡土，欲见父母兄弟而不可得，遂致如此，本身却无他疾；兼闻男有南图⑨，不久当得同归，又甚喜，其恙想可勿药而愈矣。又喜近复怀妊，当在八月间。

---

① 谷、马诸家：指谷大用、马永成等太监。谷，即谷大用。马，即马永成。诸家，指正德皇帝宠幸重用的太监"八虎"：刘瑾、张永、马永成、谷大用、魏彬、高凤、罗祥、丘聚。
② 榱桷（cuī jué）：屋椽。榱，椽子。桷，方形椽子。
③ 刘瑾（约1451～1510）：陕西兴平人，正德初年最有权势的太监，时称"刘皇帝"，相对于坐着的朱皇帝，又被称为"立皇帝"。他蛊惑皇帝，把持朝政，设立特务机关，迫害满朝正直官员，作恶多端，收钱卖官，富可敌国，后被凌迟处死。
④ 市恩：讨好，谓以私惠取悦于人。
⑤ 黄河忽清：正德六年（1511）冬季，从清河口到柳铺的黄河水清澈了三日。传说"黄河清而圣人出"。实际上，此时黄河沿岸的河南、山东匪乱严重。信中说黄河清三日发生在春季，与《明史》说法不一样。
⑥ 十三省：明朝有两京加十三省，总共十五个一级行政区。十三省，即十三个布政使司，有山东、浙江、福建、广东、山西、河南、湖广、江西、广西、云南、四川、贵州、陕西。两京，明自永乐以后以京师顺天府与南京应天府为"两京"。明称直隶于京师的地区为直隶。后面所说的南直隶，指直隶南京的地区。
⑦ 黠桀（xiá jié）：狡诈凶险之徒。黠，聪明而狡猾。桀，凶悍，横暴。
⑧ 七妹：王阳明只有一个妹妹，传说叫守让，嫁给了徐爱。在堂姐妹间行七。
⑨ 南图：此指王阳明南下的计划。

曰仁考满①在六月间。曰仁以盗贼难为之故，深思脱离州事。但欲改正京职，则又可惜虚却三年历俸；欲迁升，则又觉年资尚浅。待渠考满后，徐图之。曰仁决意求南，此见亦诚是。男若得改南都，当遂与之同行矣。

邃庵②近日亦苦求退，事势亦有不得不然。盖张已盛极，决无不败之理，而邃之始进，实由张引，覆辙可鉴，能无寒心乎？中间男亦有难言者，如哑子见鬼，不能为傍人道得，但自疑怖耳。西涯③诸老，向为瑾贼立碑，槌磨未了，今又颂张德功，略无愧耻，虽邃老亦不免。禁中养子及小近习④与大近习交构已成，祸变之兴，旦夕叵测。但得渡江而南，始复是自家首领耳。

时事到此，亦是气数⑤。家中凡百，皆宜预为退藏之计。弟辈可使读书学道，亲农圃朴实之事，一应市嚣虚诈之徒，勿使与接。亲近忠信恬淡之贤，变化气习，专以积善养福为务，退步让人为心。未知三四十年间，天下事又当何如也！

凡男所言，皆是实落见得如此，异时分毫走作⑥不得，不比书生据纸上陈迹，腾口漫说。今时人亦见得及，但信不及耳。

余姚事，亦须早区画，大人决不须避嫌，但信自己恻怛⑦心、

---

①考满：明清考核官吏制度，与考察相辅而行。凡内外现职官满三年称初考，六年称再考，九年称通考，不拘三、六、九年为杂考。分称职、平常、不称职三等，以定调除、黜陟。
②邃庵：杨一清，号邃庵。下文"邃"以及"邃老"都指杨一清。杨一清是王阳明在吏部任职时的长官和恩人。
③西涯：李东阳（1447~1516），字宾之，号西涯，谥文正，茶陵人，曾任内阁首辅。
④近习：皇帝亲近宠信的人。
⑤气数：盛衰兴亡的命运。
⑥走作：生事，起衅。引申为出岔子、出纰漏。
⑦恻怛：哀伤，犹恻隐、同情。

平直心、退步心，当时了却，此最脱洒。牵缠不果，中间亦生病痛。归侍虽渐可期，而归途尚尔难必。翘首天南，不胜瞻恋。

男守仁拜书。

外：山巾①及包头②二封。

【古文今话】

儿守仁给父亲大人行礼：

毛伯温推官来京师，儿子了解到父亲大人近来生活的详细情况，满心欢喜。弟弟的病还没好，奶奶年纪大了，我却不能在跟前照顾。因（吏部尚书）杨一清先生挽留，病假申请和退休报告都没有得到批准，这大概也是儿子命该如此吧。献身国家是做臣子的本分，遇到困难就逃避，这很不应该。但是结合目前的天下形势和儿子的处境，是进是退，综合考虑，比较轻重，则也尚有退隐的打算，因此心中一直未能忘却亲情。否则，就应该忠心耿耿，尽到自己做一个臣子的责任，全心全意，尽心尽力去做，即便是牺牲生命也不怕。（如果能这样），儿又何必像现在这样违背自己的心意而袖手旁观，一心争取逃离是非之地呢！

昨天有一个素不相识的秀才，给儿子寄来一封信，在信中指责儿子："既然不能直接明白地劝谏（皇帝的胡作非为），又不愿辞官而去，对朝政混乱、百姓流亡熟视无睹，不知道您现在出来做官的目的是什么，是因为穷得吃不上饭来混饭吃，还是来履行劝谏君上行正道和救民水火这样的做官本分？您不早早自己判断明白，等于把您平生的追求都放弃了，等到将来后悔，也是于事无补……"读完信，儿子很惭愧。交往的朋友中，

---

① 山巾：山野隐士的便帽。
② 包头：包头巾。

也曾有人用同样的内容讥讽儿子。这都是因为儿子平日不行善积德，只一心一意地追求虚名，才招致今日的情况。那些不了解儿子实际情况的读书人，对儿子进行指责。现在又陷入进退两难的处境，最终怎么给这些指责一个答复呢？儿子反省自己，这大概是欺世盗名的报应吧，正如《周易》中说的"穷人背负着与自己身份不相称的大量财富，坐在豪华的大马车上，就会招致强盗前来抢劫"。

京师附近以及山东，盗贼流寇东掠西杀，往来不定。河南一位大将刚刚战死疆场，流贼的声势因此更为嚣张。边境部队常年征战内地，被拖得疲惫、松懈，已经丧失了斗志，军中怨声四起，边军将领也拿不出什么好办法。更何况军中多病，而且军粮接济不上，饷银发不下来，官仓银库已经被折腾空了。

朝廷花费一天比一天多，皇上豢养一大群干儿子，皇宫内圈养着大批的洋和尚、演戏的、唱曲的，有上千人，各个穿的是绫罗绸缎，吃的是山珍海味。最近又为一大群干儿子造王府，又要为大批洋和尚装修装饰塔庙寺院。钱不够花，就勒索各个功臣世家，勒索各个皇亲外戚家族，勒索各个受宠的权臣。甚至领着一大群干儿子，到各个有权势的太监府邸查抄各家的金银细软。又向皇太后讨要，指使人请太后出宫赴宴，和一群演戏的、唱曲的人一起向皇太后讨赏；或者一边指使人把皇太后哄骗到宫外游览，一边秘密指使人偷偷到太后宫里翻检所有东西随心拿取。太后要回宫，竟然命令守门人不让太后进门，并且讨要钱财后才放太后进门。太后悲痛万分，抽抽噎噎，又不能哭出来。（后来）用这样的办法，又几次指使人请太后出宫，太后被周围的人挟持，不敢不去。去了就讨要厚赏，一而再，再而三地讨要。（太后）有时候就贿赂周围的人，这期间能少请几次已经是万幸了。

皇宫内外，鼓噪声、火炮声，日夜闹腾，只有赶上大风大雨，或者害病了,才能消停一天两天。百官与百姓看多了听多了,现在已经麻木了。

(大太监)张永掌权办事,形势发展难以测度。一个太监家里,(寸功未立)竟然封了两个伯爵和两个都督,都指挥、指挥十来个,千户和百户几十个,建造的府邸、圈占的坟园、开办的旅店,京城之外,连绵几里地。城中三十多个地盘,处处都是门面房,门面房成百上千。(大太监)谷(大用)家和马(永成)家等几家,也都是这个样子。

京城内,豪华宅邸接二连三,殿阁楼宇鳞次栉比,建筑规模和气派史无前例。

各大臣奔走权门,逢迎巴结,逐渐恢复到了和刘瑾掌权办事时一个样子。(张永)老奸巨猾的程度,比刘瑾还厉害,他能把百官和百姓的一切怨恨全部推诿到皇上一身,又能(通过手段)讨好百官和百姓,还不知道他这样做的最终志向是什么。

春天时,黄河(从清河口到柳铺一段)水忽然变清了三天,霸州几个地方一天之内地震十二次,各省上报来的山体滑坡、地震、陨石坠落、星象异变等灾异,每天都有。十三省中只有我们浙江和南直隶没有土匪作乱。最近传说□中诸兵狡诈,似乎都按兵不动,内里实藏有凶险,好像在谋划趁势作乱。各边境有谋略的将领,(因为剿匪任务)又都被滞留在内地,不能把守边关,这些问题都不是随便什么人(除了皇上)能够谋划解决得了的。

七妹已经到了京师,一见面,就痛哭了一场。这几天,因为兴奋,病也一下子减轻了不少,气色因此恢复正常。(妹妹的病)很大程度上是因为思念家乡得来的,想念父母、兄弟又见不着面,这才忧思得病,本身没有其他病。加上她听说我正在争取回南方,很快可以与她们同行,又非常高兴,她的病看来可以不用吃药而好了。还有一喜,妹妹有了身孕,预产期应该在八月份。

（吏部）对曰仁任期政务的考评六月份可以结束。曰仁因为祁州土匪猖獗（政务难有作为），深深思考可推掉知州的职务。但是如果改任京官，又舍不得浪费掉三年的资历；要升迁的话，他又觉得自己资历太浅。（具体决定）等他考评结束后，慢慢筹划吧。曰仁一心争取回南方，这个见识很正确。儿子如果能够被改派到南京，应该可以与妹妹、妹夫一同回南方。

杨一清前辈最近也在争取离职，朝政的局面也让他不得不这样做。张永的权势已经到了极限，绝对没有不败的道理，而杨一清前辈能够出任（吏部尚书），实际上是由张永引荐给皇上的，有（刚刚发生过的大太监刘瑾败亡而树倒猢狲散的）例子可以比照，（杨一清前辈）能不寒心吗？这中间儿子也有难言之处，就像哑巴见鬼一样，不能说给旁人知道，但是自己心里总是会疑惧的。（内阁大学士）李东阳老前辈过去曾经给贼太监刘瑾树碑立传，石碑上的文字还没消磨掉呢，现在又忙着为张永歌功颂德，竟然没有一点羞耻感。（为大太监张永歌功颂德这一点）即便是杨一清前辈也没能避免。

皇宫内，皇上的一群干儿子、皇上宠爱的小亲信和大亲信，互相钩心斗角，争权夺利，祸乱的开始，难以测度（随时可能爆发）。因此，只有过了长江回到江南，才能保全自己的性命。朝政恶化到这一步，也是国家的运势。

家中所有事务的安排，最好提前做好进退的规划。可以安排几个弟弟读书明理，学习修德，也可以安排他们参加一些种田之类实际事务；不能让他们结交市井上喧闹的虚伪奸诈之人。引导他们亲近那些心性清净淡泊、忠实可信的有德之人，（这样耳濡目染）改变他们的不良习气，一心一意积累善行和福报，（为人处世）退一步海阔天空。未来三四十年，真不知道天下的局势会发展到哪一步！

儿子信中写的这些内容，都是自己亲眼见到的，对将来局势的预测绝对不会有大的偏差，不像书呆子，仅仅根据书本上的一些陈年旧迹就信口开河。现在也有人有这样的见识，只是不能相信自己的见识。

余姚的事情也要早作打算，请父亲大人不要为了避嫌（而不早作决断），只要相信自己同情心、正直心和退让心，就要立即解决，这才洒脱。（如果）拖延着没结果，这中间会生出很多麻烦。

回家的日子虽然渐渐有了希望，但是哪天能踏上归途仍然难以确定。抬头望向南方的天空，心中生起对父亲大人无限的依恋。

儿子守仁拜书。

另外，便帽和包头巾两包。

【阳明智慧】

上梁不正下梁歪

这封家书写于正德七年（1512）四月间。写信的背景有三个：

一、王阳明在13个月内，从吏部六品主事升职到吏部五品郎中，官升了，却无力救天下苍生。

正德六年（1511）二月，王阳明为会试同考官，参加判卷和第一阶段的录取工作，与部分被录取的进士有了师生关系，接纳了几个拜师的弟子。他讲学的规模扩大了。他一个六品主事，收了本衙门一个吏部从五品员外郎方献夫做弟子。这是一段佳话，上级拜下级为师。正德六年（1511）十月，升任吏部文选清吏司从五品员外郎。正德七年（1512）三月，升吏部考功清吏司正五品郎中。考功清吏司协助吏部尚书处理天下百官的政绩考察和品德鉴定，责任重大。看似升官快速，实际上是对13年来仕途坎坷的补偿。

二、朝政荒唐，天下多难。正德皇帝朱厚照15岁即位，少年天子贪玩，被别有用心的坏人利用。一般人家的浪荡孩子不过玩一些架鹰斗犬的游戏，朱厚照喜欢与老虎、豹子嬉戏，还专门建了豹房。他喜欢战争游戏，天天在皇宫内院打打杀杀，擂鼓放炮。他身边的大太监有了胡作非为的机会。先是大太监刘瑾专权，后是大太监张永弄权。坏人当道，善人主动或者被动退隐。朱厚照父亲弘治皇帝朱祐樘（1470~1505）临终给儿子安排了三位顾命大臣，结果三人各自告老还乡（两位被批准，一位被留任）。像王阳明这样的正直官员一个个被迫害。朝政昏暗，两京十三省中，十二省与北直隶闹匪乱。北京附近先后兴起了两大民乱，蔓延到半个天下，北京经常戒严，山东90多个城市被乱民攻破。正德六年（1511），京师地震，河南、山东省及北直隶、南直隶灾荒。

三、天下多事，坐而论道，被人讥讽。王阳明回京后，结识了志同道合的朋友湛若水（1466~1560）和黄绾（1480~1554），三个人约定一起研究圣贤学问，一起讲说弘扬圣贤精神。以三个人为核心，形成了一个讲学小团体。

这封信有这样几个内容：一、皇帝朱厚照荒唐胡闹，比如乱认干儿子，勒索大臣钱财，三番五次诈骗亲生母亲皇太后钱财，在皇宫里玩实景战争游戏等。二、大太监张永权倾天下，大小太监搜刮民脂民膏。三、内阁首辅李东阳和吏部尚书杨一清不顾廉耻，为张永歌功颂德。四、王阳明据此判断，今后三四十年天下一定混乱不堪，因此大家庭需要提前预防。妹夫与自己要回南方做官，催促父亲把家族大产业分给各个小家庭，弟弟们耕读传家，安守本分，不惹是非。

父亲王华接信后，在上虞山中买了田产，盖了房舍。王阳明本人一生圣贤自认，对天下苦难，他自然不会坐视不管。先是与杨一清等官一起，上奏皇帝，劝谏皇帝。写了这封信后的五月份，他单独上奏，劝谏皇帝。

劝谏皇帝的奏疏太多了，不起作用，皇帝我行我素，任凭奏疏雪片一样飞来，他自岿然不动。因此，负责递送奏疏的通政司或者内阁没有把王阳明的奏疏上报。

大树枝叶的枯萎在于根的腐朽，天下政事混乱的根源在于上梁不正下梁歪，纵然有张永等大太监的贪婪专权，有大臣杨一清、李东阳的姑息，但是总根子在皇帝朱厚照的荒嬉无度。

朝廷如此，衙门如此，家庭也一样，以身作则，不令而行。

【故事链接】

荒淫皇帝朱厚照的教育问题

通常认为，天下最厉害的老师应该是皇帝和皇太子的老师，事实上确实是这样。皇帝为天下至尊，给太子找老师自然是找最厉害的老师。当时天下最厉害的老师也没有把朱厚照教育成一个好皇帝，原因出在哪里？

朱厚照做皇帝时的荒唐事，史书上记载的很多。这里只说一下王阳明在正德七年（1512）五月奏疏中列举的三件事。第一件，懒得上朝接见百官。朱厚照做皇帝，每月初一、十五两天上朝，与文武大臣见见面，其他时间偶尔上一次朝。为啥不愿意上朝接见百官，可能不愿受到朝廷礼仪的拘束，可能忙于玩乐，可能讨厌百官当面劝谏。几年来劝谏的奏疏太多了，他看烦了。第二件，在皇宫内院搞实景军事演习。喊打喊杀，鸣锣擂鼓，燃放火炮，只要不下雨，只要不害病，天天不间断。第三件，不参加政治学习。朱厚照即位以来的七年时间，只参加了四五次学习。朱厚照的祖宗有规定，皇帝每月初二、十二、二十二要参加学习。

15岁即位，31岁就驾崩了。朱厚照真对不起三位顾命大臣刘健、李东阳和谢迁给他选的年号"正德"。他的教育问题出在哪里？

一、老师不敢严厉，师道就没有尊严。《礼记·学记》说，老师既要严于律己，又要严于律人，这样师道就有了尊严，学生才知道好好学习。明朝皇太子上课的礼仪也很严格，但是对老师严格。上课前老师要给皇太子磕头，下课后也要给皇太子磕头。皇太子上课仪式很隆重，课堂在文华殿，门内门外有仪仗队，有各级值班官员，课前各级官员要依次磕头。小孩子不懂事，看着一群老先生给自己磕头，他可能觉得很好笑。

真正好笑的是，王阳明的父亲王华正好是朱厚照的老师。王华中状元后进入翰林院，直接做了从六品的修撰。一次，一位老师给弘治皇帝朱祐樘讲课，太紧张，课堂上晕倒了。王华被临时安排救场，事前也没有备课，临场却表现得很冷静，讲课井井有条，从此受到皇帝赏识。弘治九年（1496），经过大臣共同推荐，王华出任6岁的皇太子朱厚照的辅导老师。尽管以后职务一直升迁，从正五品翰林院掌院学士，再升詹事府正四品少詹事，他的职责却一直很明确，就是当皇帝父子的讲课老师。可以说，王华把朱厚照从6岁教育到15岁当皇帝，他把儿子王阳明教育得很出色，在教育朱厚照皇太子这个任务上，他是一个彻底失败的老师。

二、太子是独生儿子，皇帝、皇太后两口子太溺爱。弘治皇帝朱祐樘在成化皇帝的宠妃万贵妃的迫害下，艰难地活了下来，童年的磨难给他留下了深刻的印象。他把自己缺失的这份父爱、母爱补偿给了独生儿子。朱祐樘是一个不错的皇帝，一生就娶一个张皇后。两口子守着一个儿子，溺爱是免不了的。

三、青少年成长时期的生活环境畸形，随时黏在身边的太监带坏了皇太子。皇后太尊贵，给孩子擦屎的脏活儿，是不会干的；喂奶这种本分事儿要安排给奶娘。朱厚照2岁被立为皇太子，因为礼仪，父子、母子见面，烦琐的礼仪一套一套。恐怕因为怕行礼，朱厚照也会怕见爹娘。天天在一起的就是太监、仆娘。太监因为生理缺陷，心理难免扭曲。一个毛孩子，天天被人尊敬成神仙一样，失去了亲情。特别是，他身边以刘瑾、张永为首的八个太监有政治野心，为了操纵权力，可能故意引诱青少年时代的朱厚照一步步走向堕落。

四、身边缺少亲人的辅助和监督。开国皇帝朱元璋规定，皇室成年男人要外驻自己的封地，一则帮助皇帝守卫天下，二则避免天天在皇城跟前产生篡位夺权的非分之想。朱厚照身边没有爷爷、叔伯辈的成年亲戚辅助他。对天天劝他做个好皇帝的文武大臣，朱厚照不信任，不喜欢，宁愿信任太监，把太监派往各省监督军队、行政、司法、税务。他是一个彻头彻尾的、高高在上的孤家寡人。

当官前，王华是一个优秀私塾先生，曾被浙江布政司布政使宁良请到老家湖广祁阳当家庭教师；当官后，他给弘治皇帝朱祐樘当老师，给皇太子朱厚照当了近10年老师。他是一位成败各半的老师，朱厚照是一个彻底失败的学生和皇帝。

上大人书①二

正德七年（1512）

寓都下男王守仁百拜，书上父亲大人膝下：

　　杭州差人至，备询大人起居游览之乐，不胜喜慰。寻得书，乃有廿四叔，□□□□□固自有数，胡乃适□□时，信乎乐事不常，人生若寄。古之达人②所以适情任性，优游物表③，遗身家之累，养真恬旷之乡，良有以也。伏惟④大人年近古稀，期功⑤之制，礼所不逮，自宜安闲愉怿，放意林泉，木斋⑥、雪湖⑦诸老，时往一访；稽山、鉴湖诸处，将出一游。洗脱世垢，摄养天和，上以增祖母之寿，下以垂子孙之福，庆幸，庆幸。

　　男等安居如常，七妹当在八月，身体比常甚佳。妇姑之间，近亦颇睦。曰仁考满亦在出月初旬，出处去就，俟曰仁至，计议已

---

①上大人书：贵州省博物馆和日本九州大学图书馆藏有此书石刻拓本。
②达人：通达事理的人。
③物表：世俗之外。
④伏惟：敬辞。多用于奏疏或信函，谓想到。
⑤期功：古代丧服名称，代指服丧。期，服丧一年。功，按血缘关系远近分为大功、小功，大功服丧九个月，小功服丧五个月。
⑥木斋：谢迁（1449~1531），字于乔，号木斋，余姚人，成化十一年（1475）状元，曾入内阁参政。与王阳明岳父诸让是同年进士。弟弟谢迪与王阳明是同年进士，儿子谢丕的夫人与王阳明夫人是亲姊妹。退休后在余姚银杏山庄养老。
⑦雪湖：冯兰（？~1520），字佩之，号雪湖，余姚人，成化五年（1469）进士。从江西按察司副使任上退休后，修建雪湖别墅养老。与谢迁为挚友。

定，然后奉报也。

河南贼稍平，然隐伏者尚难测；山东势亦少减，而刘七①竟未能获；四川诸江西虽亦时有捷报，而起者亦复不少。至于粮饷之不继，马匹之乏绝，边军之日疲，流民之愈困，殆有不可胜言者。而庙堂②之上，固已晏然，有坐享太平之乐。自是而后，将益轻祸患，愈肆盘游，妖孽并兴，馋谄日甚，有识者复何所望乎！

守诚妻无可寄托，张妹夫只得自行送回。大娘子早晚无人，须搬渠来男处，将就同住。六弟闻已起程，至今尚未见到。闻余姚居址亦已分析，各人管理，不致荒秽，此亦了当一事。

今年造册③，田业之下瘠者，亲戚之寄托④者，惟例从刊省，拒绝之为佳。时事如此，为子孙计者，但当遗之以安，田业鲜少，为累终轻耳。赵八旧⑤近因农民例开，必欲上纳，阻之不可。昨日已告通状⑥，想亦只在仓场之列。不久，当南还矣。

九弟⑦所患，不审近日如何？身体若未壮健，诵读亦且宜缓，须遣之从黄司舆⑧游。得清心寡欲，将来不失为纯良之士，亦何必务求官爵之荣哉！

守文、守章，亦宜为择道德之师，文字且不必作，只涵咏讲明

---

① 刘七：农民暴动领袖。正德五年（1510）在河北霸州爆发了以刘六、刘七兄弟为首的农民暴乱，席卷了河北、河南、山东、湖广等大半个中国，前后持续三年。
② 庙堂：指朝廷。
③ 造册：明代定期测量土地，登记名册，编制簿籍，据此征收赋税和摊派徭役。
④ 寄托：小户人家为了避免和官府打交道，把土地挂靠在有势力的人家名下。
⑤ 赵八旧：赵八舅。王阳明继母姓赵。
⑥ 通状：明代下级机关呈送上级的一种公文。
⑦ 九弟：弟弟王守俭。
⑧ 黄司舆：王文辕，字司舆，号黄轝（yú）子，隐士、私塾先生，一位年长于王阳明的道友。他曾质疑朱熹对经典的注释。浙东口音"王"与"黄"同音。

为要。男观近世人家子弟之不能大有成就，皆由父兄之所以教之者陋，而望之者浅。人来，说守文质性甚异，不可以小就待之也。

因便报安，省侍未期，书毕，不胜瞻恋。

闰五月十一日，男守仁百拜书。

【古文今话】

儿王守仁从北京给父亲大人行礼：

杭州的出差人员到了京师，向他们详细询问了父亲大人的生活情况，知道大人曾经外出游览，日子过得很快乐，儿子感到无比的欣慰。没多久收到家信，乃有廿四叔，□□□□□固然自有命数，□□时，快乐的事情不会永远存在，人这一生就像暂时寄居在世间一样。古代那些悟透人生的人为什么要随顺自己的真性情，出离红尘，潇洒世外，抛舍家庭，扔掉身份、地位、名利这些身外之物，涵养淡泊闲适的天性，这确实是有原因的。想到父亲大人年近七十，为五服之内宗亲服丧守孝的一些细节，礼制也有考虑不到的地方。父亲大人最好是到山水间悠闲愉快地安度晚年，时常到谢迁老、冯兰老等几位老前辈（庄园里）去走动走动；到稽山和鉴湖等名胜风景区去游览散心。别再操心家族中那些琐事和闲事，而要调摄饮食，颐养天年。这样，对上可以为祖母培福增寿，对下又可以传承子孙家门福分。如果能这样的话，真是太庆幸了，真是太庆幸了！

儿子这里一往如常，平安无事。七妹预产期在八月，身体比往常健康多了。婆媳之间，最近相处得也很和睦。对曰仁的考评下个月上旬结束，（至于考评的结果）是出任官职还是不担任官职，是到何处任职，等曰仁到京师后，商量计划好再禀报父亲大人。

河南的匪乱稍为平息，但是有无隐藏的匪乱还难以测度。山东的匪乱也稍微平静一些，但是大贼首刘七还没有被擒。四川和江西各地不时传来剿匪成功的消息，但是后起的匪乱仍然不少。（剿匪部队的）粮饷接济不上，战马缺乏，边境部队疲惫不堪，流离失所的流民更加贫困，一言难尽。然而朝堂上，已经悠闲、安定，好像是太平盛世。这次匪乱得以稍微平息，以后（皇上）会更加忽视各种祸患，肆意巡游，妖孽当道、谗言构陷的现象将一天比一天严重，有识之士还有什么指望呢！

守诚的妻子没有地方可以容身，张妹夫只得自己把她送回去了。大娘子身边这段时间缺少人手，必须让她搬到儿子这里，将就一起住着。听说六弟已经动身前来，可是直到现在还没见着面。听说余姚老家的老宅子已经分给各个小家庭，现在是各个小家庭各自管理，这样才不至于有所荒废，这也是了结了一件事。

今年官府登记土地的时候，我们家那些下等贫瘠的地块，按照以往的例子，最好是处理掉；各亲戚家挂靠在我们家名下的土地，以拒绝继续挂靠为佳。目前局势这个样子，为子孙考虑的人，最应该留给子孙的是平安，如果土地少一些，子孙们遭受土地的牵累会轻一些。近来官府按照惯例启动了农民出资购买吏员身份的程序，赵八舅一定要缴钱认购，劝也劝不住他。昨天下面的文件已经报了上来，想来赵八舅也只能被分派到官府仓场做吏员。不久，儿子应该回南方了。

九弟的病，不知道近来是个什么状况。如果身体还没有恢复健康，读书的事最好缓一缓。应该派他去跟从王司舆学习。得学会节制嗜欲和心无杂念，将来能成为一个纯正善良的人，也没必要一定谋求个一官半职来作为荣耀。

守文和守章两个弟弟，也应该为他们选择一位道德高尚的老师。刚开始学习的时候，没必要急着写字和作文，重要的是要反复诵读，把诵读内容烂熟于心，并能大体把意思讲说个明白。儿子观察近代以来这些人家的子弟，为什么没能取得显著成就呢？都是因为各自的父辈和兄长教育子弟的内容太粗劣，对子孙根本就没有多高的期望。来儿子这里的人说，守文天赋异常，我们不能以平庸的标准来要求他。

顺便向大人报个平安。不知道什么时候才能探望和服侍大人，写完信，儿子心中生起对父亲大人无限的依恋。

闰五月十一日，儿子守仁百拜书。

【阳明智慧】

家庭教育德为本

对这封信，重点说两点：一、王阳明建议父亲，给三个弟弟聘请道德高尚的老师。守俭岁数稍微大一些，他推荐了好朋友王文辕。二、王阳明经过观察发现，许多人家的子弟一生没有做出什么像样的成就，根本原因是父亲和长兄对子弟没有什么大的期望，教育子弟的内容浅薄粗陋。王阳明一直惦记着这件事。两年后，在南京他给弟弟守文写下了《示弟立志说》，教导弟弟立下圣贤志向，之后多次向家族中的子弟推荐这篇文章。

道德养成，家庭、家长负有不可推卸的责任。为什么这样说呢？家庭是孩子最初生长的环境，这个环境是风和日丽，还是狂风暴雨，完全靠家长来营造和维护。家长是孩子最信赖的人，道德教育没有教好，没有以身作则，就成了空洞的说教。孩子是一张白纸，涂抹红染料，就成了红纸；涂抹绿染料，就成了绿纸。

家长，是孩子的第一任老师，对孩子的道德养成，义不容辞，责无旁贷。

人的智商情商、身体素质，除了极少数的人特别出奇外，绝大部分人并无多大的差别，为什么每个人同样几十年人生的成就有那么大差别呢？这与每个人的人生志向有很大关系。有的人志向高远，有的人根本就没有志向。志向高远的人动力就大，根本没有志向的人得过且过，生命因为没有目标而像河水没有被截流发电一样，白白地流失掉了。

一个人的人生志向，幼年时需由家长帮助启发然后逐步树立，家长站得高看得远，孩子的志向也相应地会高远。

家长们，为了孩子的成长，让我们高瞻远瞩吧！

【故事链接】

王阳明心学启蒙者王文辕

王文辕，字司舆，号黄暴子，隐士、私塾先生，是王阳明的朋友。隐士，分大隐和小隐，大与小的标准，说法不一。隐士，一般意义上是指古代一些读书人，德才兼备，却不出来做官。有的生活在深山老林，几乎与世俗生活隔绝，这样的隐士是正宗隐士，比如东汉时代的严光。

东汉归隐富春山的严光，字子陵，是王阳明的余姚同乡。严光是东汉开国皇帝刘秀的同学兼好友，有做官的人脉和能力，多次受到刘秀的邀请，却隐姓埋名，做了隐士。严光一直是王阳明的人生榜样。

东晋时代的陶渊明（约365~427），从彭泽令任上辞职，归隐田园，他也是王阳明羡慕的隐士。

商朝末年在渭水岸边钓鱼的姜子牙，东汉末年在卧龙岗种田的诸葛亮，这两位属于人生阶段性的隐士，他们是在等待时机。

还有人说，小隐隐于山林，中隐隐于街市，大隐隐于官场。标准不一，大体上来说，做人做事不图名不图利，就有"隐"的意思，如果又是一位有思想与情趣的读书人，这应该就是一位隐士了。

与此相比，王文辕是一位中隐，他在民间做教书先生。王阳明的弟子季本（1485~1563）在自己的著作《说理会编》中说，王阳明的学问受到了王文辕的启发。季本最初是王文辕的学生，后来被王文辕推荐给了王阳明。王文辕不认同南宋大理学家朱熹（1130~1200）对《大学》的解释，他说朱熹的解释违背了经义。王阳明的"致良知学"正是超越了朱熹对《大学》"格物致知"的解释。

弘治十五年（1502），王阳明31岁，他向朝廷请病假回到家乡，一边养病，一边修道。他在绍兴宛委山阳明洞中静修，修炼的主要是道家功法。王文辕和另一位民间隐士许璋等人经常到山中看望他，一起交流。有一次，王文辕等四人刚刚出了绍兴东门，王阳明就提前安排书童下山迎接。王文辕等人途中采摘桃花的细节也被王阳明说了出来。

正德十年（1515），王阳明在南京做鸿胪寺卿时，在写给绍兴知府梁乔的信中介绍和推荐了王文辕、许璋、王琥三人，说他们家贫却很贤良。弟子徐爱的同年进士张焕在绍兴府山阴县做知县时，徐爱受王阳明影响或者指示，向张焕介绍和推荐了王文辕和王琥。张焕在稽山书院接见和招待了这两位隐士。

正德十一年（1516），王阳明被任命为南赣汀漳等处地方巡抚，赴任前，弟子们在绍兴映江楼给王阳明饯行，参加饯行活动的王文辕用各种办法试探王阳明的修心功夫，发现王阳明始终可以做到内心平静，不为所动。于是，王文辕对季本说："王阳明从此可以做大事、成大功了。"季本问道："先生是如何判断的？"王文辕解释说："他的心定了！"

王文辕去世后，王阳明总结出了"致良知学"，这一新思想、新说法不被当时的社会接受，还受到讥讽和诋毁。每当这时，王阳明总是感叹地说："如果黄轝子在，他一定会理解我的。"

季本在《王文辕传》和《祭文》中评价说："先生之志，凌厉千古。

先生之学，治心为主。"季本说，王文辕如果出来做官，一定会是一位造福于人民的好官。但是，王文辕却当了一位优秀隐士。王文辕的见识超越了他生活的时代，他在当时不被社会广泛地接受。

王阳明建议父亲让同样喜欢道家学问的守俭拜师王文辕。

上大人书三

正德七年（1512）

男守仁百拜父亲大人膝下：

会稽易主簿①来，得书，备审起居，万福为慰。男与妹婿等俱平安。但北来边报甚急，昨兵部②得移文③，调发凤阳④诸处人马入援，远近人心未免仓皇。男与妹婿只待满期，即发舟而东矣。行李须人照管，祯儿辈久不见到，令渠买画绢，亦不见寄来。

长孙之夭，骨肉至痛，老年怀抱，须自宽释。幸祖母康强，弟辈年富，将来之福，尚可积累。道弟⑤近复如何？须好调摄，毋贻父母、兄弟之忧念。钱清、陈伦之回，草草报安。

小录⑥一册奉览。未能多寄。梁太守⑦一册，续附山阴⑧任主簿。

---

① 主簿：官名。县主簿正九品，与正八品县丞一起，在七品知县领导下，分管巡捕、粮马等事。
② 兵部：明朝六部之一，掌管军政。
③ 移文：一种公文文体，适用于没有隶属关系的政府机构之间，也泛指平行公文。
④ 凤阳：明太祖朱元璋的故乡。明皇室为保护祖坟，在那里驻军，设置军事衙门中都留守司。
⑤ 道弟：王守文。在后文《示诸侄》中，王阳明写道"有《立志说》与尔道叔"。《示弟立志说》是写给王守文的。王守文青少年时多病。道弟，可能是王守文的乳名。
⑥ 小录：据束景南《王阳明年谱长编》第2卷第686页，小录即最早的《传习录》。
⑦ 梁太守：绍兴府时任知府梁乔，福建上杭人，弘治十五年（1502）进士。王阳明在书信中习惯用古代称谓，称知州、知府为"太守"。
⑧ 山阴：绍兴府属县，县城与府城、会稽县城同城，位于府河以西。

廿八日，男守仁百拜。

【古文今话】

儿守仁百拜父亲大人：

　　会稽县易主簿来京，儿收到他捎来的家书。从家书中详细了解了大人的近况，得知家里万事如意，心里得到安慰。儿与妹婿等人都平安无事。但是，北部边境传来的警报十分紧急，昨天见到兵部抄送吏部的公文，要调凤阳等地驻军进京增援，京师内外免不了人心惶惶。儿与妹婿只等任期结束，就马上坐船一路向东，赶回家乡。一路上行李需要有人照管，王祯却一直见不到人影，让他买的画画用的绢布也不见寄来。

　　大孙子夭折，骨肉亲情，悲痛连心，年岁大了需要自我排解苦痛，自己宽慰自己。万幸的是，奶奶身子骨结实，弟弟们年富力强，将来的福报还可以积累。道弟的病最近好了没有？要好好调理保养，不能总让父母亲大人担心，让兄弟们挂念。

　　钱清、陈伦要从京师回浙江，匆忙写几句，向父母亲大人报一声平安。

　　一本小册子，请父亲大人看看。没能多寄，一册送梁知府，一册附送山阴县任主簿。

　　二十八日，儿守仁百拜。

【阳明智慧】

看望父母做到"望、闻、问、总结"

　　这封信和前面两封信中，王阳明都提及，从信中或者从信使的口中详细了解到父母亲的日常生活情况，感到很放心。明代既没有火车、汽车，又没有飞机，也没有电话和网络，在外面做官的儿子很难经常见到爹娘，只能通过家书或者信使才能了解到爹娘的情况。中国家书的传统是报喜不报忧。那么儿女怎么尽孝、怎么关心爹娘？只能透过字里行间的一些描写，通过信使的详细描述，才能捕捉到亲人的实际情况。

要尽孝，要关心爹娘，需要像情报分析人员一样，从一堆信息的细节中捕捉到真相。过去为什么说父母在不远游呢？父母万一有什么麻烦，儿女不在身边，帮不上忙。

现在不一样了。感谢科技的进步和时代的发展，现在哪怕在天涯海角，哪怕在马里亚纳海沟，哪怕在九天揽月时，都可以经常甚至每天看到父母亲。而且，现在通信方便，医疗服务也很方便。但是，有时候儿女们即便看望父母，也会忽略掉应该注意的细节。

亲人之间的互相走动，俗称看望，对尊长的看望被称为拜望。有人可能以为，买些水果或者补品，甚至直接敬奉一个大红包，就是看望父母长辈。看望有物质的意义，更有精神的意义。

传统医学讲究望、闻、问、切，看望爹娘除了用不上医生的诊脉，望、闻、问三个流程都不能避免。望什么呢？望望父母亲的气色，是红光满面还是眼圈发暗？红光满面是因为神清气爽还是因为血压太高？眼圈发暗是因为睡眠不好还是因为机能失调？看看父母亲的神情，是喜悦安详还是悲戚忧愁？即便因为见到儿女而面露喜色，如果忧心忡忡也会显露在眼神中。端详父母亲的眼神，是清澈还是浑浊？相为心生，眼睛是心灵的窗户，眼神清澈，告诉我们父母亲心神安详；眼神浑浊，告诉我们父母亲或者身体不适，或者心中有忧。望的内容不仅限于此，望一望父母亲的居住环境，望一望父母亲的交往环境，等等。闻，就是耳朵听，听一听父母亲的唠叨，了解他们的关切和担心。在听话中就能捕捉到他们的真实情况。问，问一问没有看到、没有听到而自己又关心的事情。

望、闻、问后第四个环节是答父母问或者儿女的自主诉说。

这四个流程走下来,对父母亲的基本情况就有了总结性的了解,就可以像医生一样做出诊断,就可以有针对性地开出药方,采取一些措施。在互动中,父母亲也望、闻、问了儿女的情况。

这样,看望流程完满结束。

儿女对父母亲最关心的是健康问题,任何病症都不是偶然的,都会有征兆和预警,看望父母亲时能做到望、闻、问、总结四步,很多不好的事情,基本上可以防患于未然。

【故事链接】

大人究竟有多大?

王阳明写给父亲的家书,抬头一律称呼父亲、母亲为"大人",称呼奶奶为"老大人"。这个称呼是怎么回事?大人又是怎么回事?

受现代电视剧的影响,很多人以为"大人"是古代专门用来尊称当官的人的,这是一个误解。封建社会是一个官本位社会,官与官之间等级森严,他们穿的、用的都不相同。这样做的目的是分别尊卑,稳定秩序。称呼一个从九品的驿丞为"大人",是尊称;称呼一个二品的尚书为"大人",还是尊称吗?如果一个二品尚书正好住宿在驿站,与从九品驿丞在一起,驿站的"服务员"称呼尚书"王大人",称呼驿丞"马大人",王尚书如果不是一个平易近人的人,他可能就会觉得受到冒犯。大人,在明代官场并不常用,在拜帖中基本上不会出现大人称谓。

《中国风俗通史:明代卷》记载两个小故事。一个发生在苏州府嘉定县。一次,一个七品巡按御史来嘉定县巡视,正八品县丞称呼他"大人",两个人级别相差不大,等于说一个副县级的人称呼正县级的人"大人"，这却把巡按御史气得吹胡子瞪眼，认为县丞冒犯了他。另一个小故事发生在苏州府常熟县，是正德年间的事。常熟人夏玉麟是嘉靖二年（1523）进士，中举前在县里参加考试，称呼七品知县"大人"，知县很不高兴。

巡按御史和知县为什么不愿意被称为"大人"，可能觉得太普通了，普通到每一个有生育能力的人都可以被儿女尊称为"大人"。

正德十年（1515），福建上杭人梁乔在绍兴当知府，关照过王阳明退休后生活在绍兴的父亲，王阳明为了表示感谢，给梁乔写过两封信。信中自居晚辈，尊称梁乔"郡公梁老先生大人执事"。郡公，即绍兴一府之长；老先生中的"老"不仅仅指年龄，还表示敬意；执事，是当时对做官人的尊称，意为有权的人。大人，在这里仅仅是一个很平常的称呼。实际上，王阳明当时是正四品官，属于中央衙门的首长，他比梁乔早三年考中进士做官，资历比正四品的知府梁乔深，但是梁乔年龄大，在家乡做官。

明代王阳明写信，清代曾国藩写信，都称呼父母亲为"大人"。人们对当官的人当爹娘称呼，他们竟然还嫌不够敬重。

若认真论起来，这位巡按御史和知县，还不见得有资格被称为"大人"。

"大人"，在文献中最早出现在《易经》中，后来又出现在《孟子》中。最初的意思是负责占卜的政府官员，因为能够与天道沟通，被认为智慧超群，几乎是天道的化身。既然是天道，无疑道德是最高尚的。《易经》给出了一个标准：品德与天地一样广大无边、包容万物；心性与日月一样纯洁无瑕、光明普照，做事能够顺应春夏秋冬的时令而顺势而为，事前能够预测和把握天地间神秘莫测的变化规律。这是一个得道人的形象，历史上老子可能是这样的人。

这种人是中华民族一直推崇的,这样的人道德和天地是一样的。《周易》说,天地最大的道德是生养万物。父母生养了儿女,自然是儿女的天地,是儿女的大人。

王阳明在《大学问》中对"大人"给出了自己的解释。他说:大人,与天地万物是一个整体。他把天下(所有家庭)看作一个大家庭,把中国所有人看作一个整体。如果把人与人因为身体的分别间隔为你我,那是小人。大人能与天地万物合成一个整体,(这个整体)并非臆造出来的一个概念,这是大人心中的仁的本来面目,仁心与天地万物本来就是一个整体。哪里仅仅是大人(才这个样子),即便小人的心也无不是这个样子,只是小人自己把自己的心看小了。

这是王阳明自身道德实践的心得体会。他从龙场悟道后,就成了这样的大人。

怎么才能成为这样的大人呢?朱熹说,经典《大学》就是教授人们成就大人的书。王阳明讲了一辈子学,讲的都是一个内容,即一个普通人怎么变成一个大人。

王阳明给出的秘诀是三个字"致良知"。

寓赣州上大人书

正德十三年（1518）

寓赣州①男王守仁百拜书上父亲大人膝下：

久不得信，心切悬悬，间有乡人至者，略问消息，审知祖母老大人、大人下起居万福，稍以为慰。男自正月初四出征浰贼②，三月半始得回军。赖大人荫庇，盗贼略已底定。虽有残党百余，皆势穷力屈，投哀告招，今亦姑顺其情，抚定安插之矣。所恨两广府江③诸处苗④贼，往年彼处三省虽屡次征剿，然贼根未动，旋复昌炽。今闻彼又大起，若彼中兵力无以制之，势必摇动远近，为将来之忧。况兼时事日艰，隐忧日甚，昨已遣人具本乞休，要在必得乃已。男因贼巢瘴毒，患疮疠诸疾，今幸稍平，数日后亦将遣人归问起居。因诸仓官⑤便，灯下先写此报安。

四月初十日，男守仁百拜书。

---

①赣州：正德十一年（1516）九月，王阳明经兵部尚书王琼特荐，升都察院左佥都御史，巡抚南赣汀漳等处。
②浰贼：明正德年间浰头（今广东和平）爆发以池仲容兄弟为首的农民反叛朝廷的武装叛乱，数千暴徒，祸乱远近，为害多年。正德十三年（1518），王阳明率军剿灭后，在此地设置了和平县。明称武装土匪集团为强贼和盗贼。
③府江：广西桂江。
④苗：泛称南方少数民族。
⑤仓官：管理官仓的官员。

【古文今话】

儿王守仁从赣州给父亲大人行礼：

很长一段时间没有得到家里的音信，儿心里一直很不安。偶尔有从家乡来的人，儿子简单地问了问家里的情况，清楚地知道祖母老大人、父亲大人以及全家日常生活各方面平平安安，心里多少得到了些安慰。儿子正月初四率军征讨浰头等处的强贼，直到三月中旬才班师回营。依靠大人福德的保佑，浰头各处的强贼基本上被平定了。残余匪徒虽然有百余人，都已经势穷力尽，他们苦苦哀求招降，今姑且安抚他们的情绪，安排他们的营生。可恨的是两广府江流域各处的苗贼，三省官兵常年驻扎那里，虽然以往他们一次次地组织征讨和围剿，却一直不能彻底肃清，每次围剿之后，立刻就又猖獗起来。才听说那里的强贼又大闹起来，如果那里的兵力压制不住，一定会祸乱当地及周围地区，这会成为将来的大麻烦。

况且目前的形势越发严峻，隐患越发严重，昨天已经派人进京呈递祈求退休的奏疏，这次力争能够如愿退休。

儿子在浰头各处的强贼窝里感染了瘴毒，身上长了恶疮，好在已经好转了，过几天也要派人回去问候大人的日常生活情况。

趁着仓场官员的方便，就着油灯，写这些向大人报个平安。

四月初十，儿守仁百拜书。

【阳明智慧】

对短信的补充说明

这封信很短，文字简略，信中几项内容需要补充说明。

这封信写于正德十三年（1518）农历四月初十日。从正月初三开始，王阳明率领部队前往江西省的龙南县和广东省的龙川县，进剿盘踞在龙川县的池仲容土匪集团。早在正德十二年（1517）腊月，王阳明邀请池仲容等人前往赣州，设计擒斩了池仲容。趁着土匪集团群龙无首的时机，王阳明率兵平定了池仲容38座土匪大寨，并在九连山歼灭了残匪。正德十三年（1518），正月出兵，三月收兵。

王阳明被朝廷任命为南赣汀漳等处地方巡抚，目的正是剿灭多年来肆虐在广东、江西、福建和湖广四省边界的三大土匪集团。池仲容土匪集团是三大土匪集团中最后一个被消灭的。王阳明自认为完成了任务，加上有病，在剿匪结束的三月初四日，上奏朝廷请求退休。在上奏时还给兵部尚书王琼（1459~1532）和内阁大学士毛纪（1463~1545）写去私信，请求让他退休。王阳明出任南赣汀漳等处地方巡抚的推荐人正是兵部尚书王琼。

信中提到的年近百岁的祖母岑老夫人，几个月后，即在正德十三年（1518）十月份去世。王阳明母亲在他13岁时去世，祖母在他的生命中既是奶奶，又扮演娘的角色。直到祖母去世两个月后，即在正德十四年（1519）正月初二，王阳明才得到祖母去世的消息。

信中提到，在广西的府江流域匪乱四起，那里的土匪像韭菜一样，割去一茬，又起来一茬。正德十二年（1517）春，平定漳南詹师富土匪集团是王阳明军事生涯中第一次指挥作战。漳南詹师富土匪集团盘踞在福建和广东交界，需要广东和福建两省共同出兵围剿。在王阳明未到达漳南剿匪前线时，广东方面认为兵力不足，没有取胜的把握，一心指望被滞留在广西府江流域剿匪的广东部队前来支援。正德十二年（1517）刚刚平定的府江匪乱，正德十三年（1518）死灰复燃。这引起了王阳明的担忧。出身广西全州的内阁大学士蒋冕（1463~1532）等两广籍官员，看到王阳明成功剿匪的军事才智，希望王阳明能够平定他们家乡常年肆虐的匪乱。

后来因为王阳明平定朱宸濠叛乱、为父亲守孝等变故，一直拖延到九年后的嘉靖六年（1527），王阳明才终于被朝廷派往广西，剿匪平叛。

信中提到，时事艰难，隐患很多，是指皇帝朱厚照还在荒唐胡闹。正德十二年（1517）八月，朱厚照要巡游边境，在居庸关被巡关御史拦阻。朱厚照让大太监谷大用把守居庸关，把跟随在屁股后头劝谏的文武百官拦截在关内，自己驻守在边境重镇宣府（治所在今河北张家口市宣化区），并自封为总督军务、威武大将军、总兵官。总督、大将军、总兵官，这三个官爵都低于郡王和亲王，朱厚照这样做被保守人士认为是自降身份、乱了纲常。

信中提到，王阳明在山林剿匪时，身上长了毒疮，染上各种疾病。他这一生，一直与疾病相伴。王阳明的诗文、奏疏中，经常提到他有这样那样的疾病。他年轻时格竹子心力交瘁，病倒了。他27岁准备进士考试时，思虑过度，旧病复发。因此他热衷于和道士谈论如何养生，想进山当隐士。他30岁时游历九华山等佛教和道教圣地后，大病一场，干脆请病假回家乡绍兴宛委山住山养病。37岁时，他在贵州龙场，继续牙疼。他一生多次请求退休，在每封请求退休的奏疏中总是说自己有病在身。朝廷派他来南赣汀漳等处地方任巡抚时，他说自己有病；派他去提督两广、江西、湖广四省军务时，他说自己有病。他总是带病指挥打仗，最后病逝在江西。他智慧超群，为何还会得病？这既与他身体的先天素质有关，也与他后天的生活经历和生存环境有关。

【故事链接】

辉煌事功——南赣地区剿匪安民

王阳明的"立功"主要有三项内容。一、在南赣地区剿匪安民；二、平定朱宸濠叛乱；三、在广西剿匪平叛。下面介绍他巡抚南赣汀漳等处时的功绩。

南赣地区是一个略称，全称在不同的文献中略有不同，常用的全称是"南赣汀漳等处地方"，实质上是明代的一个军事管理区，管理区域包含江西省赣州府、南安府，福建省汀州府、漳州府，广东省韶州府、南雄府、潮州府、惠州府，湖广省郴州等八府一州。这些地区位于四省交界，大山连绵，常年闹匪乱。南赣巡抚一职，全称为巡抚南赣汀漳等处地方提督军务，职责主要是在该地区缉盗剿贼，安抚流民，维护地方治安。设立于弘治十年（1497）。正德十一年（1516），改设为提督衙门。

本地区多是崇山峻岭，剿匪困难，不得已政府只好实行招安政策。朝廷在一年多时间内先后任命陈恪（1461~1518）、公勉仁（1450~1516）、文森（1462~1525）三位出任巡抚，他们有的任期短，有的没有到任，匪患问题一直未能解决。陈恪任期从正德十年（1515）八月到同年十二月。文森在南京太仆寺当少卿时，与王阳明是同僚，他说自己有病，不能到任。朝廷对他提出批评，不再任用。剿匪属于军事行动，指挥剿匪也不是文官都能胜任的。

南赣地区有土匪几万众，大的有三大土匪集团，小的土匪窝点不计其数。第一大土匪集团以盘踞在江西省横水、桶冈的谢志山、蓝天凤等人为首，勾结湖广、广东土匪，祸乱三省。最凶残的土匪集团以池仲容兄弟为首，盘踞在广东省龙川县三浰，经常在广东、江西两省为非作歹。漳南詹师富、温火烧土匪集团盘踞在福建省南靖县和广东省大埔县，多年来祸乱两省。还有盘踞在湖广省郴州的龚福全土匪集团，大匪首龚福全和谢志山、詹师富、池仲容一样，自封为王，下封百官，形成了国中之国的割据势力。他们为非作歹，官府屡招屡叛，死不悔改，恶贯满盈，严重破坏了南赣地区人民安居乐业的正常生活。

王阳明正德十一年（1516）九月得到任命，正德十二年（1517）正月到任，到任后，集思广益，收集情报，挑选民壮，组建队伍，训练民兵，严肃军纪，筹措军费，从正德十二年（1517）正月开始到正德十三年（1518）四月，利用一年多一点的时间，发动三次战役，剿灭了詹师富、谢志山、池仲容三大土匪集团。在王阳明率兵剿灭谢志山土匪集团时，湖广官兵与广东、江西官兵互相配合，剿灭了龚福全土匪集团。

王阳明在南赣地区剿匪战无不胜，既得益于他早年对军事理论的钻研，也得益于他在龙场悟道后开启的天赋智慧。他在剿匪中屡试不爽的军事智慧包含：组建队伍，训练精兵；严明军纪，赏罚分明；设谋用计，迷惑敌人；出其不意，攻其不备；灵活机动，有机即乘；首恶必惩，宽大胁从；杀一儆百，教化为主等。

王阳明是圣贤，不是武夫，不以广开杀戮为战功。圣贤认为，军事手段只有到万不得已时才需使用。俗话说，子不教，父之过。王阳明认为，良民变成土匪，是缺乏教化造成的。剿匪结束后，王阳明立即安排匪乱地区重建工作，重新规划行政区域，调整治安区划，安排改恶从善人员的生产生活，比如发给种子、贷给耕牛等。

一年多来，王阳明转战南安、赣州、汀州、漳州、惠州等地的深山密林，经历了千辛万苦，得了一身病。回到赣州后，他马上组织教育、教化工作。王阳明组织出版《传习录》，总结自己的思想；大办学校，教书育人；制定乡约，教化人民；修建城防，安定地方；整顿政风，优化民风等。他采取一系列措施，力图建设一个安居乐业的南赣地区。

南赣剿匪安民，王阳明不图名、不图利，只求尽职尽责，但是朝廷和人民给予了他名利，同僚们写诗作文歌颂他，南安地区的人民家家设立牌位供奉他。朝廷把他从正四品佥都御史升为正三品副都御史，每次战后给他发奖金，封他儿子正宪为锦衣卫百户等。

他一直在努力，一直心怀愧疚。境内大旱无雨，他检讨自己，认为是自己德行有所疏忽，得罪了上天；境内人民生活困苦，他认为自己无能，不能给人民带来称心的生活。

寓吉安上大人书

正德十四年（1519）

寓吉安①男王守仁百拜书上父亲大人膝下：

江省之变②，昨遣来隆归报，大略想已如此。时宁王尚留省城，未敢远出，盖虑男之捣其虚，蹑其后也。男处所调兵亦稍稍聚集，忠义之风日以奋扬，观天道人事，此贼不久断成擒矣。

昨彼遣人赍③檄至，欲遂斩其使，奈赍檄人乃参政④季敩⑤，此人平日善士，又其势亦出于不得已，姑免其死，械系之。

已发兵至丰城诸处分布，相机而动。所虑京师遥远，一时题奏无由即达。命将出师，缓不及事，为可忧尔。男之欲归已非一日，

---

①吉安：今江西吉安。正德五年（1510），王阳明在吉安府庐陵县做知县，庐陵县城与吉安府城同城。正德十四年（1519），王阳明平定朱宸濠叛乱的大本营设在吉安。

②江省之变：正德十四年（1519）六月十四日，封藩在江西南昌的宁王朱宸濠起兵叛乱，兵力十万人。王阳明出差要路过南昌，六月十五日，走到离南昌约50公里的丰城，被叛军追赶。王阳明立即回头，到吉安设立平叛大本营，一边上奏向朝廷报警，一边高举义旗，召集平叛义军。七月，率军擒获朱宸濠，平定叛乱。因军功被封新建伯。

③赍（jī）：把东西送给别人。

④参政：明代于布政使下置左右参政。布政使司，又称"藩司"，相当于省级行政机关，下设三级官员，从二品左、右布政使，从三品左、右参政，从四品左、右参议。布政使总管全省，参政、参议分管各道。左右平级，以左为尊。

⑤季敩（xiào）：字彦文，号文峰，弘治十五年（1502）进士。正德年间任江西省南安府知府，在王阳明横水、桶冈和浰头剿匪战中，统率一路兵马，立有战功。因功升广西左参政，赴任途经江西南昌时被朱宸濠叛军裹挟，家属被扣做人质，只得替叛军传送檄文，在吉安被平叛义军抓获。后被判充军。

急急图此已两年，今竟陷身于难。人臣之义至此，岂复容苟逃幸脱！惟俟命师之至，然后敢申前恳。俟事势稍定，然后敢决意驰归尔。伏望大人陪万保爱，诸弟必能勉尽孝养，且暮切勿以不孝男为念。天苟悯男一念血诚，得全首领，归拜膝下，当必有日矣。因闻巡检①便，草此。临书慌愦②，不知所云。

七月初二日。

【古文今话】

儿王守仁从吉安给父亲大人行礼：

江西省发生了谋反作乱，前些日子派来隆回去报信，依儿分析，谋反这件事大致如信上所写。目前宁王还滞留在省城，没敢出征，大概是担心儿子率兵乘虚直捣他的老巢，然后乘胜追击。儿这里逐渐聚集了不少从各地征调来的兵马，忠心报国的精神和见义勇为的热忱日益高涨，观天道凭人心，这个叛王很快就会被擒获。

昨天叛王派使者带着檄文来到吉安。本打算立即斩杀来使，可是这个送檄文的使者竟然是参政季敩。此人本来是个好人，他充当这个使者也是身不由己。只好暂且免他一死，先把他关押了。

已经向丰城几个地点派出了兵马，这些兵马将伺机而动。儿担心的是江西到京师路途遥远，向朝廷报告宁王叛乱的奏疏短时间内无法送达。朝廷指派的将领到达得太晚，误了大事，这是儿子真正忧虑的事。长久以来，儿子一直想退休回家，这两年这个心思更加急切，想不到现在竟然遭遇叛王作乱。为国分忧解难，是做臣子的本分，哪里还能再想着自己苟且

---

①巡检：明代在各地关口要害地区设置巡检司，负责治安，首领是从九品巡检、副巡检。
②慌愦（kuì）：惊慌昏乱。

地逃脱！儿只有等待朝廷大军到来后，才敢再向朝廷申请退休的事。只有等到叛乱稍微平定后，才敢放心大胆地尽快退休回家。儿恳请大人千万珍重、爱惜自己的身子，几个弟弟一定会尽心尽力地孝养父母大人，请大人早晚千万不要挂念我这个不孝的儿子。如果老天爷怜悯儿子忠君爱国的一片诚心，让儿子平安渡过这一劫难，那么退休回家奉养父亲大人的日子，一定会到来的。趁闻巡检之便，匆匆写这封信。写信时心中一时慌乱，不知道写了些什么。

七月初二。

【阳明智慧】

这是一封战前血书

正德十四年（1519）六月十四日，驻藩江西南昌的皇室亲王朱宸濠起兵叛乱，出差前往福建的王阳明于十五日路过丰城，丰城是南昌府的属县，在南昌南边，离南昌百十里地。朱宸濠派出一众叛军追拿王阳明。王阳明紧急撤往江西吉安。正德五年（1510），他在吉安府庐陵县做过几个月的知县。他熟悉吉安，于是在吉安设立了平定朱宸濠叛乱的大本营。

这封家书主要有三项内容：平叛准备工作有了眉目，综合考虑，他有信心平定叛乱；曾经的下属季敩在写信的前一日，即七月初一，作为叛军的使者，在吉安被平叛部队俘虏了；有三个孝顺弟弟奉养父亲，请父亲大人不要日夜挂念自己。

这封家书的重点是第二项内容。季敩在江西省南安府知府任上，跟随王阳明剿灭谢志山、池仲容两大土匪集团，在战役中他率领一众军兵，独当一面，立下战功，因军功从正四品知府升任广西省布政司从三品参政。南安府下辖三个县（正德十四年增辖崇义县），在编人口总共有六万，境内遍地土匪，匪众多达八千人。苦熬了两任知府的季敩终于可以离开南安了。回浙江老家探亲后，他携家带口，喜气洋洋地前往广西上任，路过南昌，赶上亲王朱宸濠六月十三日的生日鸿门宴。送了生日礼，吃了生日宴，季敩第二天上门感谢朱宸濠时，被策反了，准确地说是家人被扣为人质，他被迫做了叛军的使者，替叛军往江西吉安、赣州等地递送叛军的檄文。

季敩是个好人，去吃朱宸濠的生日宴席，不是主动的，是接受亲王府的传令。全家被扣为人质后，他决定做一个烈士，还写字要求妻子和女儿一同做烈女，但是因叛军看守严密，没有找到死的机会。朱宸濠把季敩妻子、儿女一家人扣为人质。季敩心中打定主意，决定趁送檄文的机会，投奔老领导王阳明，积极参加平叛战争。但是，替叛军递送檄文，已经属于从逆官员了。

参政季敩和南昌府学教授赵承芳被12个叛军押着递送叛军檄文，被吉安平叛部队擒获。这种小事，相对于平叛各项准备工作，不值得在信中告诉父亲。日理万机，这个成语，用来形容王阳明这一阶段的工作很准确。王阳明对家人诉说此事是希望父亲保护好自己和家人，千万不能被叛军扣为人质。历史上有先例，楚汉相争时项羽曾经把刘邦父亲扣为人质。江西与浙江临近，南昌离绍兴不远，而且驻浙江太监毕真曾经驻守江西南昌，是朱宸濠的死党。事实上，毕真在杭州确实有策应朱宸濠的举动。一旦父亲王华被朱宸濠拘为人质，王阳明在忠孝的选择上就会很难办。但是，这些话又不好明说给父亲。王阳明就用季敩这个例子来提醒父亲。

王阳明曾经与父亲达成过共识，有朱厚照这样的皇帝，天下注定是要大乱的。父亲提前做过准备，在上虞县山区盖有房舍，可以避难。但是，朱宸濠叛乱的消息传来，绍兴城内人心惶惶。父亲为了稳定民心，作为退休在家的乡宦士绅必须有所担当，他没有到山中避难，而是和绍兴官员一起，想办法稳定局势。他全家住在绍兴，就是稳定绍兴秩序的一块压舱石。

有人劝他到山中避难，王华说："过去准备避难，是因为有老母亲在，现在母亲不在了，儿子在前线平叛，自己如果不是年纪大，也是要拿枪上前线的。"

王阳明确信能够平定叛乱吗？世事难料，只有努力奋斗！父亲这边去除后顾之忧，妻儿这边也去除了后顾之忧。他率军从吉安大本营出征时，夫人诸氏安排人用柴草把自己的住房围了起来，一旦前线失利，这些家眷是要自焚的。

一旦失利，朱宸濠做了皇帝，与他作对的王阳明是要被灭九族的。

这封家书第一项内容是自我鼓励和安慰家人，第二项内容是提醒家人注意安全，第三项内容是破釜沉舟的诀别。忠臣和孝子肩负着道义担当，杀身成仁，舍生取义，当生则生，当死则死，义不容辞。

这是王阳明上阵前的血书！

【故事链接】

辉煌事功——江西平定朱宸濠叛乱

对明代人来说，王阳明一生最大的功勋是正德十四年（1519）平定朱宸濠叛乱，因平叛军功他被封为新建伯。新建，是江西省南昌府下属的县，现在是南昌市辖区。叛王朱宸濠在新建县被擒获，所以王阳明的爵位被封为新建伯。新建县，看似是王阳明的封地，实际上只是一种象征，没有分给他一亩土地。明代功臣，异姓不封王，可以分封的最高爵位有公、侯、伯三等。公、侯两等爵位只分封给跟随朱元璋开国的功臣和追随朱棣靖难的功臣。此后功臣最高只能封到伯爵。王阳明的伯爵已经属于明代中后期官爵的天花板，在品级上超一品。因为嘉靖年间受到政治迫害，隆庆年间作为补偿追赠侯爵，这是例外。

朱宸濠是朱元璋第五世孙，是第四代宁王。第一代宁王朱权（1378~1448）是朱元璋第十七子，被分封在大宁（今内蒙古宁城西），带兵守卫边境。朱元璋第四子朱棣叛乱时（他自称"靖难"）挟持朱权，一起反叛朝廷，许诺与朱权平分天下。朱棣当皇帝后，既没有把天下平分给朱权，还拒绝了朱权驻藩富庶之地苏州的要求。朱权被安排在江西南昌，郁闷了一辈子。弘治十二年（1499），袭封宁王的朱宸濠要为祖宗讨公道，正德二年（1507），开始准备叛乱篡位。他利用权势，霸占民田；豢养强盗，抢夺民产；利用财富，拉拢朝廷权臣；恢复宁王护卫，畜养亡命之徒。朱厚照最亲信的大太监刘瑾、权奸钱宁，驻守江西的太监毕真都被他收买，吏部尚书陆完也被收买。

朱厚照的荒唐行为和无儿无女助长了朱宸濠的野心，引发了权臣们的观望心态。

朱宸濠原计划在正德十四年（1519）秋季江西全省官员忙于乡试时起兵叛乱，后因遭到朱厚照怀疑，他把起兵时间提前到了六月十四日。他以自己的生日宴会为由，扣押了来参加宴会的南昌各级官员，假传太后密旨，宣布废除正德年号，要监国摄政。他杀害了反抗的江西巡抚孙燧和江西按察司副使许逵，收缴了江西很多衙门的印章，接管了江西省和南昌府的粮仓银库。

王阳明任都察院左佥都御史，巡抚南赣汀漳等地。他属于过路官员，江西省只有赣州和南安两个府是他的辖区，南昌等其他府不是他的辖区，平定朱宸濠叛乱不是他的法定职责。他去福建出差，率领的兵力非常有限。怎么办呢？事不关己，一走了之？省级官员和朝廷驻江西官员要么被杀害，要么失去自由。不站出来，说不过去。想振臂一呼，既没有兵，也没有粮，更主要的是没有朝廷授权。叛军蓄谋已久，自己仓促应对，胜负难以预料。江西省四个军卫中的南昌前卫和南昌左卫，一个本来归朱宸濠管理，一个被他劫持。袁州卫是一个小卫。只有赣州卫的军兵可以利用。南赣剿匪时训练的那些民兵，因为缺少钱粮供应，已经解散。朱宸濠贵为亲王，在朝廷没有废除他的爵位之前，与他作对有犯上作乱的风险。胜了自然是立大功，败了必然是闯大祸。一旦朱宸濠得势，自己可是招惹了灭族之祸。

最终，王阳明义无反顾地竖起了平叛大旗，六月十八日在吉安设立平叛大本营，第二天奏报朝廷。他摘引以前圣旨有关内容，号召省内各地团结起来，征用钱粮，召集义军；邀约湖广、广东、福建各省派兵支援。他设谋用计，大打心理战，虚实结合，迷惑叛军，为长江沿线备防和自己平叛工作赢得了时间。朱宸濠观望了半个月，于七月初才从南昌出征渡江东下。

王阳明十五日在樟树镇集结兵力，随后在丰城部署攻城作战任务。十九日举行宣誓仪式，激励士气。二十日黎明开始攻城，当日收复了南昌。围攻安庆的叛军主力回救南昌，王阳明组织义军在鄱阳湖截击，二十四日两军在南昌黄家渡展开决战，二十六日擒获了朱宸濠等叛党。

从朱宸濠六月十四日起兵叛乱到七月二十六日被擒获前后只有43天，从王阳明六月十八日在吉安设立平叛大本营到七月二十八日歼灭十万叛军，前后只用了41天。七月十七日集结的攻城兵力只有34751人，其中4670人来自赣州卫，其余都是临时召集的江西省内民壮。福建和广东援军还在途中，湖广对他的邀约无动于衷。

叛党蓄谋十多年之久，义军却是临时召集的，虽有邪不压正的道义在，其中更多的得益于王阳明运筹帷幄的高超军事智慧。

与叛军作战对王阳明来说并不难，难的是如何面对皇帝朱厚照的贪功和权臣张忠、许泰、江彬的陷害。

　　喜欢军事的朱厚照要御驾亲征,亲征大军八月二十二日出京,八月二十六日走到河北涿州时接到了王阳明的捷报。为了满足皇帝完成亲征的心愿,张忠、许泰、江彬欲让王阳明把朱宸濠释放回鄱阳湖,等着皇帝亲自俘虏叛王。为了抢夺平叛军功,奸臣千方百计地要把王阳明诬陷为叛党。最终朱厚照率兵来到南京,朱宸濠在通州被处死。

　　平叛后蒙冤受屈的生死磨难,促进了王阳明"致良知学"的成熟。王阳明平定朱宸濠叛乱,起到了安邦定国的作用,也验证和成就了他的学问。此后,他把学问浓缩和精简为"致良知"三个字。

二 写给弟弟

与徐曰仁

弘治十七年（1504）

北行仓率，不及细话。别后日听捷音，继得乡录①，知秋战②未利。吾子年方英妙，此亦未足深憾，惟宜修德积学，以求大成。寻常一第③，固非仆④之所望也。家君⑤舍众论而择子，所以择子者，实有在于众论之外，子宜勉之！勿谓隐微⑥可欺而有放心⑦，勿谓聪明可恃而有怠志；养心莫善于义理⑧，为学莫要于精专；毋为习俗所移，毋为物诱所引；求古圣贤而师法之，切莫以斯言为迂阔⑨也。

昔在张时敏⑩先生时，令⑪叔在学，聪明盖一时，然而竟无所

---

① 乡录：乡试录的简称。明代以省为单位编制的对每届科举考试的总结文书，收录当次乡试的考官、试题以及录取考生的姓名、年龄、籍贯等。
② 秋战：参加乡试考试。省级科举考试称乡试，因为在秋天举办又称"秋闱"。每三年一届，考中者称为"举人"。
③ 第：科举考试及格的等级。
④ 仆：古人自谦用词。
⑤ 家君：对外称自己父亲。
⑥ 隐微：隐约细微。
⑦ 放心：放纵、放逸心念。
⑧ 义理：儒家经典中的道理。
⑨ 迂阔：不切实际。
⑩ 张时敏：张悦（？~1502），字时敏，松江华亭（今属上海）人。明天顺四年（1460）进士，累官至南京兵部尚书。成化年间，督学浙江。
⑪ 令：敬辞，用于称呼对方的亲属或有关系的人。

成者，荡心害之也。去高明而就污下，念虑之间，顾岂不易哉！斯诚往事之鉴，虽吾子质美而淳，万无是事，然亦不可以不慎也。意欲吾子来此读书，恐未能遂离侍下，且未敢言此，俟后便再议。所不避其切切，为吾子言者，幸加熟念，其亲爱之情，自有所不能已也。

【古文今话】

　　北来京师时因时间仓促，没来得及细说。分别后每天打听你的好消息，接着就收到了《弘治十七年浙江乡试录》，由此知道你乡试失利。贤弟年少又才华出众，不要为一次失利而深深地遗憾，现在最需要做的是好好涵养道德和积累学问，以追求大成就。普通寻常的进士及第，这不是我对贤弟的期望。家父不顾众人的议论挑选你做我的妹婿。为什么挑选你？这里有庸人看不透的原因，贤弟还要努力呀！不要以为上天无形无相可以欺蒙就放纵自己，不要以为自己耳聪目明可以依仗就松懈志气；养心最好的途径是学习儒家经义，做学问最好的办法是专心致志和精益求精；不要被庸俗的风气转移了志向，不要被物质诱惑；做人做学问，从古代圣贤那里找老师，以古代圣贤为榜样，千万不要把我这些话看作不切实际的事理。

　　往年张时敏先生在浙江做督学时，你叔叔在学校做生员，曾经聪明一时，但是最终一生却没有做出什么像样的成绩，原因就是被一颗放荡的心毁了他的一生。远离高明去亲近低俗，也就是一念之间的事儿，这样的沦落难道不是很容易吗！历史事实真是一面镜子呀。贤弟虽然禀赋聪明又淳朴，在贤弟身上一定不会重演你叔叔这样的事件，但是也不能不谨慎呀。有心让贤弟来这里读书学习，又担心你不能突然之间就远离双亲大人，所以还没敢把这个心意说给你。等以后条件成熟再说吧。我之所以这样毫不避讳地给贤弟说这些，希望贤弟深思熟虑，实在是因为我们兄弟之间的亲爱之情呀！是情不自禁呀！

【阳明智慧】

对落榜生的劝告与鼓励

这封家书是王阳明弘治十七年（1504）写给妹夫徐爱（1487~1517）的。这一年，18岁的徐爱在浙江省乡试中名落孙山，大舅哥写信安慰和鼓励落榜的妹夫。

王华要为女儿选一个乘龙快婿，把选择范围定在学校。与王华同年的进士赵宽（1457~1505）在浙江省按察司做提学副使，主管全省教育工作，他推荐了品学兼优、长相俊秀的徐爱。王华评价徐爱像美玉一样，王阳明评价徐爱温良谦恭。

徐爱的父亲徐玺听过王阳明讲圣贤学问，嘱咐徐爱拜王阳明为师。正德二年（1507），徐爱"以家君命执弟子礼"，拜王阳明为师。

弘治十七年（1504）秋，徐爱在浙江杭州参加乡试，王阳明在山东济南当乡试主考官。十月份，知道徐爱考试失利后，王阳明写这封信安慰和鼓励妹夫。此前的弘治十四年（1501），王阳明在刑部主事任上，利用出差机会，游览了佛家胜地九华山和道家圣地茅山，访问出家和尚和道士。然后在弘治十五年（1502）请病假回乡，住到绍兴宛委山中养病修炼。弘治十六年（1503）到杭州一些寺院拜访出家人。他最后经过仔细思考，放弃了对佛教和道教的迷信。弘治十七年（1504），王阳明在山东主考过乡试后，拜访孔孟圣地，彻底回归到儒家学说上。

这封信有两项重要内容。

第一项内容，王阳明鼓励徐爱树立远大志向，这个志向超越了科举考试。他认为科举考试即便成功，也属于小成绩、小成就。他希望徐爱要像孔子那样，做到大成。什么是大成呢？孔子学问可以做天下人的老师，道德与天地一样自强不息和厚德载物，这就是大成。怎么才能做到呢？

王阳明列出了一系列方法：一、不要放纵自己的心念，要自觉，随时看管自己；要自律，随时约束自己的心念；要自强，时刻勤奋学习、积极向上。二、不要自以为耳聪目明就松懈，不去勤奋努力。三、用经典中的道理滋养内心，学习要专心致志、精益求精。四、坚定内心的高远志向，不要被庸俗低劣的观念束缚，不要沉迷于物质享受。五、读圣贤传记，读古代经典，学习圣贤做人做事方法。在这些方法中，王阳明把自律放在第一位。自律，就是有人监督和没人监督时一个样，时刻做到不合法合规、不合情合理的事情不看、不听、不说、不做，甚至连想也不去想。自律的前提是自觉，自觉的前提是良知的觉醒。

第二项内容，要徐爱把自己叔叔徐佩当作反面教材。徐佩在余姚县学当秀才时，可能因为聪明，或者因为有段时间学习不错，受到当时到学校视察的主管全省教育工作的张悦的表扬和鼓励。同时受到张悦表扬的王华和谢迁双双高中状元，徐佩却连乡试都考不过，做了一辈子秀才。一样聪明的人，一生成就却不一样，就是因为没有做到第一项内容所列举的那些。

王阳明邀请徐爱到北京跟着自己学习。写信的第二年年底或者正德元年（1506）初，徐爱到北京学习。经过两年努力，在下一届乡试时，即正德二年（1507），顺利通过浙江乡试。

这封信表述的教育原则是，把优秀的人当榜样，拿失败的人做教训。

【故事链接】

徐爱是《传习录》的第一位记录者

王阳明作为历史上的"三立"圣人,他的"立言"主要表现在《传习录》中。《传习录》的作者被署名为王阳明,严格地说,这是不准确的。《传习录》的创作者是一个群体,王阳明是最主要的著述者,徐爱是作者之一,并且是发起人。

弘治十八年(1505),皇帝朱祐樘驾崩,朱厚照即位。正德元年(1506)十一月,兵部主事王阳明上奏劝谏朱厚照,请求释放被逮捕的戴铣等21名官员。这些官员被逮捕不是因为违反朝廷的纪律和法令,而是因为他们要求诛杀八个大太监和挽留退休的两位内阁大学士刘健和谢迁。王阳明在奏疏中劝16岁的皇帝大公无私、勇于改过。劝皇帝大公无私和勇于改过,意味着皇帝没有做到大公无私和勇于改过。忠言逆耳,皇帝便下令把他抓进监狱,廷杖三十,然后把他的六品主事贬为从九品驿丞,罚他到边远的贵州大山里去受苦。正德二年(1507)闰正月,他离开北京,回到浙江,住进杭州的寺院。徐爱在杭州陪伴着他。

正德二年(1507)乡试,徐爱中举。举人徐爱正式拜师。这年腊月,王阳明出发去贵州赴任。正德三年(1508)三月,徐爱中进士后被派到祁州做知州。

正德三年(1508),王阳明至贵州修文县龙场。直到正德七年(1512),徐爱结束祁州知州任期到北京后,这对师徒才真正地聚在一起。之前,王阳明没有悟道,师徒又聚少离多。正德七年(1512)十二月,王阳明和徐爱去南方上任并顺便回家探亲,途中一个多月,徐爱记录下王阳明讲学的核心内容。

王阳明的学问史称"阳明心学",也被称为"致良知学",核心是开启每个人心中与生俱来的良知,用身心把良知"活"出来,用良知指导自己的生活和生命,把自己的生命彻底"良知化"。王阳明心学继承了中华传统文化的道统,与尧舜禹、孔孟一脉相通。阳明心学的精髓是"致良知"三个字,这三个字脱胎于《大学》的"格物致知"。

王阳明的龙场悟道主要是悟通了《大学》的"格物致知"。正德九年(1514)四月,王阳明离开滁州到南京做官,徐爱先后在南京兵部和工部做官,师徒又聚在一起。徐爱有亲和力,善于团结人,像一个班长一样,在南京帮助师父组织讲学。

受《论语》影响,徐爱有目的地记录了师父的讲课内容,并做了一篇序,还写了一篇跋。序是前言,跋是后记,加上内容,一本书初具规模。或者是徐爱安排,或者是弟子们有默契,在南京期间,弟子陆澄和薛侃也记录了王阳明的讲课内容。

王阳明师徒想办一所山中书院,徐爱是具体经办人。可惜,徐爱英年早逝。正德十二年(1517)五月,徐爱回到绍兴探亲,得了痢疾,因病去世,享年31岁。

徐爱是王阳明大弟子,学问好、品德好,既是弟子,又是亲戚,王阳明准备把他培养成自己的传人。忙着剿匪的王阳明在赣州听到徐爱去世的讣告,悲痛欲绝,吃不下饭。

正德十三年(1518),南赣剿匪工作结束后,王阳明开始文化教育建设,其中一项内容是组织刻印《传习录》,具体工作由弟子薛侃操办。《传习录》中有徐爱、陆澄、薛侃三个弟子的记录。这是初刻《传习录》,共129条,其中80条是陆澄记录的,35条是薛侃记录的,徐爱记录的只有14条。徐爱的记录很可能有遗失。初刻《传习录》的序和跋是徐爱写的。

嘉靖三年（1524），绍兴知府南大吉组织刻印了续刻《传习录》，新收录王阳明九篇论学书。续刻《传习录》分两卷，其中九篇论学书为下卷。

王阳明去世后，弟子们收集其遗言，在嘉靖三十五年（1556），由弟子钱德洪等人选编，新收录弟子陈九川、黄以方、黄勉叔、黄勉之等的记录，成为《传习续录》。最后，由弟子钱德洪等人定稿，在湖广省黄梅县刻印。其中，初刻为上卷，续刻为中卷，续录为下卷。

隆庆六年（1572），谢廷杰刊刻《王文成公全书》时，又请钱德洪在下卷附录上《朱子晚年定论》。至此，今本《传习录》才通行于世。

示徐曰仁应试
正德二年（1507）

君子穷达①，一听于天，但既业举子②，便须入场，亦人事宜尔。若期在必得，以自窘辱，则大惑矣。

入场之日，切勿以得失横在胸中，令人气馁志分，非徒无益，而又害之。场中作文，先须大开心目，见得题意大概了了，即放胆下笔；纵昧③出处，词气亦条畅。

今人入场，有志气局促不舒展者，是得失之念为之病也。夫心无二用，一念在得，一念在失，一念在文字，是三用矣，所事宁有成耶？只此便是执事不敬，便是人事有未尽处，虽或幸④成，君子有所不贵也。

将进场十日前，便须练习调养。盖寻常不曾起早得惯，忽然当之，其日必精神恍惚，作文岂有佳思？须每日鸡初鸣即起⑤，盥栉⑥整衣端坐，抖擞精神，勿使昏惰。日日习之，临期不自觉辛苦

---

①穷达：困顿与显达。
②业举子：即"举业"，科举时代指为应试而准备的学业。
③昧：不明白。
④幸：侥幸。
⑤鸡初鸣即起：明代科举考试，乡试时间在秋季八月初九、十二和十五这三天；三场考试每场要考一天，寅时（3点~5点）进场。如果寅时进场，那么进场前的洗漱等准备工作需要一段时间，所以起床不能晚于丑时（1点~3点）。鸡叫第一遍就在丑时。
⑥盥栉（guàn zhì）：梳洗。盥，浇水洗手，泛指洗。栉，梳头。

矣。今之调养者，多是厚食浓味，剧酣①谑浪②，或竟日偃卧。如此，是挠气昏神，长傲而召疾也，岂摄养精神之谓哉！务须绝饮食，薄滋味，则气自清；寡思虑，屏嗜欲，则精自明；定心气，少眠睡，则神自澄。君子未有不如此而能致力于学问者，兹特以科场一事而言之耳。每日或倦甚思休，少偃即起，勿使昏睡；既晚即睡，勿使久坐。

进场前两日，即不得翻阅书史，杂乱心目；每日止可看文字一篇以自娱。若心劳气耗，莫如勿看，务在怡神适趣。

忽充然滚滚，若有所得，勿便气轻意满，益加含蓄酝酿，若江河之浸，泓衍③泛滥，骤然决之，一泻千里矣。

每日闲坐时，众方嚣然，我独渊默④；中心融融，自有真乐⑤，盖出乎尘垢之外而与造物者游。非吾子概尝闻之，宜未足以与此也。

【古文今话】

德才兼备的人，对待境遇的困顿和显达，听凭命运的安排。但是既然决定走科举这条路子，就一定要进考场，这是做人的责任。如果认为既然进了考场就一定要考出个非常好的成绩，这是自己给自己找麻烦，是被功名迷了心窍。

进考场后，心中千万不要患得患失，患得患失的心思消耗人的精神，让人不能全神贯注，不仅无益于考试，而且耽误考试。考场中写文章，首

---

①酣（hān）：畅饮。
②谑（xuè）浪：戏谑放荡。
③泓衍（hóng yǎn）：心意的酝酿与扩展。泓，水深而广。衍，延长，开展。
④渊默：深沉静默。
⑤真乐：没有任何外在条件诱发而纯粹从内心升起的快乐，即良知之乐。

先要睁大眼睛、放开思路，明白了题材的大概意旨后，就可以大胆下笔了。这样的话，即便不十分清楚题材的出处，写出来的文章也会条理分明，思路流畅。

这个时代，有的人一进考场，心里就局促不安，变得浑身不自在，这都是患得患失的念头害的。一心不能二用，如果心中一会儿算计着考好了怎么风光，一会儿盘算考砸了就要无脸见人，一会儿又去费尽心思地遣词造句，这是一心三用，这样考试会考好吗？一心三用，从做事上来说是不敬业，从做人上来说是心不诚，即便侥幸取得什么成绩，这样的成绩并不会被德才兼备的人所看重。

进考场十天前，就需要开始调理作息和饮食。因为平常没有起大早的习惯，如果考试那几天突然起得太早，一定会整天精神恍惚，这样的精神状态写文章时哪里会文思泉涌呢？所以十天前开始，鸡叫头遍就要起床，洗脸梳头后要端端正正地静坐一会儿，通过静坐，让昏昧、松懈的精神饱满起来。这样每天练习，要上考场时再起大早就不觉得辛苦了。现在人们的调养，多是大鱼大肉地滋补和毫无节制地饮酒狂欢，要不就是整天躺在床上。这样的调养，结果是气乱神昏，因狂傲而招来疾病。这算哪门子调养精神？要调养，就要节制饮食，清淡饮食，那么人体的气自然清净；要减少思虑，抛弃欲望，那么静气自然清明；要气定神闲，不要贪睡，那么心神自然澄明。这里只是以科举进场考试一件事来做说明，其实君子没有不这样做学问的。每天或一天中有时候非常疲劳，想休息，那就躺一会儿马上就起来，不要睡昏过去；天色已晚就要睡觉，不要久坐。

进考场前两天，就不要再翻看书本了，这个时候看书会让心神变得杂乱；每天只可看一篇文章，目的是让心情舒畅。如果因为耗费了气力觉得累，不如不看，看与不看的出发点是迎合自己的兴趣和让自己心神舒适。

如果突然之间心里像江河翻滚一样，觉得很充实，这个时候千万不要因为心满意足而浮躁轻狂，而是要像酿酒一样慢慢酝酿，像江河水一点一点浸润河堤，等到上了考场，文思就像江河水泛滥，堤岸决口，一泻千里。

每日闲坐时，无论周围环境多么嘈杂喧嚣，自己的身心要像深潭的水面一样静默；因为静默而快乐，这种快乐是心中自生的真快乐，这是出离红尘后与造物者合一的真快乐。如果不是贤弟曾经听说过这种真快乐，是不适宜和你说这些的。

【阳明智慧】

科举前如何做好准备

做任何事之前都需要一个指导性意见。做大事需要提前做规划，做小事需要提前做计划。随心所欲和信马由缰，做不好事情。打仗，需要演习；高考，需要模拟；比赛，需要练习。老生常谈的内容，才有最朴素的道理。

科举考试前，需要做好身体和心理准备。

王阳明五百年前写给弟子徐爱的考前指南在今天还有现实意义。现在的"科举"制度更加人性化，考生不再需要半夜起床赶考场。

这封家书重点如下：

一、考前和考中，不患得患失，只问耕耘，不问收获。

二、第三段解释了什么是"执事不敬"。一心二用、一心三用就是执事不敬。反过来说，全心全意就是"敬事"。

三、调养身心，不是大吃大喝，不是整天睡觉。

四、考前几天涵养精神，把最好状态留在考场。

五、什么是"谋事在人，成事在天"。

这里重点解释一下，"天"究竟是什么？在《王文成公全书》中，王阳明说，天就是道，就是良知。《周易》："天行健，君子以自强不息。"这句话的意思是天体以劲健刚强的方式运行，君子也应当像天体的运行一样自强不息。从这句话中可以知道，天并不消极，君子也要自强不息。这句话中"天"的本义是天道，但是在天道中人们能够看见的只有日月星辰等天体，所以翻译成现代汉语，只好把"天"的本意缩小到"天体"。实际上，这句话中"天"的意思比天体更广阔和深远。

这封家书写于正德二年（1507），当时王阳明36岁。嘉靖元年（1522），王阳明的弟子钱德洪要去参加乡试，临行前向他请教，王阳明告诫道："胸中要有大舜向大禹禅让天下的气象。"钱德洪不明白自己考举人与禅让天下有什么牵扯。面对憨厚人，王阳明不再含蓄，明明白白地说道："偌大的天下大舜都不放在心上，还会有什么患得患失吗！"

结合钱德洪这个故事，能更好地理解"谋事在人，成事在天"这句格言，那就是专注，考前专注于准备，考场上专注于考试，考上考不上是未来的事，不用去妄想它，未来的事听天安排吧。

《王文成公全书》中还有个故事可以帮助理解这封家书。一次，王阳明把第二课堂开在绍兴会稽山，爬山时，他讲道："我登山，不论几许高，只登一步。"意思是我登山，不论山有多高，我只一心专注走稳脚下这一步。

有人说，人事尽到十二分，剩下的听天由命。十二分人事中，就包括考前的身体和心理准备。

【故事链接】

明代的考试制度

科举制度，是隋、唐、宋、元、明、清各个朝代官方选拔人才的制度。各个朝代的考试内容和形式先后有变化，甚至明代一个朝代中，前、后期也有所变化,但是总的原则是一致的。科举,即分科考试,举荐人才。

明代的科举考试主要有乡试、会试、殿试三级考试。乡试是由各省举办的地方性初级考试。通过考试的考生被称为举人。乡试第一名被称为解元。乡试每三年举办一次,十三个省和两个直隶每届的录取名额总数约1200人。举人,可获得做官的任职资格。乡试三场考试固定在秋八月初九日、十二日、十五日三天,因此又被称为"秋闱"。

会试,是由朝廷礼部举办的考试,对各省举荐的人才进行再次选拔。考生有新举人和往届举人,通过考试的人被称为贡士,意思是贡献给朝廷的人才。会试第一名被称为会元,或者会魁。贡士获得了殿试的资格。会试时间在各省乡试的第二年春季,具体在农历二月的初九日、十二日和十五日三天。因在春季举办,又被称为"春闱"。

殿试,由皇帝亲自主持,考场在皇宫大殿,时间约在农历三月初一日(后改十五日),考生是通过会试的贡士。明朝殿试不再淘汰,通过殿试的人被称为进士,根据名次分为三甲,一甲三名,被称为进士及第,分别是状元、榜眼、探花,这三名直接被任命为翰林院的修撰和编修。二甲一般在100名左右,被皇帝赐"进士出身",第一名被称为传胪。三甲一般在200名左右,被皇帝赐"同进士出身"。

乡试和会试考试范围一样,限定在四书五经中,四书属于必考内容,五经可以任选一经。三天三场考试,每天从早考到晚。第一天第一场,从四书中选取三句话,让考生解释经义。另外,从考生选修的一本经书中选取四句话,让考生解释经义。

第二场考试内容有:一篇议论文、一篇固定格式的应用文、五个名词解释。

第三场考试内容是:五篇解决实际问题的应用文,每篇300字以上。

做不完的考生，可以任选三道题。

殿试，考题是一篇有针对性、需要解决实际问题的应用文，叫时务策。有时候，皇帝亲自出题。

乡试的考生也需要一定的资格，考生有两类，一是各县、州、府学推荐的生员，俗称秀才；二是各县、州、府境内的民间儒士。明代学校有县学、州学、府学、国子监，国子监是中央级别的学校。获得秀才功名的人，有政治身份，有实际利益，还不能做官。秀才是考试出来的，没有秀才身份的读书人叫童生。

县、州、府三级学校生员根据成绩，分廪生、增生和附生，附生类似于旁听生，根据成绩优劣三类学生身份可以升降，甚至可以被开除。好学生一直考不中举人，还可以经由学校推荐，由中央吏部考察任用为基层学校的教师或者其他最基层的职位。这属于推举。

与徐曰仁

正德六年（1511）

得书，警惶莫知所措。固①知老亲母仁慈厚德，福禄应非至此。然思曰仁何以堪处，何以堪处！急走请医，相知之良莫如夏者，然有官事相绊，不得遽②行，未免又迟半日，比至祁③且三日。天道苟有知，应不俟渠④至，当已平复。不然，可奈何，可奈何！来人与夏君先发，赵八舅和儿辈随往矣。惶遽中言无伦次，已不能尽。

守仁顿首⑤，曰仁太守贤弟。

【古文今话】

一收到信，我很惊慌，不知道该怎么办。我坚信老母亲心地善良，德行淳厚，一生应该享受的福报不会就此结束。但是考虑到曰仁，（看着老母亲遭受病痛折磨）可怎么受得了，可怎么受得了！

（我）赶紧去请医生。知根知底的都不如夏医生，可是他被公务耽搁，不能马上就走。（这样）难免晚了半天（才上路），等到祁州又需要三天时间。如果老天爷开眼，应该不等夏医生到祁州，老母亲的病就已经

---

①固：坚定。
②遽（jù）：急速。
③祁：北直隶祁州的简称，徐爱时任祁州知州。
④渠：第三人称代词。
⑤顿首：磕头，平辈间的交际礼仪，署于书信结尾处。现代书信中用"敬礼"替代。

好了。如果不是这样，可怎么办呢？可怎么办呢？来送信的人与夏医生先出发，赵八舅和孩子们随后上路。既惊慌又匆忙，信写得乱糟糟，我不能写得更多更好了。

守仁向贤弟曰仁知州致敬！

【阳明智慧】

心态冷静沉着，行动快速敏捷

正德六年（1511），40岁的王阳明在北京吏部任职，妹夫兼弟子徐爱在祁州做知州。徐爱是独生儿子，徐爱父亲徐玺和母亲孙氏跟随儿子在祁州生活。这一年，徐爱25岁，过去男女结婚早，徐爱的父母亲还是中年人。六年后，徐爱在正德十二年（1517）五月去世。岳父王华在自家院落东边收拾屋子，供徐爱家人居住。十八年后的嘉靖八年（1529），徐爱父亲徐玺还参加了王阳明的葬礼。

正德六年（1511），徐爱母亲突然得了重病，祁州的医生治不了，徐爱派人带着自己的书信到北京请大舅哥介绍名医。王阳明一辈子学圣贤，做圣贤，圣贤都有一颗仁爱之心、恻隐之心。王阳明说过，圣贤看见别人挨饿，就像自己挨饿一样难受；圣贤看见别人的孩子掉到井里，就像自己的孩子掉到井里一样着急。王阳明一辈子尊崇孟子，他一生学问的核心字眼"良知"就传承自孟子。孟子说，尊敬自家的老人时，也要尊敬别人家的老人；爱护自家的孩子时，也要爱护别人家的孩子。何况，徐爱的母亲是王阳明妹妹的婆婆。

王阳明接到信后很着急，马上去找医生，医生因为公事在身，需要耽搁半天时间。上面就是王阳明的回信，他的回信很短，为什么写这么短呢？他说自己惊慌失措。

这封短短的家书中,两处出现表示惊慌的字眼,两处出现表示着急感叹的字眼,这是圣贤对别人遭遇苦难时的心情表露。大街上,看到别人无辜遭难,每个人都会有感同身受的心情,这就是同情心,用孟子的话说是"恻隐之心"。这正是良知的发露和呈现。"急走请医",短短四个字充分表达了王阳明心情急迫、行动快速的圣贤品德和雷厉风行的干练作风。

前文有一篇从赣州写给父亲的家书,他写道,因为长时间没收到家书,没得到家人的消息,他心中忐忑不安。有一篇从吉安写的家书,当时面临着重大而严峻的平叛任务,他写道,自己心中很慌乱。这里有一个问题需要思考:他早在正德三年(1508)就已经实现了龙场悟道,一个悟道的圣贤遇到事情还会这么心神不定、惊慌失措吗?

弘治九年(1496),他再次会试失利,他在国子监的一位同学也考试失利,这位同学觉得很丢人。他安慰说:"世俗中的人把会试失利看作很丢人的事,我不一样,我认为,因为一次会试失利就觉得很丢人,有这种心态才真正丢人。"这一年他25岁。他安慰同学的原话中有"动心"两个字。孟子说过:"我四十不动心。"不动心是什么意思呢?意思是心已经有了主宰,不再受外界的影响而轻易波动。谁是心的主宰呢?志,是心的主宰。志向坚定,心就不再轻易波动。因此,王阳明一生讲学都把"立志"作为秘籍,致良知的前提仍然是立志。

25岁,他说得到,不一定做得到。37岁在龙场悟道后,他做得到,也不是天天每时每刻都做得到。正德六年(1511),写这封家书时,他还在修炼的路上,遇到徐爱母亲重病这件事,他还是惊慌失措,没有做到不动心。尽管这时候他有弟子,还经常讲学。

他晚年坦诚地对弟子说,45岁以前他还贪图虚名。只要有所贪、有所图,就一定会患得患失,虽然不至于斤斤计较,毕竟还做不到不动心。正德十一年(1516),好朋友王文辕经过检验,才确认45岁的王阳明真正做到了"不动心",判定他可以做大事了。

正德十三年(1518)、十四年(1519),离他龙场悟道已经过去了十年,十年磨一剑,他的志向已经彻底坚定,已经能做到真正不动心。这时候,他剿匪成功后给父亲写信,面临平叛严峻形势时给父亲写信,也提及自己心中的慌乱。这时候的心中慌乱是对身边环境和形势的自然反应,内心却是冷静的、沉着的,心是不动的,动的是情。否则,他怎么能做到剿匪战场上战无不胜,怎么能做到平叛战争马到成功!

王阳明的弟子陆澄住在鸿胪寺衙门的仓库里,跟随他学习。有一天,陆澄接到家书,说他儿子病危。陆澄坐立不宁、心急火燎。王阳明说:"这个时候正是用功炼心的时候。"做学问,就是要在事上磨炼。父子亲情,是人间最真挚的感情,亲情中也有天理良知,也有个恰如其分。七情六欲,一般都是过分。过分了,就偏离了良知。

陆澄父亲去世时,他悲痛过分,哭瞎了眼。这个就过分了。

圣贤做事不动心,心态冷静沉着,行动快速敏捷。

【故事链接】

王阳明父子和妹夫徐爱的科举之路

一、父亲王华大器晚成

王阳明的父亲叫王华。他从小聪明,学习勤奋,刻苦专注。有一次,余姚城里举办迎春活动,街上锣鼓喧天。王华在家,充耳不闻,专心读书。在窗前纺花的母亲岑夫人担心儿子累坏身体,劝他说:"你去外面看会儿热闹去吧。"王华说:"看热闹不如看书。"

王华在私塾读书时,就表现出了主见和定力。有一次知县到私塾视察,同学们都放下书本,围着知县一行人看热闹。王华好像没看见一样,继续坐在书案前读书。

私塾先生假装吓唬他说:"你一个人不去知县跟前,如果知县认为你骄傲自大、藐视知县,他要责备你怎么办呢?"王华说:"知县也是人,为什么要专门去他跟前看他呢!我专心读书,他为啥要责备我呢?"

王华在余姚县学学习时,来学校视察的浙江督学张时敏看了王华的文章,曾预言:"这学生是状元之才。"浙江布政司布政使宁良为儿子找家庭教师,张时敏把王华推荐给宁良。

王华成绩好,受到老师和各级官员赏识,获得参加乡试的资格早,但在考场上却一败再败,三败四败。乡试三年一届,他从20岁开始参加乡试,直到35岁才终于通过乡试选拔。这意味着,王华至少连续五届参加乡试。

这么多年,他不好一直待在余姚县学,占用年轻人进入县学的名额。也不能一直闲着,他要养家糊口,就去做了私塾先生,先后到湖广祁阳(今湖南祁东,宁良家乡)、浙江德清、东阳、海盐等地教书。后来,他以民间儒士身份参加乡试。

成化十六年(1480),他在乡试中获得第二名。成化十七年(1481),在殿试中取得第一名,摘得状元桂冠。

王华做官二十七年(其中为父守孝三年),历任翰林院修撰、翰林院掌院学士、詹事府少詹事、礼部侍郎、南京吏部尚书,历事成化、弘治和正德三朝,做过弘治皇帝的老师。弘治皇帝礼贤下士,爱好学习,喜欢听讲。弘治皇帝在位的十八年史称"弘治中兴"。作为弘治皇帝的老师,王华做出了一定的贡献。

王华,青少年时期刻苦努力,大器晚成。

二、王阳明科举之路一波三折

王阳明是个典型的官二代,从小聪明,又调皮捣蛋,他的科举之路一波三折,他还与唐寅(唐伯虎)在同一年考试中经历了一场风波。

弘治三年（1490），王伦去世，王华回余姚守孝。守孝期间，王华抽空指导19岁的王阳明准备乡试，并安排三个堂弟和一个堂妹夫给儿子做辅导老师。有一天，王阳明不知受哪个人、哪本书、哪句话、哪个场景启发，突然开窍。他一本正经、严肃地对堂叔、堂姑父说："我过去自由散漫，现在知道错了。"从此，他志向坚定，目标明确，凝聚起了全身的精气神。他因志向坚定，气宇轩昂；因目标明确，眼神坚毅。他坐有坐相，站有站相，说话谨慎，不再信口开河。他读书刻苦，白天学习科举课程，晚上博览群书，写文章水平进步显著。

经过两年认真准备，弘治五年（1492），21岁的王阳明顺利通过乡试。这一年浙江乡试出了一点波折。考试那天，杭州大雨如注，考场被淹。考生找地方避雨，纷纷躲进官员们办公的大堂。按察使下令把考生赶出大堂。考生群情激奋，向按察使投掷砖头瓦块，把按察使砸得狼狈逃窜。监察御史等官准备推迟考期，布政使说："大雨来得急，去得快，考试不必推迟。"一个武官站到高处，奉命吆喝说："各位考生，各自考虑决定，自认这一届能考中的人留下，认为考不中的人可以走了。"考生们愣了一会儿神后蜂拥而出，最后只剩下八百多人。

这一届乡试录取90人，王阳明脱颖而出排第70名。名次虽靠后，毕竟还年轻，第一次参加乡试，少年得意、踌躇满志的他本指望第二年一鼓作气、金榜题名。很遗憾，第二年会试，他名落孙山。会试失利后，他按惯例入国子监，边学习国子监课程，边准备科举考试。三年后，王阳明参加弘治九年（1496）的会试，令人意外，竟然再次失利。

心急吃不得热豆腐，他不得不再耐住性子等三年，直到第三次参加会试才终于过关。

弘治十二年（1499）的会试出了乱子。成绩放榜前，监察官员弹劾主考官程敏政向唐寅（1470~1524）和徐经两个考生出卖考题。明代纪检监察官员有一项特权，即不管是不是事实，只要听闻风声，就可以弹劾官员，并要求纪检监察机关立案调查。程敏政被停职收监，出狱后含冤而亡。两位主考官，只剩下礼部尚书兼文渊阁大学士的李东阳一人主考。

王阳明会试第二名，殿试二甲第六名。当时的人们认为，他的名次受到了影响。

以通过会试为起点，王阳明经过龙场悟道等历练，取得了剿匪安民和平叛定国的辉煌事功。他总结人生实践的体悟、仁政爱民的经验和军事斗争的智慧，建构了惠及当代、利益千秋的阳明心学。由此，王阳明实现了少年立下的宏大志向，成就了立德、立功、立言三不朽的圣贤人生。

王阳明，屡经磨难，终成大器。

三、妹夫徐爱考试之路一帆风顺

弘治十六年（1503），徐爱被王华选为女婿，成为王阳明的妹夫。弘治十七年（1504），徐爱第一次参加乡试，出师不利。一个毛头小伙子，第一次到考场，熟悉熟悉考题，见见大场面，积累一点经验。这么小的年纪，万一考上，第二年再考中进士，出来做官的话，很可能会自误误人。在王阳明看来，少年得志是不幸，少年受挫折乃是大幸。

乡试失利后，王阳明写信安慰和鼓励徐爱，让他专心学习。正德二年（1507）三月，出狱后的王阳明在去贵州之前，躲在杭州寺院里养病，徐爱前往拜访，正式拜王阳明为师。在王阳明手把手的指导下，当年八月，21岁的徐爱考中举人。徐爱通过乡试后，在去北京赶考前，王阳明写了《示徐曰仁应试》，指导他如何准备会试。这篇文章是应考指南，写得非常具体，详细到考前如何安排作息、如何安排饮食、如何调整心态、如何安排功课、如何养精蓄锐、如何静坐养神、如何考场审题、如何用心作文、如何分配精力等。

正德三年（1508）春，徐爱在北京顺利通过会试。在殿试中，位列第二甲第113名。他做了一年见习官员后，23岁出任北直隶祁州从五品知州。

正德三年（1508）的会试和殿试，因大太监刘瑾（约1451~1510）专权，出现了不同寻常的波折。刘瑾以权谋私，为了50个请托关系户，在原有录取指标外新增设50个录取名额。刘瑾的奸党，文渊阁大学士、吏部尚书焦芳利用影响力，帮助儿子焦黄中窃取了殿试第二甲第一名。焦芳企图帮儿子拿到状元头衔，然而，受到了殿试考官李东阳和王鏊的抵制。当时，岳父王华退休，大舅哥王阳明被贬到贵州龙场做驿丞，王华的同乡兼好友、内阁大学士谢迁被迫退休。徐爱能顺畅通过会试和殿试，凭的是真才实学。

王阳明父子在科举路上，走得跟跟跄跄。比起岳父和大舅哥，徐爱的科举之路可谓一帆风顺。什么原因呢？

徐爱有王阳明父子亲自指导，他借鉴岳父和大舅哥的教训，吸纳他们的经验。岳父和大舅哥是科举考场上的老兵，都曾屡败屡战，有刻骨铭心的教训。岳父先后做过北直隶顺天府和南直隶应天府乡试的主考官，大舅哥做过山东乡试主考官，他们经验丰富。

徐爱功名来得早，德行高，去世早，没有儿女，但留下了著名传世经典——《传习录》。《传习录》最早是由徐爱于1512年至1517年记录的，最终由王阳明弟子薛侃、南大吉、钱德洪等人共同完成。阳明心学流传五百余年，徐爱功莫大焉。

寄诸弟①书
正德十一年（1516）

　　乡人来者，每询守文②弟，多言羸弱③之甚，近得大人书，亦以为言，殊切忧念。血气未定，凡百须加谨慎。弟自聪明特达④，谅亦不俟⑤吾言。

　　向日所论工夫⑥，不知弟辈近来意思如何，得无⑦亦少荒落否？大抵人非至圣，其心不能无所系著⑧。不于正，必于邪；不于道德功业，必于声色货利，故必须先端所趋向，此吾向时立志之说也。趋向既端，又须日有朋友砥砺切磋⑨，乃能熏陶渐染，以底⑩于成。弟辈本自美质，但恐独学无友，未免纵情肆志而不自觉。李延平⑪

---

① 诸弟：同父兄弟四人，长兄王阳明，大弟王守俭，二弟王守文，三弟王守章。
② 守文：王守文，字伯显。王阳明继母赵夫人生，比王阳明小约29岁。绍兴府儒学生员出身，嘉靖十六年（1537）举人，曾任安仁知县。
③ 羸（léi）弱：瘦弱。
④ 特达：至为明达。
⑤ 俟（sì）：等待。
⑥ 工夫：特指立志学圣贤的工夫。正德九年（1514），王阳明写《示弟立志说》，向守文弟专门介绍。
⑦ 得无：是不是，恐怕。
⑧ 系著：牵挂，依恋。
⑨ 砥砺（dǐ lì）切磋（cuō）：修养磨炼学问品性。砥砺，磨刀石，引申为磨炼。切磋，把象牙、骨头加工成器物，比喻相互商量、研究。
⑩ 底：同"抵"，达到。
⑪ 李延平：李侗（1093~1163），字愿中，人称"延平先生"，南剑州剑浦（今福建南平）人。南宋理学家，朱熹的老师。

云:"中年无朋友,几乎放倒了。"延平且然,况后学乎?吾平生气质极下,幸未至于大坏极败,自谓得于朋友挟持之力为多。古人"蓬麻之喻"①,不诬也。凡朋友必须自我求之,自我下之,乃能有益。若悻悻②自高自大,胜己必不屑就,而日与污下同归矣。此虽子张③之贤,而曾子④所以犹有"堂堂"之叹⑤也。

石川叔公,吾宗白眉⑥,虽所论或不能无过高,然其志向清脱,正可以矫流俗污下之弊。今又日夕相与,最可因石川以求直谅多闻⑦之友,相与讲习讨论。惟日孜孜于此,而不暇及于其他,正所谓"置之庄岳之间",虽"求其楚""不可得矣"⑧。

守俭⑨弟颇好仙,学虽未尽正⑩,然比之声色货财之习,相去

---

① 蓬麻之喻:荀子《劝学》中"蓬生麻中,不扶而直"的略称,意为:蓬草长在麻田里,不用扶持,自然竖直。
② 悻悻(xìng):刚愎傲慢貌。
③ 子张:孔子的弟子颛孙师,复姓颛(zhuān)孙,名师,字子张,春秋末陈国人,孔门十二哲之一。
④ 曾子:孔子的弟子。名参,字子舆,春秋末鲁国南武城人,相传《大学》为他所著。
⑤ "堂堂"之叹:《论语》中曾子评价子张的话,意为:子张这个人仪表堂堂,自高自大,很难和他一起践行仁道。堂堂,形容人的容貌端正庄严。
⑥ 白眉:典出《三国志·蜀书·马良传》,三国时代襄阳人马良,字季常,弟兄五人都有才干。马良长有白眉毛,家乡人评价说:"马氏五常,白眉最良。"后来用白眉比喻家族中的杰出人才。
⑦ 直谅多闻:典出《论语》,意为:为人正直诚信、见识渊博。
⑧ "置之庄岳之间",虽"求其楚""不可得矣":典出《孟子》:"引而置之庄、岳之间数年,虽日挞而求其楚,亦不可得矣。"意为:把这个(楚国人的儿子)安排到(齐国)叫庄岳的地方住上几年,即使天天鞭打他,逼着他说楚国话,也已经不可能了。与"蓬麻之喻"一个意思,环境对人的成长很重要。
⑨ 守俭:王守俭(1496~1562),字仲宣,比王阳明小24岁。王华侧室杨氏生。恩荫国子监生,曾任前军都督府都事、福建盐运司同知。
⑩ 正:明代正统观念认为,儒学、佛学、道学三学中,儒学为正学。

远矣。但不宜惑于方术①，流入邪径。果能清心寡欲，其于圣贤之学犹为近之。却恐守文弟气质通敏，未必耐心于此，闲中试可一讲，亦可以养身却疾，犹胜病而服药也。偶便，灯下草草，弟辈须体②吾言，勿以为孟浪之谈③，斯可矣。

长兄守仁书，致守俭、守文弟，守章④亦可读与知之。

【古文今话】

家乡一有人来，我总要问问守文弟的情况。来人说的最多的是守文身体非常虚弱。最近收到父亲大人的家信，信上也这样说。我对守文的身体非常担忧和挂念。守文年少，身子骨还不结实，无论干什么事儿都要小心谨慎。弟弟你非常聪明，想来不需要哥哥多说。

以前我们一起说过的做圣贤学问的工夫，不知道弟弟们最近还有没有这个兴趣和意志，该不会意志已经衰退了吧？一般来说，一个人如果没有修炼到圣人境界，这个人的心一定会有所牵挂。这个人的心不被牵引到正道儿上，必然会牵缠到邪路上；不是忙于道德学问和正经事业，就一定会热衷于酒色财利，所以做人做学问一定要先端正人生方向，这就是我往日说过的"立志"。人生追求方向端正后，又需要每日和朋友一起研讨和互相勉励，这样能够得到长时间的熏陶感染，最终一定会有所成就。弟弟们有天生的美好素质，我只担心弟弟们独自学习，如果身边没有学友互相劝勉，免不了会不知不觉地放纵自己的感情和松懈自己的意志。李延平说：

---

① 方术：方技与术数。方技指道教中的神仙术、房中术等，术数指阴阳五行相生相克的数理。
② 体：体会。
③ 孟浪之谈：信口开河、不切实际的话。
④ 守章：王守章，字伯印，王华侧室杨氏生。

"人到中年如果没有朋友，几乎就要停滞不前了。"延平先生还这个样子呢，何况晚辈后生呢？我生来素质低下，侥幸没有沦落到平庸末流，自己认为就得益于好朋友的互相劝诫扶持。古人用"蓬生麻中，不扶而直"来比喻好朋友的作用，不是假话。朋友需要自己去找，在朋友面前要谦卑，这样才会得到朋友的帮助。一个人如果刚愎傲慢、自高自大，一定不愿意和比自己优秀的人交朋友，这样就会逐渐沦落到平庸和下流一类中去了。就像孔子的弟子子张，因为仪表堂堂而自高自大，曾子才会感叹与子张一起难于做到仁。

石川太叔是我们宗族中见识高明的人，虽然有时候他有些话难免立论太高，不过石川太叔的志向却是清净洒脱的，正好可以矫正一些流俗中的陋习。眼下弟弟们与石川太叔每天早晚在一起，最好是能够通过石川太叔的介绍，结交一些正直诚实和学识渊博的朋友，经常与这些朋友在一起讲说、演练和讨论。如果天天勤勉于做学问，就不会再有其他闲心思了。这就像《孟子·滕文公下》中所说的，把一个楚国人的儿子安置到齐国的大街小巷中住上几年后，即便用鞭子抽他，要让他说楚国话也是不可能的。

守俭弟弟爱好神仙，这种学问虽然算不上十分正派，不过相比爱好酒色财利，还算比较正派。但是不要迷信这种术数和方技，否则会因为迷信而走到邪路上去。如果能够做到因为减少欲望而内心清明，那就比较接近圣贤学问了。我担心守文弟弟因为天生的通达聪慧，而对神仙道术没有耐心，守俭弟弟空闲的时候试着给他讲一讲。神仙道术通过调养身心也可以治病，这要比有病吃药还好一些。

偶然有了空闲时间，趁着灯光匆忙地写这些，弟弟们要体会我这些话，别把这些话看作随随便便的言语，这就可以了。

长兄守仁写给弟弟守俭和守文，也可以读给守章弟弟听听，让他也知道这些话。

【阳明智慧】

好朋友可以互相督促

正德十一年（1516），王阳明在南京鸿胪寺卿任上。这封家书看似是写给守俭、守文、守章三个弟弟的，实际上主要是针对守文的。

弘治末年，王华升任礼部侍郎时，王守俭进入北京国子监读书。正德二年（1507），王华转任南京吏部尚书，王守俭转学至南京国子监。正德十一年（1516），王守俭虚岁21，已经从国子监一毕业。国子监毕业，就有了做低级官员的资格。守章这时候还不识字。王守文正德九年（1514）来南京，一是看望姐姐，二是跟从哥哥学习。王阳明为王守文写了《示弟立志说》，鼓励他立定圣贤志向。守文在南京学习了一年，正德十年（1515）回绍兴。正德十一年（1516），守文约16岁，是绍兴府学学生。

正德七年（1512），王阳明在家书中问父亲，守文的病好了没有。正德十一年（1516），写了这封家书后，王阳明又连续写了两封家书，内容都是嘱咐弟弟如何养病的。

这封家书嘱咐弟弟两项内容，一是立定正确的志向，二是与优秀人士做朋友，目的是促进其身心健康成长。

王阳明两年前已经对弟弟长篇大论过如何立志，但是他知道，立志不容易，尤其是立定做圣贤的志向更不容易。立志是时时刻刻的事，是需要一生都专心于此的事。王阳明自己说，他一生的学问也就"致良知"三个字，"致良知"的整个过程也就是立志的过程。孔子30岁才把志向彻底树立起来，王阳明37岁才终于立定志向。16岁的王守文自然还难以立定志向。辛苦的学校学习生活需要志气和毅力，没有志气就缺少了方向和目标，没有毅力就不能持之以恒和踏踏实实。父亲做官20多年，哥哥做官十几年，家庭条件很优越，年轻人如果没有正确的志向，很容易沉湎于吃喝享乐之中，成了不求上进的浪荡公子或纨绔子弟。

怎么引导弟弟走在正确的人生道路上？除了家庭教育和熏陶外，好朋友的督促和扶持非常重要。王阳明一生多次说过，他的成长和成功很大程度上得益于朋友的帮助。在以后的多封家书中，他还会反复强调朋友的作用。

好朋友的作用主要表现在两方面：一是积极主动地观察、借鉴、模仿、学习优秀人士的习惯、方法、经验以拓宽见识；二是积极主动地接受优秀人士的暗示、提醒、建议和劝告。这两方面，看似有主动学习和被动接受的分别，其实都需要积极主动的态度。好朋友应该互为师友，亦师亦友。能够帮助我的，要交这样的朋友，提升自己的技能和品德；我能够帮助的，要交这样的朋友，助人为乐，提升自己的品性。

王阳明多次说过，交朋友要谦虚，多看别人的优点，能够容忍别人的缺点。如果自高自大，就成了孤家寡人，就成了武大郎开店，能够交到的朋友只能比自己还差。

综合几封家书的内容判断，本家爷爷石川先生，字克彰，辈分高，年龄不大，是王阳明的弟子，在课堂外享受长辈礼遇，在课堂上向王阳明行弟子礼。王阳明了解他，知道这位本家爷爷三观正确，按王阳明的标准评判，他的言论与实际修为有言过其实的成分，但是做三个弟弟的老师和朋友，还是够资格的。俗话说，物以类聚，人以群分。那么，王克彰的朋友也有资格做弟弟们的朋友。

守俭喜欢道家的神仙修养方法，王阳明认可道家清心寡欲的修养方法。儒家孟子、朱熹都提倡清心寡欲的修养方法。

家庭教育和好朋友的辅助，都是为了促进子弟的身心健康成长。

【故事链接】

这个读书社出人才

人以群分,现在是这样,古代也是这样。明代中晚期,社会流行结社。在本书收录的《竹轩先生传》中,作者魏瀚提到,他的父亲魏瑶和王阳明的爷爷王伦,组织了一个吟社。吟,即吟诵和吟唱。古代的诗歌讲究韵律,可以吟唱。在古代,写诗是读书人的必备技能。读书人聚在一起,吟诵诗歌是一个保留节目。

王阳明第二次会试落第后,回到余姚老家,组织了一个龙泉山诗社,一帮读书人在龙泉山山顶的禅寺内,聚在一起写诗作赋,你唱我和,好不热闹。

结社的核心是爱好、追求、利益一致。王华年轻时,和余姚几个志同道合的读书人组织一个读书社,社员有诸让、谢迁、黄珣、陆恒等。陆恒是社长。这几个有志青年在一起,互相督促、互相帮助,共同进步,取得了令人吃惊的人生成绩。

社员谢迁,字于乔,号木斋,成化十一年(1475)状元,从翰林院修撰起步,做到太子太保、兵部尚书兼东阁大学士。谥文正。其作《归田稿》八卷被收入《四库全书》。

社员诸让,字养和,号介庵,成化十一年(1475)进士,累官至江西参议。

社员黄珣,字廷玺,成化十七年(1481)进士一甲第二名,从翰林院编修起步,做到南京吏部尚书。谥文僖。

社员王华,字德辉,晚号海日翁,成化十七年(1481)状元,从翰林院修撰起步,做到南京吏部尚书。

社员陆恒，字有常，号拙庵。他科举考试失败，在余姚当私塾先生，因为表现优异，被地方政府推荐，出任广东石城知县。当过王阳明的启蒙老师。

谢迁弟谢迪，与王阳明同在弘治十二年（1499）考中进士，儿子谢丕在弘治十八年（1505）名列进士一甲第三名。

诸让两个女儿分别嫁给了谢迁的儿子谢丕和王华的儿子王阳明。

这个读书社，令人称奇！

与弟伯显一

正德十一年（1516）

比①闻吾弟身体极羸弱，不胜忧念，此非独大人日夜所□惶，虽亲朋故旧，亦莫不以是为虑也。弟既有志圣贤之学，惩忿窒欲②是工夫最紧要处。若世俗一种纵欲忘生之事，已应弟所决不为矣，何乃亦至于此？念汝未婚之前，亦自多病，此殆未必尽如时俗所疑。疾病之来，虽圣贤亦有所不免，岂可以此专咎③吾弟？然在今日，却须加倍将养，日充日茂，庶见学问之力果与寻常不同。吾固自知吾弟之心，弟亦当体吾意，毋为俗辈所指议，乃于吾道④有光也。不久，吾亦且归阳明⑤，当携弟辈入山读书讲学旬日，始一归省，因得完养精神，熏陶德性，纵有沈疴⑥，亦当不药自愈。顾今未能一日而遂言之，徒有惘然，未知吾弟兄终能有此福分否也？来诚去，草草。念之念之。长兄阳明居士⑦，书致伯显贤弟收看。

①比：近来。
②惩忿窒（zhì）欲：克制愤怒，抑制欲望。惩，惩戒。忿，愤怒。窒，抑制。欲，嗜欲。
③咎（jiù）：责备。
④吾道：王阳明龙场悟通的圣贤学问。
⑤阳明：绍兴宛委山有阳明洞天，王阳明曾在此养病修炼。
⑥沈疴（kē）：久治不愈的病。
⑦居士：不出家的信佛或修道的人。

【古文今话】

我最近听说弟弟你身体十分虚弱，非常忧虑。不仅仅是父母亲大人为弟弟你的身体日夜担心，就是亲戚朋友也无不担忧弟弟你的身体。弟弟既然立下了学做圣贤的志向，就要知道，克制心中的愤怒和抑制身心的嗜欲，这才是圣贤学问中最要紧的工夫。像世俗中有些人在男女之事上不要命地放纵欲望，以弟弟你的聪明绝对不会干这种事，但是为什么你的身体也会这么糟糕呢？考虑到你成家之前，本来就多病，看来你身体虚弱的原因也不全像世俗所怀疑的那样。身染疾病，即使是圣贤也在所难免，哪里能仅仅因为得病就怪罪弟弟你呢？但是现在对弟弟来说，需要加倍休养，让身体一天天地结实和强壮起来，这样弟弟就会见证到真正地践行圣贤学问前后的明显差别。我坚信弟弟你学圣贤的决心，弟弟也应该体会我的心意，别让世俗那些人在我们兄弟背后指指点点、说三道四，这样才能给我们的圣贤学问增光添彩。很快，我也要回到宛委山阳明洞，要领着几位弟弟到山里读书讲学，每十天回一次家，这样就能养足精神，温润心性，即便有什么陈年老病，不用吃药不用扎针，自己就会好了。现在却连一天进山讲学的机会也没有还说这些空话，心里只有失落。不知道我们兄弟到底有没有住山读书、讲学的福分？来诚要回去了，匆忙地写这些，弟弟一定要慎重对待。

长兄阳明居士写给伯显贤弟收看。

【阳明智慧】

养德和养身是一回事

这是专门写给王守文一个人的家书，有隐私，不好让其他两位弟弟一起看。这封家书与上一封家书是姊妹篇，时间间隔不长，很可能是家里收到上封家书后回了信，王阳明针对回信再写的家书。王守文身子骨单薄，从小身体就不好。明代人结婚早，王阳明18岁结婚，正德十一年（1516）守文约16岁，已经结婚了。年轻人自律能力不够，难免贪恋床笫之欢。男欢女爱，是很美好的事，再美好的事也要讲科学，需要节制，不能放纵，不能贪淫。淫，意为过分、过度。守文结婚后，身体更差了，病得很重。父亲很担心，在南京的姐姐也很担心。南京离浙江不远，王阳明的妻弟、妻侄等亲戚朋友来南京，都会捎来家里的消息。来回送信的使者来诚不仅送来了家书，还会亲口介绍他自己看到的情况。这个来诚在王阳明家书中几次出现，可能是王家的仆人。王阳明父亲王华正德十一年（1516）时71岁，王阳明这时候是王家精神上的一家之主，他很担心弟弟的病，要负起引导弟弟的责任。

他在家书中教育弟弟，要节制欲望，并且告诉弟弟，修身养性和强壮身体是一回事。年轻人可能不懂真正的养生，一说到养生，就想到大吃补品、大喝补药。守文是绍兴府学的学生，王阳明引用了南宋朱熹为白鹿洞书院制定的《白鹿洞书院学规》中的"惩忿窒欲"一句。这句话翻译成现代普通话就是，少生气，不生气，节制欲望，清净心灵。

在回信中，王守文向哥哥再次保证，要树立学圣贤的志向。志向与欲望什么关系呢？年轻的弟弟不一定能分辨得十分清晰。欲望，是感性的；志向，是理性的。欲望，多而杂乱；志向，少而清晰，甚至是唯一的。欲望，勾引的是粗浊之气；志向，凝聚的是清净之气。粗浊之气，热燥而卑鄙下流；清净之气，清凉而纯净上流。这是上流社会人群与世俗下流人群的区分标准。这里的上流和下流是从道德修养上来说，不是单纯地指物质基础和社会阶层。上流和下流，本义是修养身心时身心之气在身体内部的上下流动。

病，分身病和心病，二者互相牵连。身病惹得人心焦虑不安，时间长了，身心都得病；心病危害人的生理机能，降低人的免疫力，时间长了，心病惹起身病。人的身心，好比马车和拉车的马，心就是拉车的马。要想马车走得平安，就要驯服拉车的马。

守文的问题在于纵欲，需要节制欲望。哥哥建议他到山里疗养一段时间。

弟子陆澄也是多病。陆澄是王阳明一个很重要的弟子，《传习录》上卷收录他的记录80条，中卷收录了王阳明写给他的两封书信。《王文成公全书》收录了王阳明写给他的七封书信。陆澄因为多病，准备把心思用到养生上，养生的方法从道家中选择。正德十六年（1521），王阳明在写给陆澄的信中说，养德与养身是一回事。王阳明一生多病，久病成医，如何与病打交道，他还真是行家。结合自己的经验，他劝陆澄，不要迷信道家那些方法，道家宗师丘长春、白玉蟾也不过活了五六十岁。儒家圣人尧、舜、禹、孔、孟看似没有什么神秘的养生方法，他们存养大爱无疆的仁心就是最好的养生方法。如何存养仁心，王阳明给陆澄指出了方法，清心寡欲，立志圣贤，精气神自然而然就会凝聚起来。

【故事链接】

王阳明的号

明代人非常注重自己的号。王阳明先后用过"乐山子""阳明子""阳明山人""阳明居士"等号。这封家书落款是"长兄阳明居士"，阳明是号，居士表述的是自己的精神追求。家书中的阳明居士，可以理解为一个号。

王阳明在自己诗赋文章后的落款，在取得进士功名前，很简单，就用

"伯安王守仁""王守仁";取得进士功名后,先后用过"乐山子""阳明子""阳明山人""阳明居士"等。

古代读书人习惯用名、字、号来界定社会身份和表明精神追求。

对名,古人非常重视,一般会在正式场合使用,比如在祠堂族谱中、在婚帖中、在官方场所、在墓志铭中等。在非正式场合,不能用。晚辈不得不提到长辈的大名时,或者提到尊贵人物的大名时,都要加一个前缀"讳"字。这样的用法叫避讳。比如在科举考试中,考生不小心写了皇帝的大名,那就倒霉了,文章再好,也会名落孙山。

名,一般由长辈取,表达的是长辈对晚辈的殷切期望,比如发财、富贵、成德等。名,不能轻易用,一般人家多用非正式的乳名称呼。孩子大了,再喊乳名不合适,怎么办?只好再取一个字来称呼。这个字,叫表字。一般在入学或者成年时取。字与名的关系,好比是枝叶与树根的关系,用来解释和延伸名的意义。比如王阳明,名守仁,字伯安,伯是字辈,表示他是王伦的长孙,名守仁是什么意思呢?这个名与字,有出处,有深刻的修学意义。典出《论语》与《周易》。浅显地说,就是信守一个"仁"字,即不违法乱纪,就不可能有牢狱之灾。从深层意义上说,信守一个"仁"字,身心健康,道德、学业、事业顺利发展。再深一层,就是心安理得,成就圣贤品格。

名和字,都是别人给取的。一个人长大了,有身份了,有成就了,有了新的追求,不满足于现有的名和字,就自己做主,给自己取一个号。明代读书人有个潜规则,一旦考中进士,急着办的有两件事:一是取号,二是娶小老婆。

隆庆(1567~1572)和万历(1573~1620)年间,被称为晚明,讲究个性解放,思想多元,过去有身份的人才能取的号,变得人人皆有。

据现有资料,王阳明的号"乐山子",在弘治十三年(1500)十月给人写送行文章《时雨赋》时,最早出现,也仅仅出现在这一篇文章中。当年十月,他在刑部监狱巡牢。他对犯人存仁心、施仁政,为了表明这个态度,取号"乐山子"。典出《论语》"仁者乐山"。

弘治十四年(1501),在游览九华山写《和九柏老仙诗》(《正德嘉兴府志补》卷九录有此诗,题作《梅涧》)时落款"阳明山人"。阳明,表述的是自己修学的追求,道德纯粹,心底光明。山人,表述的是自己的精神追求:无拘无束,自由自在。

这封家书落款"居士",表述的是自己超越红尘世俗束缚的精神境界,同时暗示弟弟守文,遵守居士五戒:不杀生、不偷盗、不胡说八道、不酗酒、不放纵淫欲。

与弟伯显二

正德十一年（1516）

此间事汝九兄①能道，不欲琐琐。所深念者，为汝资质虽美，而习气未消除；趣向虽端，而德性未坚定。故每得汝书，既为之喜，而复为之忧。盖喜其识见之明敏，真若珠之走盘；而忧其旧染之习熟，或如水之赴壑也。汝念及此，自当日严日畏，决能不负师友属望之厚矣。此间新添三四友，皆质性不凡。每见尚谦②谈汝，辄啧啧称叹，汝将何以副之乎？勉之勉之。闻汝身甚羸弱，养德养身，只是一事。但能清心寡欲，则心气自当和平，精神自当完固矣。余非笔所能悉。

阳明山人③书寄十弟④伯显收看。

印官⑤与正宪⑥读书，早晚须加诱掖奖劝，庶有所兴起耳。

---

① 九兄：王守俭，同祖堂兄弟中排行第九。
② 尚谦：薛侃（1486~1546），字尚谦，号中离，广东揭阳人，正德十二年（1517）进士。正德九年（1514）在南京拜王阳明为师，正德十三年（1518）在江西赣州刻印了第一版《传习录》，即今《传习录》上卷。岭南大儒。
③ 山人：山人合成一个字是"仙"，寓意是身在闹市、心在山野，身在红尘、心在世外，即隐于朝的大隐士。王阳明早年学道，曾痴迷于道家和佛家，后来回归儒学正宗，却一生向往隐士生活。
④ 十弟：王守文，堂兄弟中排行第十。
⑤ 印官：王守章，雅称"印官"。又，后文称舅表侄"郑宝一官"。雅称男孩子"官"，是官本位社会风气的反映。明代中后期，经济发达，社会礼制宽松，称谓不像明代初期那么严格。
⑥ 正宪：继子。王阳明44岁时无儿无女，由父亲做主，过继了叔叔王衮的孙子。

【古文今话】

　　这里的事儿你九哥会讲给你知道，我就不细说了。我思考最多的是，弟弟你天生虽然有着美好的素质，但是一些不良的习气还没消除；虽然志向端正，但是心性还不坚定。所以每次收到你的来信，我总是先为你高兴，接着就会为你担忧。高兴的是弟弟你聪明机敏，弟弟的见识就像珠子在玉盘里游走那样圆润、通畅；担忧的是弟弟身上有一些不良习气，这些习气因为沾染得时间久，就像水往低处流一样而变成了习惯。弟弟你一想到这些不良习气，一定要心生警惕，要严格要求自己，千万不能辜负师长和学友对弟弟你的厚望。

　　这里新结识了三四位学友，每个人都是素质出众。每次听薛尚谦说起弟弟你，总是啧啧称赞。弟弟你怎么做才能配得上这种称赞呢？还得努力呀！听说你身体非常虚弱。道德养成和身体调养其实是一回事儿。一个人如果能够做到清心寡欲，那么志气和心情一定会变得平正和谐，精神自然而然地就会日益充沛。其他的也不是一封信能说明白的。

　　阳明山人写给十弟伯显收看。

　　守章与正宪读书学习，需要每天早晚引导扶持和奖励劝勉，只有这样他们才会因为感动而奋起。

【阳明智慧】

发现优点，扩充优点

　　这封信和上封信一样，是写给守文一个人看的，属于回信性质。回信的目的仍然是指导弟弟把身体养好，养好身体的办法是清心寡欲。清心寡欲，写成"寡欲清心"比较好理解一些，寡欲，是克制减少感性的欲望，欲望少了，心自然就清静了。欲望，产生于生物肉体的本能，又叫肉欲，比如食欲和性欲，这是一个偏向于贬义的词语。欲望不加节制，就堕落到和动物一样愚蠢，或者变成一个疯子。欲望，是一种情绪，燥热时，引起的是疯狂；冷静时，引起的是偏执。欲望，追求的是满足，追求的是利益，利令智昏，欲望使人愚蠢。欲望，需要理性来规范，需要礼仪来约束。用理性来规范，需要的是内心的自律；用礼仪来约束，需要的是外在纪律的强制。

青少年自律性较差，需要师长监督和纪律约束，但是师长不可能时时刻刻跟着子弟和学生，纪律有自己的局限性，子弟和学生缺乏自律，规章制度就成了挂在墙上的装饰品。师长监督和纪律约束，这叫"他律"。相比于他律，自律最有效。自律是自我监督和约束，靠的是内心良知的苏醒和作用。怎么唤醒内心的良知？人人都有良心，这是常识。孟子把这个问题说得很清楚，他说，同情心，人人都有；羞耻心，人人都有；恭敬心，人人都有；明断是非的心，人人都不缺。这四心，实际上是一颗良心的不同属性。孟子说，同情心，就是仁；羞耻心，就是义；恭敬心，就是礼；明断是非的心，就是智。

人人都有良心，都有仁、义、礼、智，成年人有，青少年也有。良心与人的关系，就像人与人的关系一样，不认识的时候，对面相逢不相识，虽然醒着，也和沉睡了差不多；认识的时候，良心就苏醒了，苏醒了的良心就有了自觉，就会监督人，约束人，熏染人，同化人。

青少年的良心，像一点点星星之火，青少年不自觉，不自识；像一颗颗流星，稍纵即逝，不稳定，需要师长去发现，去鼓励，去培养。青少年的良心，像一颗种子，虽然小，却充满生生不息的生命活力。它需要师长去呵护，去浇水，去培土，去遮风挡雨，只要不遮挡阳光，它蓬勃的生命力就会一天天提升，从种子到幼芽，直到成为参天大树。

师长去发现很重要，去鼓励更重要。鼓励，就像阳光雨露一样，可以滋润青少年的心灵。

正德九年（1514），王阳明已经给守文写了《示弟立志说》，引导守文树立学圣贤、做圣贤的志向。志向不容易确立，理性容易受到感性的干扰，志向容易受到欲望的侵染。守文婚后病重，就是欲望不加节制的后果。兄弟之间信件往来，哥哥循循善诱，逐渐唤醒、稳固了守文内心的良知。守文远以孔孟为标准，近以父兄做榜样，有了志向，有了榜样，就像孟子说的，浩然之气慢慢就树立起来，并充满身心，同化身心。这是儒家修身养性一个很重要的方法。

家书中，王阳明表扬弟弟天生聪明，见识明白，这是在发现、确认和鼓励守文的良心，唤醒守文的良心，促使守文良心的苏醒和自觉，好比农夫在选种、育种、培土和浇水等。王阳明为了加强说服力，引用了弟子薛侃表扬守文的话。薛侃在南京跟从王阳明学习，守文在南京时，应该与薛侃认识。正德五年（1510），薛侃通过广东乡试，成为举人。做举人是守文科举路上第一个奋斗目标。薛侃的话，有说服力。

王阳明不仅鼓励守文，在家书最后，还指示守文引导和奖励最小的弟弟守章和儿子正宪，让守文给守章和正宪做榜样、做老师。这既是对守文进步的肯定，也是对他的鼓励。守文要当小老师，要做好榜样，他敢不努力？守文如果天天忙着培养优点、扩充优点，涵养浩然之气，那些不良习气还有机会发作吗？身体会不会越来越健康？

身心健康，不仅仅靠吃药扎针。培养浩然正气，不花钱，不疼痛，能治病，能获得健康。

【故事链接】

少年立志高远

王阳明说弟弟守文"趣向虽端,而德性未坚定",那他自己又是怎么从小立志高远的?

儒家有为社会、为国家、为天下建功立业,为祖宗、长辈增光添彩,为子孙后代树立典范的传统。过去,一个人有所成就,在承认自己努力的同时,还会感谢祖宗在天之灵的庇护,感谢父母等长辈的栽培。如果是考中进士当了官,还要到孔庙感谢孔子;如果有祠堂,还要到祠堂禀告祖宗,并感谢祖宗。

父亲王华一参加工作,就到翰林院当修撰。修撰,是一个官名,顾名思义,职责是写文章,类似于现在的秘书。与一般秘书不同之处在于,修撰是皇帝的秘书。修撰,从六品,比七品知县高半级。最关键的是,翰林院修撰是储备干部,将来有机会进入最高权力中心,执掌内阁。

王华在北京安家稳定下来,马上接年过花甲的父亲王伦进京享福。王伦进京时,带上了少年王阳明。王阳明12岁时,被父亲送进了北京的私塾。现有资料记录了王阳明在北京私塾的三个故事。

第一个,王阳明这个学生聪明活泼,调皮捣蛋。有一次私塾先生外出办事,安排学生自习。没有了先生的监督,王阳明像个孙悟空一样,领着同学们打打闹闹,无法无天。这样的事情,可能不止一两次。父亲王华很担心,很生气。爷爷王伦护着孙子,为孙子开脱。中状元之前,王华白天忙着在外教书挣钱养家,晚上忙着读读写写,准备科举考试,没有时间照管儿子。爷爷王伦,有道家情怀,追求洒脱自然,又有隔辈亲因素,对孙子的教育比较宽松。

第二个，一个相面的告诉少年王阳明，将来他会是一个圣贤。少年时，王阳明家住长安西街。有一次他和同学走在长安街上，遇到一个相面的。相面的看到王阳明的面相，觉得很惊奇，就免费给他看相。相面的说得很具体，并以胡子做参照，说他将来胡子多长时，修养的功夫能到哪一步。少年王阳明当真了，以后看书时，习惯静静地坐着，陷入沉思中。这个故事如果是真的，那么这位相面人的鼓励对王阳明一生的成长和成就，就具有了非凡的意义。

第三个，少年王阳明认为读书做圣贤是人生头等大事。王阳明有一次在私塾问先生："什么事才是人生头等大事？"私塾先生脱口而出："只有读书中进士了！"少年王阳明怀疑先生的答案，他迟疑地说道："读书中进士恐怕不是人生头等大事，也许读书学圣贤、做圣贤才是。"王阳明已经思索了一段时间，显然他的见识高于先生。

明代中期，社会信奉的是，万般皆下品，唯有读书高。世俗认为，读书之所以高，不是因为读书能使人明理见识高、思想觉悟高，而是读书中进士后可以做官，社会地位高。县学和府学中，府学教授（校长）才是官场最低级别的从九品，其他教师没有品级，不是官员身份。举人，不愿意当县学和府学的教师，私塾先生他们更不愿意当。私塾先生最高也就是个秀才。他一生梦寐以求的也就是中进士做官，哪怕中举做个府学教授也算是人生顶峰。这就决定了私塾先生的见识和志向。

王阳明既然认为读书学圣贤、做圣贤是人生第一等大事，自然而然地认为，做第一等大事的人才是第一等人。

小小少年志向高远，是什么原因？

一、家庭教育。家庭教育，在古代不仅仅局限于爷爷奶奶、父母亲耳提面命的天天唠叨，还有家谱教育和祠堂教育。王姓的家谱可以上溯到周灵王太子，可以上溯到东晋王羲之等，可以上溯到北宋王旦等。这些圣贤为后代子孙立下了人生的标杆，树立了人生榜样。祠堂里，可以了解曾祖父、高祖父等至少三代的事迹。即便没有祠堂的人家，家里也供奉有祖宗牌位。

二、父亲状元身份。父亲王华中了状元，余姚同乡、父亲的好朋友谢迁叔叔比父亲中状元还早两届，未来的岳父诸让是进士，那又怎么样呢？尽管他们每天忙忙碌碌，天下挨饿的却仍然那么多，北部边境还经常被侵犯。父亲、岳父、叔叔这些人，最高也就做个贤人，做圣人他们连想也不敢想。用周文王、周公、孔子圣贤事迹做标准，用身边的例子做对比，王阳明自然能得出结论，做圣贤才是人生第一等事。

三、爷爷王伦宽松的教育环境。少年王阳明无拘无束、胆识过人、思想天马行空。虚岁15，他就敢于到敌强我弱的边境考察一个多月地理情况，敢于与马背民族同龄人比试骑马射箭。他还敢于向朝廷提交自己的剿匪战略战术。

四、天赋异常。这一点必须承认。

与曰仁诸弟书①

正德十二年(1517)

正月三日,自洪都②发舟。初十日次庐陵③,为父老留再宿④。十三日末,至万安⑤四十里,遇群盗千余,截江焚掠,烟炎障天。妻奴皆惧,始有悔来之意。地方吏民及舟中之人,亦皆力阻,谓不可前,鄙⑥意独以为我舟骤至,贼人当未能知虚实,若久顿不进,必反为彼所窥。乃多张疑兵,连舟速进,示以有余。贼人莫测所为,竟亦不敢逼,真所谓天幸也。

十六日抵赣州,齿痛不能寝食。前官久缺之余,百冗纷沓,三省军士屯聚日久,只得扶病蒇⑦事。连夜调发,即于二十日进兵赣州属邑。复有流贼千余突来攻城,势颇猖獗,亦须调度,汀漳之

---

①与曰仁诸弟书:徐爱是王阳明的妹夫兼弟子,王阳明这封信把徐爱和弟弟排在一起。本书因此把给徐爱的信与给弟弟的信编在一起。古代有长兄如父的说法,兄长对弟弟负有教育扶助的责任。
②洪都:治今江西南昌。江西省旧南昌府的别称。
③庐陵:治今江西吉安。明代设有吉安府庐陵县。王阳明曾任庐陵县知县。
④再宿:连续住两晚。
⑤万安:今江西万安。
⑥鄙(bǐ):鄙人的简称。自谦用词,意为知识浅陋的人。《王文成公全书》中自谦用词还有区区、仆、后学、侍生等。
⑦蒇(chǎn):解决,完成。

役①遂不能亲往。近虽陆续有所斩获，然未能大捷，属邑贼尚相持，已遣兵四路分截，数日后或可成擒矣。

赣州兵极疲，仓卒召募，未见有精勇如吾邑闻人赞之流者。不知闻人赞之流亦肯来此效用否，闲中试一讽②之。得渠肯屈心情愿乃可，若不肯随军用命，则又不若不来矣。巧妇不能为无米粥，况使老拙婢乎？过此幸无事，得地方稍定息，决须急求退。曰仁与吾命缘相系，闻此当亦不能恝③然，如何而可，如何而可！

行时见世瑞④，说秋冬之间欲与曰仁乘兴来游。当时闻之，殊不为意，今却何因，果得如此，亦足以稍慰离索之怀。今见衰疾之人，颠仆道左，虽不相知，亦得引手一扶，况其所亲爱乎？北海新居⑤，奴辈能经营否？虽未知何日得脱网罗⑥，然旧林故渊⑦之想，无日不切，亦须曰仁时去指督⑧，庶可日渐就绪。山水中间须著我，风尘堆里却输侬，吾两人者，正未能千百化身⑨耳，如何而可，如何而可？

---

①汀漳之役：正德十一年（1516）末、十二年（1517）春，福建和广东两省在闽粤边界发动的剿匪战役。王阳明指挥的第一场剿匪战役，获得胜利。汀漳，是福建省汀州和漳州的简称。
②讽：委婉含蓄地劝告。
③恝（jiá）：无动于衷。
④世瑞：王琥，字世瑞，绍兴人。
⑤北海新居：徐爱在浙江东苕（tiáo）溪购买的庄园内建的新屋。王阳明曾与几个弟子约定，将来辞官后与志同道合的同志在此一起修道，享受自由自在的田园生活。
⑥网罗：即世俗世界，被隐士看作束缚人自由的罗网。
⑦旧林故渊：曾经栖息的树林和过去游戏的水潭。向往隐士生活的王阳明自比飞鸟和游鱼，在信中与徐爱等人叙旧，回忆曾经一起相处时的快乐时光。
⑧指督：指挥督促。
⑨化身：分身，宗教用语。王阳明在赣州指挥剿匪战役，又向往家乡无忧无虑的田园生活，于是幻想像神仙一样可以分身有术，再变化出一个人，这边忠于职守，那边修道作乐。

黄舆阿睹①近如何？似此世界，真是开眼不得，此老却已省却此一分烦恼矣。世瑞、允辉②、商佐、勉之③、半珪④凡越中诸友，皆不及作书。宗贤⑤、原忠⑥已会面否？阶甫田事能协力否？湛元明⑦家人始自赣往留都⑧，又自留都返赣，遣之还不可，今复来入越，须早遣发，庶全交好。

雨弟⑨进修近何如？去冬会讲⑩之说，甚善。闻人弟⑪已来否？朋友群居，惟彼此谦虚向下，乃为有益。《诗》所谓"温温恭人，惟德之基"⑫也。趁曰仁在家，二弟正好日夜求益。二弟勉之，有

---

① 黄舆阿睹：王司舆这个人。黄舆，王文辕，字司舆，号黄轝（yú）子。阿睹，这个。王文辕是隐士，做私塾先生糊口，安贫乐道，是王阳明的道友。王阳明在北京做官时，曾在信中请求绍兴知府梁乔在生活上帮助王文辕。隐士不关心红尘俗事，因此王阳明在信中感叹王文辕没有俗世的烦恼。
② 允辉：孙允辉，王阳明弟子。
③ 勉之：黄省曾，字勉之，王阳明弟子。
④ 半珪（圭）：许璋，字半圭，上虞隐士，王阳明道友。民间学者，熟悉天文、地理、奇门遁甲等。在修道事业上他帮助过王阳明。王阳明曾去信请绍兴知府梁乔帮助许璋。许璋去世后，王阳明为许璋题写了墓名，并安排上虞知县刻石立碑。
⑤ 宗贤：黄绾（1480~1554），字宗贤，号石龙，又号久庵，黄岩（今浙江台州市黄岩区）人，官至礼部尚书。早年是王阳明学友，后来拜师入门做其弟子。王阳明去世时，亲生儿子还小，黄绾为了保护遗孤，把阳明先生的儿子接纳为小女婿并抚养其长大。
⑥ 原忠：应良（1480~1549），字原忠，号南洲，仙居人。正德六年（1511）进士，曾任山西提学副使。王阳明弟子。
⑦ 湛元明：湛若水（1466~1560），字元明，号甘泉，增城（今广东广州市增城区）人。任南京国子监祭酒，官至南京礼、吏、兵三部尚书。王阳明终生道友。
⑧ 留都：南京。
⑨ 雨弟：徐天泽，字伯雨，号蕙皋，余姚人。弘治十五年（1502）进士，官至桂林知府。因王阳明六弟王守温介绍，信服"致良知学"。
⑩ 会讲：古代书院讲学的一种重要组织形式，有主讲，有副讲，不分学派，汇聚一堂，进行学术交流和讨论。
⑪ 闻人弟：王阳明姓闻人的表弟。
⑫ 温温恭人，惟德之基：典出《诗经·大雅·抑》，温和谦恭，是道德高尚的基础。

此好资质，当此好地步，乘此好光阴，遇此好师友，若又虚度过日，却是真虚度也。二弟勉之。

正宪读书极拙，今亦不能以此相望，得渠稍知孝弟，不汲汲为利，仅守门户足矣。

章世杰①在此，亦平安。日处一室中，他更无可往，颇觉太拘束。得渠性本安静，殊不以此为闷，甚可爱耳。克彰叔公教守章极得体，想已如饮醇酒，不觉自醉矣。亦不及作书，书至可道意。日中应酬怠甚，灯下草草作此，不能尽，不能尽。

守仁书奉曰仁正郎②贤弟道契。守俭、守文二弟同此。守章亦可读与知之。

二月十三日书。

【古文今话】

正月初三，乘船从南昌出发。初十船到庐陵，被庐陵父老挽留，住了两晚上。十三日，船到离万安还有40里的地方，遭遇上千的强盗拦江抢劫，当时焚烧船只和货物的烟雾遮盖住了天空。妻子和下人一个个惊恐万分，她们甚至后悔当初不该来。当地官吏、民众和船上随船人员也都劝我，说不能前行。我考虑到我们的船刚到，这些强盗应该还不知道我们的底细，如果长时间抛锚不敢前进，一定会被强盗看透我们的虚实。于是我就安排多设疑兵，组织前后船排成长阵，快速前进，向强盗夸示我们的兵力充足。强盗猜不透我们要干什么，竟然也不敢逼近抢劫。这真是天赐的

---

① 章世杰：余姚人，父亲王华的朋友。
② 正郎：徐爱时任南京工部都水司郎中，都水司编制正五品郎中一人，从五品员外郎一人。在一个司中，员外郎是副职，郎中是正职，故称"正郎"。

幸运。

十六日到了赣州，牙痛病犯了，痛得吃不下饭，睡不着觉。前任官员长时间缺席，等着处理的公事纷繁杂乱，三个省的军士、民壮长时间集结驻扎，等待调遣，我只得抱病办公，连夜安排，于二十日发兵进剿赣州辖境内的强贼。又有上千的流贼突然攻打城池，非常猖狂，这都要等我来处置应对。所以，闽粤两省在汀漳地区的剿匪战役我本人也就不能随队到前线去。最近虽然陆续取得些小的胜利，但是在辖境内还没有取得大的胜利，官军与强贼还没有分出胜负。我已经派兵四路分头截击，几天后可能会擒获这伙流贼。

赣州兵非常疲弱，在这些仓促征召来的民壮中，没有见到像咱们家乡闻人赞这样能打善战的。不知道闻人赞愿不愿意来此报效？找空闲时间你试着用话激激他。这需要他心甘情愿才行，如果军前不肯听从号令，那来了不如不来。小媳妇手再巧没有米也熬不成粥，更何况笨手笨脚的老婢女呢？等剿匪结束能侥幸无事，地方稍微安定，民力得到休养，我一定尽早要求退休。曰仁与我命运相连，（更因为有着一起修学圣贤学问的约定）得知我介绍这里的情况后，应该不能无动于衷吧，这可怎么办呢，这可怎么办呢？

出发时见到世瑞，听他说要和你一起在秋冬之间乘兴来游赣州。当时听他说起这个打算，我还不在意，现在不知道为什么却盼着你们能来，你们此行一定会让我孤寂的心得到一些安慰。如果眼前一个病弱的人跌倒在路旁，即便是素不相识，也会伸手扶一把，何况我们兄弟相亲相爱？（在东苕溪旁新买下的）北海庄田，下人们能操持打理吗？虽然不知道什么时候才能脱离这个像罗网一样的官身，我辞官归田的念头没有一天不急迫的。北海庄田的打理事宜也需要曰仁经常去指点和督促，这样才能一天天地逐渐准备好。山水之间才能显出我的风流，滚滚红尘中我不如你。我们俩，正恨不能像神仙一样有成百上千的化身。这可怎么办呢？这可怎么办呢？

王司舆这老兄近况怎么样？像这个世道真是奇怪得不能睁眼去看，这老兄却也省去了这样一份烦恼！世瑞、允辉、商佐、勉之、半珪等家乡各位朋友，来不及给他们每人写信。宗贤、原忠你们见面了没有？田间的事阶甫能帮上手吗？湛元明家人最初从赣州去南京，后来又从南京回赣州，还不好打发他走，今年夏天又去我们绍兴家里，必须趁早打发走他，希望又能保全和湛元明的交情。

伯雨贤弟修学有进步没有？去年冬天你们说准备会讲的想法很好。闻人表弟来了没有？朋友住在一起，只有互相谦虚、谦卑待人才能互相有所帮助。这就是《诗经》中"温温恭人，惟德之基"的意思。趁曰仁在家，二弟正好可以天天请教学问。两位弟弟要努力，你们有这么好的素质，有这么好的机会，有这么充足的时间，又遇上这么好的老师和学友，如果你们虚度了日子，那真是荒废了大好年华呀！两位弟弟，努力吧！

正宪读书很笨，现在看也不指望他读书能考取功名。如果他能稍微知道孝敬长辈、友爱兄弟姊妹，不一门心思谋取利益，能守望好门户就足够了。

章世杰在这里也平安无事，只是天天待在一间屋子里，没有别的地方可去，觉得很拘束。好在他天性安静，也就不觉得闷得慌，他这人很可爱。克彰太叔很适合教守章读书，我想着他教守章读书应该感觉像喝了好酒一样，酒不醉人人自醉了。也来不及给他写信，接到信后转达一下这个意思。白天应酬多，很疲劳，灯下匆匆忙忙写这些，言犹未尽，言犹未尽。

守仁书呈曰仁正郎贤弟道友。守俭、守文两位弟弟同看。也可以读给守章听听。

二月十三日书。

【阳明智慧】

天道酬勤，努力追求必有回报

这封家书写于正德十二年（1517）二月十三，王阳明在江西赣州，徐爱在浙江绍兴。王阳明从清闲衙门南京鸿胪寺转任掌握实权、责任重大的南赣汀漳等处地方巡抚衙门。徐爱从南京兵部从五品员外郎升任南京工部五品郎中。从此，王阳明有了建功立业的大舞台，他的人生因建功立业而走向辉煌。徐爱新官上任前回家探亲，因病于这年五月十七日去世。

这封家书内容多而杂，我们梳理一下重点：

一、进赣州地界前，走到吉安就遇到江匪路霸。二、刚到赣州时，牙痛得吃不下饭、睡不着觉。这是老毛病，正德三年（1508）去贵州走到长沙时，就曾经牙痛得不能说话。之后在贵州龙场，在一个下雪天，他牙痛得不敢说话。三、前任官员先后不能上任，不敢上任，积攒下不少公务，他一上任就带病工作，安排剿匪事宜。四、委托徐爱在家乡招募勇士，来赣州剿匪。五、希望徐爱等朋友来赣州相聚。六、询问乡下庄园建设进展，表达对退休生活的渴望。七、羡慕王文辕、许璋等人逍遥自在的隐士生活。八、鼓励亲戚朋友一起学习，互相促进。九、继子正宪不是读书的材料，不指望他走科举之路，只希望他做个好人。十、本家爷爷克彰当弟弟守章的家庭教师很称职。

本书把王阳明写给妹夫兼弟子徐爱的家书和写给弟弟的家书编在一起，就是受到这封家书的启发。这封家书既是写给徐爱的，也是写给三个弟弟的。

本文着重点评一下王阳明途中遭遇江匪路霸这件事，这是王阳明一生中第一次处置军事事件。以前，他是书生，是文官，喜欢军事，仅限于读读兵书，做做笔记，在桌子上摆摆军阵。现在突然遇到上千土匪拦江抢劫，怎么办？土匪选择的抢劫地点很有讲究，那里是赣江十八险滩之一，从吉安到赣州是逆流而上。王阳明属于路过，所带兵力很可能就一个举旗敲锣的仪仗队，这可真是秀才遇土匪，有理也没用。土匪拦江烧船，烟雾遮蔽了天空，大量船只堵塞，想逃跑并不容易。怎么办？诸葛亮空城计吓退司马懿十万大军，那是小说演义；王阳明疑兵计吓退上千土匪，这是真实事件。王阳明打仗善用疑兵，而且总能成功。平生第一次遭遇土匪，敌众我寡，他虚张声势，迷惑土匪，组织船只安全通过。第二次，在漳南剿匪战役中，他佯装撤兵，麻痹土匪，瞅准时机，一举打破位于悬崖峭壁的土匪老巢可塘峚。第三次，在南安剿匪战役中，他安排几百个爬山能手，趁着夜色攀爬到土匪老巢四周的山顶，在官军攻击到紧要关头时，这些人燃放鞭炮，摇动红旗，动摇土匪的军心士气。第四次，在平定朱宸濠叛乱之前，为了吓阻朱宸濠，把他滞留在南昌老巢，为平叛准备工作争取宝贵的时间，为长江沿岸官军防备争取时间，他制造一份份假情报，迷惑朱宸濠；在离南昌百十里地的丰城，设置疑兵，做出大部队随时进攻南昌的架势，吓得朱宸濠龟缩在南昌半个月，不敢出动。

《明史》评价王阳明时说，明代文人用兵，王阳明是第一人。王阳明指挥打仗，用智谋，用赏罚，用精兵，用勇士。从正德元年（1506）底，他离开兵部后，十来年不过问军事，突然被安排到军事统帅的位置上，却出手不凡，在三大剿匪战役中小试牛刀，战无不胜。在正德十四年（1519）的平叛战争中，他临时集兵，好比周瑜在世，谈笑间，火烧连船，最后率兵以少胜多，以弱胜强。嘉靖七年（1528），他在广西剿匪，就大举减兵，借力使力，利用撤兵回乡的顺路机会，一举歼灭了祸害几十年的断藤峡土匪集团；利用被招安的土著士兵，突然袭击，一举荡平了祸害一百多年的八寨土匪集团。这些土著士兵为了回报不杀之恩，自带刀枪，自带干粮。

可能他本人也没想到，青少年时期孜孜以求，想通过军事报国的理想，会在46岁才得到机会，会在48岁才像花朵一样绽放，会在57岁时得以完美地实现。

人的志向，能够凝聚精气神，能够感召来实现的机遇。天道酬勤，努力追求必有回报。

【故事链接】

54岁才考中进士的袁了凡

王阳明再传弟子袁了凡（1533~1606），因《了凡四训》名垂青史。下面介绍一下他的故事。

王阳明在前往江西赣州上任途中，遇到上千人的江匪路霸。未到任，手中没有兵马，怎么办？他组织随从和仪仗兵，虚张声势，大举疑兵，竟然瞒天过海，平安无事地渡过险境。这得益于他从青少年时代就痴迷于对军事的深入研究。

正是有了充分的准备，王阳明才争取到施展军事才能的舞台，并取得卓越功勋。这种准备包含两方面内容：一是孜孜不倦地阅读各种兵书，研究和掌握军事规律；二是刻苦准备科举考试，争取做官资格。

王阳明生活在明代中期，考进士还容易一些，到隆庆（1567~1572）和万历（1573~1620）年间，读书人越来越多，考试越来越难。

明太祖朝，天下秀才3万人；宣宗朝的1430年，秀才6万人；武宗朝的1510年，秀才18万人；隆庆和万历朝，秀才50万人。相对应的是，王阳明父亲王华，参加会试一次过关；岳父诸让参加会试三次过关。王阳明会试考了三次，辛苦过关。了凡几乎考了一辈子，乡试考了六次，会试考了六次，直到 54 岁才考中进士。候选做官的进士多，等了两年，56 岁才做上知县。

父亲去世，留给他两万册图书。他从小就博览群书。医学典籍、四书五经、天文历法、水利律法、地理星象等，什么书他都读。进入嘉善县学后广拜名师，先后拜师著名学者王畿、唐顺之、瞿景淳、薛应旂、殷迈、杨起元等。他编著刻印了《荆川疑难题意》《四书便蒙》《书经详节》等畅销的科考教辅书。中进士前，他先后编著了《举业彀率》《群书备考》等教辅书。

了凡是畅销教辅图书编著者，几十年间几乎成了科举考试的教师爷，他的不少读者已经做了官，他却还在当考生。他的一位读者杨起元（1547~1599）比他小 14 岁，比他早 9 年中进士。万历十四年（1586），袁了凡会试，杨起元是他的判卷老师，成了他的座师。

了凡考得很辛苦。皇天不负有心人，他终于有了为人民服务的大舞台，做了宝坻知县。他兴修水利，开荒种田，种植水稻，减免赋税，造福人民，成了宝坻 200 多年历史上最好的知县。

了凡研究水利和地理，22 岁当秀才时，就被领导聘请为修筑嘉善县城墙的勘探规划专家。做官后，他出于战略考虑，考察北京周边山川河流，写下《皇都水利考》。他考察京津海防，提出合理化建议，被朝廷任命为抗倭援朝战争的主要参谋。

为了走上施行仁政的舞台，了凡辛辛苦苦考了几十年；为了有机会施展身手，他踏踏实实准备了几十年。

与诸弟①书

正德十三年（1518）

乡人自绍兴来，每得大人书，知祖母康健，伯叔母在余姚皆纳福，弟辈亦平安，儿曹②学业有进，种种皆有可喜。且闻弟辈各添起楼屋，亦已毕工。三弟③所构犹极宏壮，规画得宜，吾虽未及寓目，大略可想而知。此皆肯构④贻谋⑤，势所不免，今得蚤⑥办，便是了却一事，亦有可慰也。

吾家祖父⑦以来，世笃友爱。至于我等，虽亦未至若他人之互相嫌隙，然而比之老辈，则友爱之风衰薄已多。就如吾所以待诸弟，即其平日，外面大概亦岂便有彰显过恶。然而自反其所以，推己尽道⑧，至诚恻怛之处，则其可愧可恨，盖有不可胜言者。究厥⑨所以，皆由平日任性作事，率意行私，自以为是，而不察其已

---

①诸弟：指同祖堂兄弟。
②儿曹：儿辈，尊长称呼后辈的用词。
③三弟：叔叔王衮的大儿子王守礼，堂兄弟之间排行第三。
④肯构：出自《尚书·大诰》，意为建造或者营缮房屋。
⑤贻（yí）谋：出自《诗经·大雅·文王有声》，意为父祖对子孙的训诲。
⑥蚤：通"早"。
⑦祖父：王伦（1421~1490），字天叙，世称"竹轩先生"。魏瀚著有《竹轩先生传》，称其"雅善鼓琴，每风月清朗，则焚香操弄数曲……识者谓其胸次洒落"，赞其人品足可比肩晋代的陶渊明和宋代的林逋等隐逸名士。
⑧推己尽道：用良知的标准来衡量自己。
⑨究厥（jué）：追查其（原因）。

陷于非；自谓仗义，而不觉其已放①于利；但见人不如我，而不自见其不如人者已多；但知人不循理，而不自知其不循理者亦有；所谓"责人则明，恕己则昏"②。日来每念及此，辄自疚心汗背。

痛自刻责，以为必能改此凶性，自此当不复有此等事。不知日后竟如何耳。诸弟勉之。勿谓尔兄已为不善而鄙③我，勿谓尔兄终不能改而弃我。"兄及弟矣，式相好矣，无相犹矣。"④ 诸弟勉之！

吾自到任以来，东征西讨，不能旬日稍暇，虽羁鸟归林之想无时不切，然责任在躬，势难苟免。今赖朝廷威德，祖宗庇荫，提兵所向，皆幸克捷，山寇峒⑤苗，剿除略尽，差可塞责。

求退乞休⑥之疏去已旬余，归与诸弟相乐有日矣。为我扫松阴之石，开竹下之径，俟我于舜江⑦之浒⑧。且告绝顶诸老衲⑨，龙泉山⑩主来矣。

族中诸叔父及诸弟不能尽书，皆可一一道此意。

---

①放：放任，放纵，放荡。
②责人则明，恕己则昏：出自《宋史·范纯仁传》，意为指责别人时，是个明白人；说到自己时，就成了糊涂虫。
③鄙：鄙视，轻视。
④兄及弟矣，式相好矣，无相犹矣：出自《诗经·小雅·斯干》，意为哥哥弟弟在一起，和睦相处，没有欺凌和蒙骗。
⑤峒（dòng）：山洞。
⑥乞休：请求退休。
⑦舜江：姚江，古称舜江。在浙江省东北部，源出四明山支脉太平山。
⑧浒（hǔ）：水边。
⑨老衲：年老的僧人。
⑩龙泉山：余姚城内的一座小山，上有寺院。父亲王华早年曾在寺院读书。王阳明出生在龙泉山北麓，曾在寺院办过诗社。

四月廿二日，寓赣州长兄守仁书寄三弟、四弟①、六弟②、八弟③收看。

外：葛布两匹，果子银四钱，奉上伯、叔母二位老孺人④。骨箸四把，弟辈分用。

外又：郑二舅书一封，江南诸奶奶书一封，汪克厚⑤书一封，闻（人）邦正⑥弟兄书一封。至，即时可分送。勿至遗失，千万千万！

又：廿一叔书一封，谢老先生⑦处书一封，皆留绍兴，倘转寄到家，亦可即时分送。

闻（人）姨丈、汪九老官人及诸亲丈，及诸相厚如朱有良先生、朱国材先生辈，相见时可道不及奉书之意。

又一封示诸侄。

【古文今话】

每次有家乡人从绍兴来，我总能收到父亲大人的信，从信中知道祖母身体健康，伯母和婶母在余姚老家享福，弟弟们也各自平安，侄儿辈学业进步，总之各方面都让人高兴。并且听说弟弟们各自添了楼房，也已经建

---

①四弟：伯父王荣的二儿子王守智。
②六弟：伯父王荣的小儿子王守温。
③八弟：叔叔王衮的小儿子王守恭。
④孺人：明代朝廷授予七品官员的母亲和妻子的封号。信中表示对伯母和婶母的尊称。
⑤汪克厚：汪惇（dūn），字克厚，又字叔厚，余姚人。正德六年（1511）进士，曾任南宁府同知。王阳明弟子。
⑥闻（人）邦正：阳明的表弟。
⑦谢老先生：指谢迁。

造完工。听说三弟建的楼房特别气派，设计得很合理，我虽然还没能看到，凭想象也能知道个大概。建造房屋和教诲子孙一样，这都是免不了的，现在能早一天办成，也是完成了一项大任务，这也是令人欣慰的。

我们家从祖父那辈人算下来，一家人都特别友爱。到了我们这一辈，虽然还不至于像有的人家一家人互相猜疑、互相怨恨，但是和老辈人比起来，我们之间友爱的风气已经衰退了不少。就拿我平日对待各位弟弟的态度来说，虽然在外人看来大体上也没有什么显眼的过错，然而我扪心自问，对照圣贤的标准反省自己，检讨自己是否做到了真诚和悲悯，反省和检讨后，我心生惭愧，我痛恨自己，这不是几句话能说清楚的。追究这个原因，都怨我平日做事任性轻率，心中有私，却自以为是，根本察觉不到自己已经走偏了路；自认自己是主持正义，实际上不知不觉地就因为放纵而偏向了利益；只看到别人都不如我，却不能发现自己身上不如人的地方也很多；只知道别人不遵守礼法，却察觉不到自己也有不遵守礼法的地方；这就是"责人则明，恕己则昏"。这些日子一想到这些，我就会惭愧和痛苦得后背出汗。

我现在对自己严加责备，以后要严格要求自己，我以为这样一定会改变自己身心上的这些不良习气，从此以后应该不会再犯这些错误。不知道今后会不会彻底改掉。各位弟弟共勉吧！不要认为你们兄长做过不好的事就鄙视我，不要认为你们兄长不能痛改前非就抛弃我。"兄及弟矣，式相好矣，无相犹矣。"各位弟弟共勉吧！

我巡抚南赣汀漳等处地方，对土匪东征西讨，根本没有连续十天的空闲时间，虽然辞官归田的想法一直很迫切，但是肩上承担的责任，是绝对不敢推卸的。今天仰仗朝廷的威力和功德，又有祖宗的庇护，我统率的军队，侥幸取得了胜利，山中的土匪和洞内的强盗，基本上剿灭了，勉强算尽到了自己为官一方的责任。

请求退休的奏疏已经发出去十来天，回家与各位弟弟一起快活的日子快要到来了。你们先替我把松树下的石台打扫干净，把竹林中的小路铺好了，到时候提前在舜江岸边等着接我，并且告诉龙泉山山顶上那几位老和尚，就说龙泉山山主要回来了。

家族中各位叔叔和各位弟弟，没能给他们每人写信，可把这个意思告诉他们。

四月二十二日，长兄守仁从赣州写给三弟、四弟、六弟、八弟收看。

外：葛布两匹，果子银四钱，敬奉伯母、婶母两位老夫人。骨筷子四把，弟弟们分用。

外又：郑二舅信一封，住在舜江南岸的各位奶奶信一封，汪克厚信一封，闻人邦正兄弟信一封。收到后，立即分头送给各人，别弄丢了。千万千万！

又：廿一叔信一封，谢（迁）老先生信一封，这两封信留在了绍兴，等转寄到余姚家里后，也可以立即分别送去。

闻人姨父、汪九老官人和其他各亲戚家的长辈，以及各位交情深厚的亲友，比如朱有良先生、朱国材先生等，有机会见到他们时转达我没能一一写信的意思。

又一封是写给侄儿辈的。

【阳明智慧】

自我批评与批评别人

这封家书写于正德十三年（1518）农历四月二十二。正德十二年（1517）正月，王阳明到赣州，一到任就投入到紧张的剿匪工作中，忙得四处奔波，忙得焦头烂额，忙出一身病，忙得卓有成效。一年多的时间，他剿灭了祸害百姓的三大土匪集团，使人民的生活安定。就这样，青少年时期立下的造福人民做圣贤的志向得到了初步实现，龙场悟道开启的良知得到了进一步验证，自己的辛劳得到了人民群众的理解，自己的成绩得到了人民群众的认可。在江西南安剿灭谢志山和蓝天凤土匪集团后，当地居民家家户户在自家厅堂里供奉上了王阳明的牌位。他在广东龙川剿灭池仲容土匪集团后，在班师的路上，受到了当地居民的欢送。

中央政府因王阳明剿匪战绩，把他从正四品佥都御史升为正三品副都御史，给他涨了一级工资，封他的儿子为锦衣卫副千户，可以世袭，还颁发了奖金和奖品。

一般人做出一点成绩，容易沾沾自喜，容易从自信变成自负，很可能在不知不觉中就自高自大起来。圣贤不一样。圣贤随时能够觉察到内心的起心动念。功夫浅时，心中还会升起不良念头，不良念头一萌动，他马上就能觉知，就能化解。致良知并不难，难的是一辈子时时刻刻致良知。就像我们入党一样，入党并不难，难的是一辈子保持一颗全心全意为实现共产主义而奋斗的心。

圣贤，不仅仅把治国平天下看作自己的职责，把家庭和大家族带领好，同样是他的职责。忙完剿匪工作，王阳明马上投入到办学育人、移风易俗的工作中去。他巡抚的辖区需要办学育人，需要移风易俗，他的家庭乃至整个家族也需要育人和移风易俗。剿匪工作是拯救百姓逃离水火的工作，需要全身心地投入。剿匪结束，他三月十五日回到赣州，把工作安顿妥当，于四月十日给父亲写信问安，接着连续写了多封家书。这封家书中就提到了七封写往家乡的信。本书收录了写给闻人邦正兄弟的和写给侄儿们的两封书信。

这封家书是写给三弟王守礼、四弟王守智、六弟王守温、八弟王守恭的。三弟和八弟是叔叔王衮的儿子，四弟和六弟是伯伯王荣的儿子。正德十三年，四个弟弟都已是儿孙满堂的人。其中的王守恭与自己的哥哥守礼、守信是同父异母，父亲王衮去世早，可能缺少严厉的家教，他不安分，不守礼，做下了不检点的事情。在《教条示龙场诸生》中，王阳明指出委婉是批评人的原则。在《南赣乡约》中，王阳明指出不说破是批评人的原则。怎么批评王守恭呢？王阳明不是堂弟的领导，既不能给他升职，又不能给他发奖金，不好直截了当地批评他。三弟、四弟、六弟，虽然不是坏人，在做人上比着圣贤还是有差距。于是，王阳明对四个弟弟一起开导。

怎么开导呢？像现在的单口相声，拿自己开涮，就是做自我批评。他这个自我批评是假唱呢，还是假戏真做？不是假做，而是逢场唱真戏。圣贤不是不犯错，而是能够做到知错就改。他的自我批评虽然有演戏的成分，却是真诚的。他的心性还需要磨炼，他的良知还需要更稳定。他一直在修学的路上。直到正德十五年（1520），他押送俘虏到南京，却被奸臣阻挡在城外，不能面见皇帝申诉自己的冤屈时，他还想逃避，还想一死了之。弟子董沄记录过的一则故事证明，王阳明50多岁时，学问已经很成熟，也还做不到时时刻刻地致良知。

他，一个战功卓著的三品大臣，面向四个没有一官半职的弟弟，能够做到真诚的自我批评，效果可想而知。

很快，弟弟们就回信进行了自我批评。

可见，自我批评既是一个提升自我修养的工具，也是一个批评人的有效工具。

【故事链接】

格竹子得病

没有人一生下来就是圣贤，从王阳明的自我批评中可以看到他对自己严格要求。在他一步步成长为圣贤的道路上就有这么一则小插曲——格竹子。

格竹子，是王阳明成长道路上一个重要事件。格竹子的时间，后世说法不一，《传习录》中记录了王阳明自己的回忆，他说发生在自己十五六岁时。弟子钱德洪编制的《王阳明年谱》中说，格竹子事件发生在王阳明中举后和第一次参加会试考试之前，即王阳明21岁那年的冬季。

12岁时，他有了学圣贤、做圣贤的志向。小小少年的人生志向是模糊的，不坚定。圣贤什么样？怎么学圣贤、做圣贤？他找不到下手的地方。周文王、周公、孔子，有血有肉的鲜活形象已经被历史模糊了。身边的进士和状元，武不能安邦，文也没见他们能够定国。北京地处边境，因为敌强我弱，经常实行宵禁。父亲身处权力中心，偶尔会透露一些天下的形势，天下匪乱多，饥荒多。小阳明身小力弱，不会种田，解决不了天下的饥荒。但历史上有不少能征善战的小英雄，像汉代的霍去病、吴国的孙策，小小年纪就能够脱颖而出，为国出力。王阳明把注意力集中到军事上，他学习骑马射箭，研究军事历史，到边境考察，为剿匪出谋划策等。但是，他没有资格，没有机会。事实上，他这个时候还缺少真正的军事才能。

18岁时王阳明拜访娄谅，娄谅的教导对他影响很大。娄谅鼓励他说，通过修学可以成为圣人；教导他说，研修《大学》的"格物致知"是一个很好的方法。娄谅尊崇朱熹，小阳明也尊崇朱熹。朱熹说，《大学》是成就大人的学问。大人，是圣人的又一个名称。

《大学》确实是成就大人的学问，是科举考试的必考内容，好好研读，可以中举，中进士，做官，做社会身份上的"大人"。王阳明从19岁到21岁，准备三年，一考中举。他很幸运，他父亲王华35岁中举，他叔叔王衮考了六次，一辈子也没有中举。乡试是考四书五经，会试还是考四书五经，顺利中举，让他产生了轻敌思想。

通过科举考试他取得做官的身份，这是长辈对他的殷切期望，是妻子对他的翘首以盼。中举后，他觉得对家人有了交代。他内心的渴望是做圣贤，他想通过娄谅传授的方法来实现这个理想。

格物，格是研究的意思，物，是什么意思呢？他的理解仅限于可以看得见的有形有相的物件。有一天，王阳明在书房读《朱子全书》，累了，放下手中的书本，抬眼望向窗外，一丛竹子映入眼帘。于是，他把格物的对象定格到竹子。

一位姓钱的伙伴，可能是过去私塾的同学，也可能是现在备考会试的学友，两人一嘀咕，决定从格竹子开始，从竹子这里研究出天地的道理。

两人安排了值班排班表，钱同学首先进入观察阵地。钱同学盯住竹子，目不转睛，想从竹子根、茎、枝、叶上看出端倪。他生怕遗漏任何重要的细节，聚精会神，心无旁骛，眼也不敢眨一眨，就这样连续观察了三天。这种状态，称它专注可以，称它死板也不算错。用功，要讲究一个度，不过于执着，又不松懈；用眼，也一样，既不能松懈，也不能死板。看东西，还有一个技巧，思想上不要有距离感，意念上把观察目标拉进来，拉到眼前来，拉到眼中。在教室看黑板也一样，不要有距离感，没有了距离感，观察者和被观察者就成了一体，就不会太累。钱同学用功执着，用眼死板，三天看下来，眼花缭乱，看得精疲力竭，看得神经衰弱，他病倒了。

王阳明认为钱同学精力不足，他自己便上阵观察竹子。老师只教他们怎么准备科举考试，没有人教他们怎么用心，怎么用眼。更没有人教他们怎么研究竹子。王阳明观察了七天，没有从竹子身上看出丝毫名堂，他绞尽脑汁，百思不得其解。七天连轴转，由于用眼、用脑过度，他一下子病倒了，病得很重，重到卧床不起。

灰心丧气的两个人得出结论：不是每个人都可以做圣贤，因为不是每个人都有圣贤那么强健的体魄。他们以为，圣贤要像朱熹说的那样，需要研究天地间的万事万物。而他们仅仅刚开始研究万物之一的竹子，就已经累病了。

当然，这是错误结论。

寄诸弟

正德十三年（1518）

屡得弟辈书，皆有悔悟奋发之意，喜慰无尽！但不知弟辈果出于诚心乎？亦谩为之说云尔？

本心之明，皎如白日，无有有过而不自知者，但患不能改耳。一念改过，当时即得本心。人孰无过？改之为贵。蘧伯玉①，大贤也。惟曰："欲寡其过而未能。"② 成汤③、孔子，大圣也，亦惟曰"改过不吝"④"可以无大过"而已。人皆曰："人非尧舜，安能无过？"此亦相沿之说，未足以知尧舜之心。若尧舜之心而自以为无过，即非所以为圣人矣。其相授受之言曰："人心惟危，道心惟微，惟精惟一，允执厥中。"⑤ 彼其自以为人心之惟危也，则其心亦与人同耳。危即过也。惟其兢兢业业，尝加"精一"⑥之功，是以能"允执厥中"而免于过。古之圣贤，时时自见己过而改之，是以能

---

① 蘧伯玉：蘧瑗（约前585~前484），字伯玉，谥成子。春秋时期卫国大夫，孔子的好朋友。配享孔庙东庑首位。
② 欲寡其过而未能：出自《论语·宪问》，意为想少犯些错误却还没做到。
③ 成汤：商汤，名履。商朝的开国君主。
④ 改过不吝：出自《尚书·仲虺之诰》，意为改正错误要坚决，不犹豫。
⑤ 人心惟危，道心惟微，惟精惟一，允执厥中：出自《尚书·大禹谟》，意为人的思想受欲望的支配，很危险；道的内涵隐微难见，体察道的精微，让人心与道合一，切实地秉持不偏不倚的中正之道。
⑥ 精一："惟精惟一"的略写。

无过，非其心果与人异也。"戒慎不睹""恐惧不闻"① 者，时时自见己过之功。吾近来实见此学有用力处，但为平日习染深痼②，克治欠勇，故切切预为弟辈言之，毋使亦如吾之习染既深，而后克治之难也。

人方少时，精神意气既足鼓舞，而身家之累尚未切心，故用力颇易。迨③其渐长，世累日深，而精神意气亦日渐以减，然能汲汲奋志于学，则犹尚可有为。至于四十、五十，即如下山之日，渐以微灭，不复可挽矣。故孔子云："四十五十而无闻焉，斯亦不足畏也已。"④ 又曰："及其老也，血气既衰，戒之在得。"⑤ 吾亦近来实见此病，故亦切切预为弟辈言之。宜及时勉力，毋使过时而徒悔也。

【古文今话】

连续收到弟弟们的信，每封信都表达了因为后悔而觉悟，又因为觉悟而振作的意思，我非常欣慰。只是不知道弟弟们的后悔、觉悟和振作是发自内心呢，还是随便说说？

人心良知像太阳一样皎洁无瑕，没有有过错而自己不知道的，知道错了而不改就成了病。有了错误念头马上改，改错的当时就恢复了自心良知。人哪有不犯错误的，最可贵的是能改正错误。蘧伯玉是大贤人，也还

---

① "戒慎不睹""恐惧不闻"：出自《中庸》："君子戒慎乎其所不睹，恐惧乎其所不闻。"意为正人君子在没有人看见的地方也要谨慎，在没有人听见的地方也要敬畏而不放逸。
② 痼（gù）：长期养成的不易克服的癖好、习惯。
③ 迨（dài）：等到。
④ 四十五十而无闻焉，斯亦不足畏也已：出自《论语·子罕》，意为一个人到四五十岁还没有闻道，那他就不值得敬畏。
⑤ 及其老也，血气既衰，戒之在得：出自《论语·季氏》，意为人到老年，气血衰弱，要戒除自己的贪得无厌。

只是说:"我想让自己少犯些错误,却未能做到。"成汤、孔子,他们是大圣人,也还只是说:"改正错误的态度要坚决,不能犹豫。""可以不犯大的错误了。"人们都说:"人不是圣贤,哪里能不犯错误呢?"这也是人云亦云,有这种说法的人根本就不知道尧舜他们圣人的心。如果尧舜他们自己认为自己根本就不会犯错误,那他们也就不再是圣人了。他们相互传授的心法是:"人心惟危,道心惟微,惟精惟一,允执厥中。"他们圣人自己也认为人心充满了诡计,这就说明圣人的心与常人也是一样的。"危",即"过错"。做人做事一定要谨慎勤勉,用功精深,用心专一,恢复心的本然状态,一个人只有这样才能做到言行符合不偏不倚的中正之道,才能避免错误。古代的圣贤,他们每时每刻都能觉察到自己的过错,知错马上就改,所以才能保证心上不存留错误,这并非因为圣贤们的心不同于常人。在别人看不见的地方也总是小心谨慎,在别人听不见的地方也总是心怀敬畏,这才是时时刻刻能够觉察自己过错的功力。我最近真正体会到了这种学问的用处,但是因为过去养成的不良习气根深蒂固,还欠缺彻底改正的勇气,所以我现在急迫地预先把这个方法说给弟弟们,好让你们别像我一样把不良习气养得又深又厚,将来克治起来就太难了。

  青少年时期,人的精气神还能够因被激发而振作起来,自身和家庭的拖累还不重,所以做人做事还容易发力。长大后世俗的牵累越来越重,精气神也逐渐衰减,但是如果能够急切地振作起来,一心一意地做圣贤学问,也还可以有所作为。人到了四十、五十,就像落山的太阳,精气神渐渐地就衰败了,那就很难好转了。所以孔子说:"人到四十、五十还没有明白道理,这个人也就不值得敬畏了。"孔子还说:"到了老年,血气已经衰弱,应该戒贪。"我最近也真正地理解了这种病症,所以我也要急迫地预先说给弟弟们知道。应该抓紧时间努力,不要因为今天虚度年华而落得将来后悔。

【阳明智慧】

知错是贤人，改过是圣人

这封家书有三个重点：一、每个人的本心像阳光一样纯洁无瑕；二、圣贤不是没有过失，而是能够时刻察觉自己的过失，察觉到过失能够即刻改正；三、自我批评。

本心，即最根本的心，又叫初心，即最初的心。根本到哪个根？最初到哪个初？这个涉及最根本的哲学问题。最根本的、最初的，可以追溯到先天，追溯到形而上的道。在《中庸》中，这个本心即"天命"，即先天的"性"。在《大学》中，这个本心即"明德"。这个本心，在不同的书中还有许多不同的名称，就像一个人有不同的名字。不同的名字，是为了强调和突出它不同的角色或属性。

本心和初心有后天的，比如一个人最初的人生志向，一个组织成立的根本使命。

良知，是本心和初心的别名，不同之处在于它突出了本心和初心之明辨是非的特点。写这封信的时候，王阳明还没有明确地把自己的学问总结为"致良知"，还没有明确提出"良知"这一概念。经过平定朱宸濠叛乱战争的经历，经过平定叛乱后面临被诬陷为叛党的生死考验，他才认识到在龙场悟通的那个"知"是优良的"知"。

本心，有先天属性，像阳光一样纯洁无瑕。人人都有本心，人人都有良知。这，肯定了人的崇高和伟大，也极大地鼓励了几个弟弟。

几个弟弟以前可能也被世俗之人的见识迷惑住了。俗话说，人不是圣贤，谁能不犯错误呢！世俗的人认为，圣贤就是高高在上的神仙，只能跪拜，只能仰望，虽然可以学习他们，却永远做不到他们那个水平。大贤颜回年轻时也难以免俗，他说孔夫子的道，越仰望越高远，越钻研越深奥，看着好像在前面，突然之间又好像在后面，虽然竭尽全力学习，也是老虎吃天，无从下口。颜回跟着孔子学习，见识提高后，他说，圣人大舜是人，我颜回也是人，想大有作为的人都可以做到他那样。

中华民族圣人尧和舜是怎么做的呢？他们从来没有觉得自己是不会犯错误的圣人，他们也犯错误，不同于一般世俗之人的是，他们能够时刻警醒自己，一旦觉察到错误的行为，一旦觉察到错误的念头，他们能够马上改正。怎么能够时刻觉察到自己的行为和心念呢？这就需要警觉心。

和警觉相对应的是疏忽，警觉心和疏忽心是两颗心吗？不是，还是一颗心。人人都只有一颗心，清醒的时候能够起到警觉、专注等积极有益的作用，昏沉的时候就可能是疏忽、麻痹等不良的状态。由此知道，人心有积极向上的一面，也有堕落沉沦的一面。圣贤消融和化解了消极的一面，同自强不息、厚德载物的天地之道融为一体。

王阳明以尧、舜、商汤、孔子及孔子的好朋友蘧伯玉为例，说明圣贤也会犯错误，他们知错改错，最终成了圣贤。举了正面的例子，再举反面的例子，把自己作为反面教材，鼓励弟弟。他做自我批评并不是矫情，他也确实会犯错误。

圣贤，一个词包含两重意思，圣与贤不一样。圣人，像孔子，德配天地，道冠古今；贤人，像蘧伯玉，道德高尚，学为世范。圣人，和天地一样，道德圆满，丝毫没有缺陷；贤人，德行高尚，还多少有些不足之处，贤人分大贤和小贤。圣贤，笼统地包含了圣人和贤人。王阳明说过，知过是贤人，改过是圣人。知过，即是良知起了作用，能够明断是非，这就是贤人。改过，需要勇气；彻底改过，只有圣人才能做得到。

圣人，即本心恢复、初心彻底彰显的人，换句话说，即自心原有的良知彻底彰显的人。

【故事链接】

王阳明弄错了

王阳明给南直隶苏州府昆山县（今江苏昆山）的方鹏写过两篇文章，都出错了。

方鹏（1470~?），字时举，号矫亭，是弘治十四年（1501）举人，这一年应天府的乡试主考官是王阳明的父亲王华。王华把方鹏录取为第二名。方鹏与王华因此建立了师生关系。王华很器重方鹏。

方鹏与弟弟方凤在正德三年（1508）一同中进士，兄弟俩与王阳明妹夫兼弟子徐爱是同年。这加深了方鹏与王阳明家族的关系。方凤在南京都察院做监察御史时，曾举荐当时是南京鸿胪寺卿的王阳明入内阁。朝廷没有同意这一举荐。

方鹏父亲去世时，他请昆山同乡顾鼎臣（1473~1540）为父亲写墓志。后来，方鹏母亲去世，他请邵宝（1460~1527）为母亲写墓志铭。再把母亲履历提供给王阳明，请他写墓表。没想到王阳明把方鹏母亲的履历弄丢了。王阳明是南京鸿胪寺卿，有较高的社会地位。方鹏和方凤兄弟都是进士出身的官员，也是有身份的人。方鹏虽然比王阳明晚九年中进士，年龄却比王阳明大两岁。王阳明不好意思再向方鹏讨要他母亲的履历。他有个同年进士姓刘，在光禄寺做官，与方鹏、方凤兄弟是好朋友。王阳明委托刘光禄讨要邵宝写的墓志铭。不知道是王阳明没说清楚，还是刘光禄听错了，刘光禄把顾鼎臣为方鹏父亲写的墓志铭拿给了王阳明。王阳明据此写了一篇《节庵方公墓表》。方鹏父亲叫方麟，号节庵。这篇墓表出现了两个错误：一、本来是给方鹏母亲写墓表的，却写给了方鹏父亲，只是在表文最后提了提方鹏母亲；二、把方鹏父亲的履历弄错了。

方麟入赘到商人家里，自己并没有做商人。岳父给上门女婿捐了个州衙里的吏目。吏目，顾名思义，是吏员的头。明代读书人看不起商人，看不起衙门里的办事吏员。王阳明把商人和吏目两个身份写进了墓表。方鹏说，他父亲是读书人，从来没有做过商人，虽然有过吏员身份，也是被他姥爷逼迫的。父亲认为靠捐粮食换来的吏目，不光彩，他一直没去报到，只是挂个名。何况，他们兄弟做官后，父亲受到恩封，被封了个名正言顺的官。方鹏在自己文章中提及，这是诬陷自己的父亲。

古代中国人崇尚含蓄，王阳明不好意思直接向方鹏兄弟问明白，方鹏兄弟也不好意思请王阳明更正。方鹏当然不能把这样的墓表刻在母亲的墓前。后来，王阳明成了新建伯，位尊望重，他写的墓表虽然有错，也是很难得到的。方鹏承认了这篇为父亲写的墓表。

第二个错误出现在王阳明写给方鹏的《矫亭说》中。方鹏把自家的一座亭子命名为"矫亭"，并取"矫亭"为自己的号，寓意是随时反省、矫正自己的错误言行、心念。他请恩师王华为自己写一篇《矫亭说》。王华写了《矫亭说》初稿，交给王阳明修改、抄写。王阳明修改后抄写时，把方鹏的字漏写一个"举"字。《矫亭说》真迹现藏于上海博物馆。

王阳明正德三年（1508）实现了龙场悟道，正德十年（1515）前竟然还出现这样本可避免的错误。这是什么原因造成的？晚年他坦诚地对弟子说，45岁以前，自己还贪图个虚名。贪图名利，难免有患得患失、斤斤计较、文过饰非等不良心念和言行。

寄余姚诸弟

正德十六年（1521）

此间家事尚未停当，专俟弟辈来此分处，何乃一去许①时不见上来？先人遗教在耳，其忍恝然若是耶？田庄农务虽在正忙时节，亦须暂抛旬日，切不可再迟迟矣。正心②、正思候提学③一过，即宜上来。正恕、正愈、正惠先可携之同来。近日正思辈在此，始觉稍有分毫之益，决不可纵，令在家放荡过了也。此间良友比在家稍多，古人所谓"蓬生麻中，不扶而直"，是真实不诳语。

长兄伯安字白。三弟、四弟、六弟、八弟同看。伯叔母二位老孺人同禀此意。

【古文今话】

这里家务事还没有处置好，专门等着几位弟弟来这里一一处置。为什么这么长时间竟然还不见你们来？祖宗的遗训我们经常听，怎么能忍耐这样的漠不关心呢？田里的农活儿即便正赶上农忙时节，也应该放下农活儿十来天时间，千万不要再拖延下去了。正心、正思等经提学官员考察通过

---

①许：许久。
②正心：王阳明堂侄儿，余姚县学生员。王阳明兄弟字辈是"守"，侄儿字辈是"正"。文中正思、正恕、正愈、正惠都是家住余姚老宅的堂侄儿。
③提学：提督学政的简称。明代各省按察使司下设提学道，由按察司副使或者佥事任职，管理全省学政。

后，要立即过来。正恕、正愈、正惠三个孩子可以领着一起过来。这段时间，正思他们在这里学习，已经有了一点点进步。千万不能放任孩子们，不能让他们在家里没有管教。毕竟这里好学伴要比余姚老家多一些，古人用"蓬生麻中，不扶自直"来比喻好朋友的作用，是实话，不是骗人的假话。

长兄伯安写。三弟、四弟、六弟、八弟同看。也要向伯母和婶母两位老夫人禀告这个意思。

【阳明智慧】

明师良友很重要

这封家书明确地表达了两项内容：一是敦促家住余姚老宅的堂弟，抓紧时间来绍兴商量分家的事情；二是要求堂弟把几个堂侄儿带到绍兴，参加王阳明组织的学习会。

正德六年（1511）和七年（1512），王阳明在北京吏部时，就恳请父亲主持把家族的家产分给各个小家庭。那时候的分家，可能是在爷爷王天叙和二爷爷王天祐名下划分，也可能是在伯父王荣、父亲王华、叔叔王衮名下划分，也可能是直接在几位堂兄弟之间划分。正德十三年（1518），王阳明在写给余姚几位堂弟的家书中说，几个堂弟各自建造了新房子。堂弟各自建造了新房子，说明已经分过家了。正德十三年（1518），老奶奶岑老夫人还健在，老奶奶名下可能还留有一份家产。正德十六年（1521），爷爷、奶奶、伯父、叔父都不在了，父亲王华虽然健在，也已经是古稀之年，王阳明是守字辈中的长兄，他有责任主持家族的事情。

第二项内容是重点，这个重点分一明一暗两个内容，明的内容是让几个堂侄儿来绍兴和优秀青年共同学习，暗含的内容是王阳明要把学问传授给侄儿们。这时候，王阳明的学问成熟了，他已经成了天下顶尖的明师，近水楼台先得月，为什么不把自己的学问就近传授给自己的堂侄儿呢！

正德三年（1508）龙场悟道，正德十二年（1517）剿匪安民，正德十四年（1519）平叛定国，正德十五年（1520）遭受诬陷，他悟通的道经受了一次次的淬炼，他把自己的学问浓缩成了"致良知"三个字。他是得道高人，天下明师。他以传道为己任，平叛定国的卓越功勋在他头顶形成了耀眼的光环。正德十六年（1521），他刚被任命为南京兵部尚书，有资格参与国家重大事务的决策。

正德十六年（1521）秋，他回到家乡，江西的弟子魏良器等人跟到了浙江。绍兴读书人王畿拜师入门，余姚秀才钱德洪拜师入门。王畿和钱德洪是王阳明晚年最重要的两个弟子。钱德洪组织余姚74个读书人一起拜师入门。这74个读书人大多是余姚县学的学生。余姚知县丘养浩也拜师入门。这次收徒，可以说揽尽了余姚一个县的青年才俊。这些弟子既有妻侄儿诸阳，也有堂侄儿王正心，还有死难于朱宸濠叛乱的忠烈孙燧的儿子孙陞。

这些弟子日后不少人成才、成家、成名，成了有用的人才。拜师第二年，余姚弟子钱德洪、王正思、诸阳、徐珊考中举人；再下一届，即嘉靖四年（1525）浙江乡试中，余姚弟子吴仁、孙陞、孙应奎三人中举；嘉靖七年（1528），余姚弟子钱应扬、夏淳、黄齐贤中举。

王阳明不仅教弟子准备科举考试，更重要的是启迪弟子心中的良知。这些学生有良师指导，有益友互相影响，不仅学业进步快，德业也进步显著。这就是王阳明敦促余姚老宅的堂弟把孩子带到绍兴共同学习的用意。

王正思在堂侄儿中成绩比较突出，嘉靖八年（1529）中进士，做过福建省建宁府知府。正思的父亲王守信，父亲王衮去世早，他把伯父王华当父亲一样孝敬。正思一生把堂伯父王阳明当作人生榜样。在《王阳明像赞》中，他写道，自己从小就得到了伯父王阳明的教导。

明师的家书重要，明师的生命感染更重要。王正思说，王阳明的言语教导、一举一动都传递着良知心学的奥妙。正德十二年（1517），王阳明在家书中，表扬正思学习进步，但是他常年在外，与正思见面的时间稀少。正德十六年（1521），经过家乡一段时间的相聚，王阳明的圣贤气象、浩然正气熏染、净化着王正思。第二年，他就中举了。

良师益友的生命熏染对一个人的成长很重要，很难得。朋友圈，很重要。

【故事链接】

王阳明的人生成功之路

一、求教大儒娄谅

弘治二年（1489）十二月，18岁的王阳明在江西省广信府拜访了儒学大家娄谅。娄谅，字克贞，号一斋，少年就立志学圣贤、做圣贤，不热衷于科举考试。

娄谅做人最大的特点是真诚。只有真诚才能感动人，才能感染人。世间虚假烦琐的礼仪他不喜欢，显得很清高，府县官员来拜访，他不回访，没事从不去衙门走动。娄谅做事最大的特点是恭敬谨慎，对自己和要求别人一视同仁。娄谅名声很大，一般人难以见到他。

娄谅儿子娄性与王阳明父亲王华是同年进士，也是好朋友。有这层关系，18岁的王阳明得以拜访68岁的娄谅。聪明人拜访尊长，不能仅仅用耳朵来学习，不能仅限于听尊长口头教诲，还要用眼睛来学习，要留心观察尊长的神态，留心观察尊长待人接物时的一举一动。向尊长学习，只用耳朵和眼睛还不够，还要用心体会。

《周易》和《孟子》中都说过，道德高尚的人脸上洋溢着道德的光辉，身上散发着祥和的气息。道德的光辉和气息影响人，感染人，加持人。在道德高尚的人身边，如果心不够静，干脆闭上眼睛，用心体会一下，自己的身心会感受到这种祥和和平静。《大学》中说的"德润身"也是这个意思。俗话说的师生之间的心心相印，大体上也是这个意思，只是要比这个意思深远得多。比这个意思深远的，就是儒家过去说的"心传"，又叫"以心传心"。

《王阳明年谱》中说，娄谅老爷子传授了王阳明两句秘诀：一是鼓励王阳明说，一个人通过努力学习可以成为圣人；二是介绍了成就圣人的方法，即《大学》中的"格物致知"。令人意外的是，第一句秘诀给了王阳明很大信心，第二句秘诀像拦路虎一样，阻拦了王阳明近十年时光。还有一个收获，王阳明以前性情豪迈，大大咧咧，不拘小节。弘治三、四、五年（1490~1492），他在余姚老家准备乡试，突然有一天他有了小小的感悟，他学会了收心，开始变得谨慎恭敬，不再信口开河。

娄谅的孙女素珍后来被选为明朝宗室宁王朱宸濠的妃子。娄妃有家学渊源，会写诗，书法也好。朱宸濠叛乱时，她多次规劝。叛乱失败后，娄妃在鄱阳湖上，要投湖自尽，又担心流水剥去自己的衣服，她让人用绳子系紧衣裙，从容而去。王阳明安排搜寻、礼葬了娄妃，也算回报了娄谅老师。

二、从九华山到宛委山，再到泰山

王阳明一生都在追求学圣贤、做圣贤，过程并非一帆风顺，他的经历很曲折，甚至还曾因为找不到方向和方法而放弃过。王阳明信奉儒家，儒家负有通过为国家、为社会建功立业，而光宗耀祖的使命。但是，年轻时他屡屡想出家去当和尚、道士。

（一）留恋九华山

王阳明一生多病，年轻时经常生病。最早的记载是格竹子得病，因为得病一度使他放弃了做圣贤的理想。他不做圣贤了，想当文学家。当文学家需要多读书、多写文章。27岁时，王阳明因为读书刻苦，又病倒了。为了治病，他跟着道士学养生，产生遗世入山的念头。

中进士后，王阳明一心想进兵部工作，却被分到刑部。这时，他读书仍然很勤奋，经常读到深夜，结果双眼累近视了，身体累病了。他病还没好利索，就被派往江淮地区出差。弘治十四年（1501），他到淮安等地审理重犯，平反冤假错案。随后到佛教圣地九华山游览。王阳明在山里，先后住了几个月。

他住在寺院里，拜访和尚，求教道士，寻求做圣人的方法。他为什么向出家人求教呢？这是年轻人成长的必经阶段。他在北京学习和生活多年，见识过不少大场面和高人，例如道德高尚的陈献章、内阁大学士李东阳，还见过尚书，见过状元，在殿试考试时见过至高无上的皇帝朱祐樘。这些人和他一样，没有三头六臂，不能呼风唤雨，不能腾云驾雾，饿了也要吃饭，困了也要睡觉。而书中描写的圣贤是与常人不一样的。就连最平实的儒家经典《中庸》也说过，有道的人可以提前知道将要发生的事情。佛家和道家经典更是把自家的圣贤吹得神乎其神。

他以为圣贤很神奇，在儒家圈子里却没有见到神奇之人。他想到具有神秘色彩的和尚和道士圈子里找一找。他拜访了蔡道士，拜访了一位在地藏洞闭关的和尚。九华山东崖有个地藏洞，洞里住着一位不食人间烟火的和尚。和尚告诉他，让他好好向儒家圣贤周敦颐和程颢学习。

他读过周敦颐和程颢的著作，并没有发现其中的神奇之处。

（二）宛委山住山静养

弘治十五年（1502）正月，他离开九华山，踏上回北京之路。他路过镇江，游览道教圣地茅山。因缅怀东晋著名的茅山道士葛洪，羡慕住山四十年的南北朝著名道士陶弘景，他拜访了当代住山道士。

因一路奔波劳累，王阳明积劳成疾，在扬州养病三个月。后来，他回到北京，工作劳累，又病了。八月，他请病假回乡养病，把疗养地安排在绍兴宛委山中。宛委山中有道教的胜地，号称道教第十大洞天。山里有块大石头，石头下有条缝隙。依靠大石头，利用缝隙，他安排人建了一座住室，号称阳明洞。

从九华山到茅山，从茅山到北京，再从北京到绍兴，王阳明沿途拜访寺院、道观，访问和尚、道士，寻求修炼身心的方法。他选定道教的呼吸法，在阳明洞中开始修炼，既为养生，也为修道。

从九月到十二月，他练功百日，体悟到了神奇。有一次，他的好朋友王文辕等人到山里看望他，刚出绍兴东门，他就派书童下山去迎接。朋友沿途干了什么事，他坐在阳明洞里都能知道。他想彻底出家，又割舍不了对奶奶和父亲的亲情。迷茫之时，弘治十六年（1503）春，他到杭州西湖，住到寺院里，观察和尚的出家生活，从三月住到九月。他醒悟了：一、体悟到生命神奇现象没有什么用处，只会扰乱精神；二、出家人抛弃家庭和社会，不事生产，对社会的帮助很有限。

于是，他放弃了出家想法。在杭州寺院里，他把一个闭关三年的和尚劝说得哭哭啼啼地回家了。他也回家了，回到绍兴继续养病。

从弘治十五年（1502）九月到弘治十七年（1504）五月，近两年时间里，他一边修炼，一边养病，一边四处游览，拜师访友，写诗作文。

（三）泰山之巅怀念孔圣人

弘治十七年（1504）秋，33岁的王阳明在养病时接受了一项任务，一项他很喜欢的任务。巡按山东的监察御史陆偁聘请他出任当年的山东乡试主考官。陆偁是弘治五年（1492）他的同年举人，十分了解他。

他养精蓄锐两年，干事雷厉风行，当月就拟定了考题，并给每道题都写了范文。中进士前，他为了养病，就曾近距离了解道士的生活。这几年，他四处游览，考察寺院和道观，观察和尚和道士的生活，读佛经和道典，修炼他们的养生之法。他自认为了解佛教和道教。在考题中，他考查考生对佛教和道教危害的认识，希望考生提出振兴儒家圣贤学问的方法，提出促进社会文明和进步的措施。

这一届录取了75名举人。大家认为，王阳明出题得当，录取了真正的人才。

主考工作结束，王阳明游览了儒家圣地曲阜，拜谒了孔子庙和周公庙，攀登了泰山。在泰山，他即兴写了五首诗，并刻石立碑。

在诗中，他赞扬泰山高耸，赞扬日出壮观，赞扬孔子伟大。他，从佛家圣地九华山，到道家圣地茅山和宛委山，再到儒家圣地泰山，一路攀登，一路摸索，跌跌撞撞，终于回归到儒家圣贤学问中。

九月，他被调到兵部武选司工作。回到北京，他为往圣继绝学，开始宣讲儒家圣贤学问。

三、龙场悟道

龙场悟道，是王阳明人生中的一个里程碑，此前，他一直在刻苦地求道；此后，他始终在努力地行道。

龙场悟道，是怎么回事呢？他悟通的是什么道呢？

弘治十八年（1505），36岁的皇帝朱祐樘去世，15岁的朱厚照即位。朱厚照年少贪玩，被心术不正的大太监刘瑾钻了空子。刘瑾小集团为非作歹，被纪检官员举报，并要求惩治。于是，掀起了一场范围广泛的官场斗争。结果，刘瑾和朱厚照罢免和流放了大批正直官员。兵部主事王阳明为了搭救被逮捕的官员，上了一道求情奏疏，惹祸上身，被关进监狱，贬为从九品的龙场驿驿丞。

正德三年（1508）春，王阳明到龙场驿上任。龙场驿位于贵州的大山里。龙场驿被人破坏，名存实亡，成了废墟。没有住的地方，王阳明只好住到山洞里。他先后住过两孔山洞，先住玩易窝，后住阳明洞。人地生疏，语言不通，水土不服，野兽出没，瘴气肆虐，生存环境险恶，还曾经断过粮。环境恶劣到什么程度呢？工部主事刘天麒（字仁徵）被贬到贵州安庄驿当驿丞，病死在驿站。正德四年（1509），从北京来的从九品吏目父子和仆人，一行三人路过龙场，晚上住到一户彝族人家中，第二天早上起来继续赶路，然而，三个人先后死在离龙场不远的蜈蚣坡。王阳明为此沉痛地写下了两篇祭文。

今天是个活人，明天可能就死了。刘天麟和吏目四个人就是活生生的例子。这促使他思考，生命究竟是怎么回事。当年，圣贤周文王和孔子都曾遭遇过这种困境。周文王当年被商纣王关在监狱里，随时有生命危险。孔子曾被人追杀过，还曾挨过饿。他们是怎么度过生死困境的呢？如果周文王和孔子身处自己当前的困境，他们会怎么办？于是，他像演戏一样，自己扮演周文王和孔子。周文王和孔子都是圣人，他把自己也扮成圣人。他苦苦思索，圣人会怎么面对生死困境？

孔子说过，一个人早上悟通了道，即便晚上就死了也没有什么遗憾的。为了不留遗憾，他日思夜想，一刻也不间断。一天夜里，他突然悟通了。他悟到非常重要的两点：一、圣人的道，自己心中也有，而且非常充足，丝毫不缺；二、过去不从自己心中求道，而是去万事万物上求道，犯了方向性错误，是缘木求鱼，是南辕北辙。

他悟通的道是什么？答案是可用概念解释概念。道必须亲身体验，就像俗话说的，要知道梨子什么滋味必须亲口尝一尝。他悟道后，有人认为他成了神仙，三番五次地向他请教如何成为神仙。人们羡慕神仙，主要是想像神仙一样长生不老，实质是贪生怕死。王阳明用颜回做例子，颜回虽然只活了三四十岁，但是他的精神却一直没死。儒家说的"仁者寿"，有两层意思，一是肉身活得长久，二是精神不死。

  王阳明悟透了生死，实际上是悟透了仁。具体说，他悟通了《大学》中的"格物致知"，悟通了"心即理"。以前，他虽接受朱熹对"格物致知"的解释，却一直被困扰。按他晚年的说法，龙场悟道，他是格物致了良知，只是良知概念还没有明晰。龙场悟道后，他提出了"知行合一"和"心即理"。龙场悟道后，他的人生发生质变，良知得到彰显，心灵得到解放。但是还不彻底，良知还做不到时时刻刻当家做主，心灵也做不到时时刻刻被解放。

寄伯敬①弟

嘉靖四年（1525）

前正思②辈回，此间事情想能□悉。我自月初到今腹泻不止，昨晚始得稍息。然精神甚是困顿，更须旬日，或可平复也。此间雨水太多，田禾多半损坏，不知余姚却如何耳？穴湖及竹山祖坟，雨晴后可往一视。竹山拦土，此时必已完，俟楚知县回日，当去说知。多差夫役拽置河下，俟秋间我自亲回安放也。

石山翁③家事，不审近日已定帖否？子全所处未必尽是，子良所处未必尽非，然而远近士夫乃皆归罪于子良。正如我家，但有小小得罪于乡里，便皆归咎于我也。此等冤屈，亦何处分诉？此意可密与子良说之，务须父子兄弟和好如常，庶可以息眼前谤者之言，而免日后忌者之口。石山与我有深爱，而子良又在道谊中。今渠家纷纷若此，我亦安忍坐视不一言之？吾弟须悉此意，亦勿多去人说也。八弟在家处事，凡百亦可时时规戒，俗谚所谓"好语不出门，恶言传千里"也。

六月十三日，阳明山人书寄伯敬三弟收看。

---

①伯敬：叔叔王衮的儿子王守礼，字伯敬。
②正思：王守信的儿子，字仲行，号五云，嘉靖元年（1522）举人，嘉靖八年（1529）进士，官至建宁知府。
③石山翁：姓吴，余姚人，王阳明的朋友。

【古文今话】

前些日子正思等人回去，我这里的情况想来你们也知道了。我从月初到现在一直拉肚子，直到昨天晚上才有所好转，但是精神仍然非常疲惫，还需要十来天时间，或许才能彻底恢复。这里雨水多，田里庄稼被淹，多半损坏了，不知道余姚情况怎么样？穴湖和竹山两处祖坟，等天晴了应该去看看。竹山祖坟园那里的拦土挡水工程，现在应该已经完工了。等楚知县回来时，要去说给他知道。多派些人手，把棺椁拉出来放置到河边，等秋天我回去亲自安放。

石山老先生的家事不知道近日处理好没有？子全处理事儿的方法不一定都对，子良处理事儿的方法不一定都错，但是不管是乡邻还是亲戚却都认为错在子良。正像我们家，不管什么小事得罪了乡邻乡亲，大家便都归罪于我。这些冤屈，又能到哪里去辩解？这个意思可以私下里说给子良，一定要让他们父子兄弟和好如初。父子兄弟和好了，既可以平息眼前一些诽谤者的恶言恶语，又免除了嫉妒者日后的造谣生事。石山和我交情深厚，子良又和我一起学习过圣贤学问，现在他家里乱成这个样子，我怎么能够坐视不管不劝和他们呢？弟弟你要明白这个意思，但是也不要兴师动众地去他家里劝说。八弟在家处理事情，也要经常规劝和告诫他。俗话说"好话不出门，恶言传千里"。

六月十三日，阳明山人写给三弟伯敬收看。

【阳明智慧】

族长、乡绅和师长

这封家书写于嘉靖四年（1525）六月份。从嘉靖三年（1524）四月到嘉靖六年（1527）五月，三年时间，王阳明无官一身轻，处于赋闲状态。这个赋闲，是针对做官身份说的。他还有三个身份，分别是族长、乡绅和师长。

正德十六年（1521）六月，因为平定朱宸濠叛乱的军功，王阳明被升为南京兵部尚书。兵部尚书是南京六部中唯一可以参与朝廷重大事务决策的尚书。可惜，王阳明一直没有到任履职（明代有规定，曾经出任过某官职后，即便以后不再做官，也可以使用这一官职身份）。任命一下来，他就请假回乡探亲。年底，被封为新建伯。在探亲期间的嘉靖元年（1522）二月，父亲王华去世。王阳明在家为父守孝三年。

在这期间，了解王阳明德行和才干的官员多次举荐他出任重要官职。礼部尚书席书曾举荐王阳明出任南京兵部尚书，南京兵部尚书李充嗣曾举荐王阳明出任内阁大学士。但是，不认同心学和嫉妒他才智、威望的权臣，处处使绊子。藩王出身、小小年纪、在朝中缺少根基的嘉靖皇帝，在与满朝文武大臣争斗中，满心指望德高望重的王阳明出手相助，但是王阳明不愿意参与没有意义的争斗，因此得罪了睚眦必报的小皇帝。

明代社会的教化工作，政府只负责到县一级，县下面的巡检司、驿站等虽然也由朝廷任命官员，这些官员只负责治安等。县下面的街坊和乡村组织属于民间自治性质。城内的街坊和城外的乡村教化工作，基本上留给了各个家族和乡绅来承担。

不少家族自己办有义田、义仓和义学。这个"义"是仁义的"义"。义仓和义学，主要作用是扶助族中弱势群体，比如资助吃不上饭的、娶不起媳妇的、上不起学的等。家族事务靠族长主持公道。

除了族长，民间还有一个读书人群体，因为读书明白道理，他们便在民间主持公道。这些读书人包括没有做官的秀才、退休回乡的官员等。有的秀才为养家糊口办私塾做教育，有的退休官员为发挥余热也热心办学。

明代人留恋乡土，退休官员都要回乡。从广泛的教育意义上说，族长和乡绅都是有学识、有道德的师长。

王阳明就是这样的族长、乡绅和师长。

族长。这封家书是写给堂弟王守礼的。家书中有两件事说明王阳明是在履行族长的职责。守礼在堂兄弟中行三，在余姚老家，老二去世了，老三就成了老大。王阳明安排王守礼照看祖坟，千万别让祖坟被水淹了。同时告诉堂弟，他秋季亲自回余姚照料祖坟。同时，让三弟告诫八弟，要遵纪守法，不要惹是生非。八弟已经给族长王阳明脸上抹黑了。

王阳明不仅做王家的族长，还操心舅舅家的家事。本书收录他嘉靖四年（1525）写给表侄郑邦瑞的家书，有照顾二舅妈生活的，有安排舅舅家孙女相亲的。他甚至还操心着堂姑家的事，例证是本书收录他写给表弟闻人兄弟的家书。他操的心已经扩展到姻亲家族。从这个意义上说，族长已经成了乡绅。

乡绅。家书中有一个重要内容，是安排守礼调解子全和子良兄弟矛盾，并且给出了注意事项：以自己家做例子，劝子良多包涵；不要兴师动众，顾全子良兄弟的面子。

师长。结合上封家书和这封家书的第一句，可以知道，堂侄儿正思等人在绍兴伯爵府接受王阳明的家庭教育。王阳明家大业大，在家办学，对家族子弟是不收费的。他不仅办有家族义学，还有公共的社会书院。嘉靖三年（1524），知府南大吉等修复了位于绍兴府城卧龙山西岗的稽山书院，并把绍兴府八个县的学生召集来，请王阳明讲学。分布在各地的弟子和心学爱好者也时常通过书信来向他求教。也有很多外地来求学的，如著名弟子董沄父子就是从海宁来求学的。求学的太多，嘉靖四年（1525），弟子王艮牵头在绍兴伯爵府附近光相桥边建起阳明书院。此后越中讲学之风大盛，绍兴一时成为王阳明弟子集聚讲学的中心。

这一时期，王阳明教学成果丰硕，写了几篇非常重要的文章，比如《稽山书院尊经阁记》《亲民堂记》《万松书院记》《重修山阴县学记》等，其中《答顾东桥书》最为重要，被收录于《传习录》。

结合《大学》，评判一下王阳明。龙场悟道，表示他修身有了成就；家族事务的管理，表示他落实了"齐家"这一科目；治理庐陵县和巡抚南赣、江西、两广，标志着他建立了治国功勋；讲学教化天下，标志着他在履行"平天下"的担当。他的一生都在切实履行"为天地立心，为生民立命，为往圣继绝学，为万世开太平"的圣贤使命。

【故事链接】

王阳明与《卧马冢记》

正德三年（1508），王阳明写了这篇《卧马冢记》。这篇文章反映了他对坟地的看法。

孝道，是中国传统文化的核心。孝道，不仅表现在长辈活着时要孝敬，对去世的长辈仍然要孝敬。对去世长辈的孝敬，表现在坟地选址和安葬，以及祭祀和纪念。这种祭祀和纪念活动绵延不绝。像孔子，作为我们的共同祖先，我们一直在祭祀和纪念他。这是我们的根，是我们的源头。问渠那得清如许，为有源头活水来。

许多人对坟地有不同的看法，有的看法正面，有的片面，更有的沦落到了恶的层面。王阳明在这篇文章中表达了圣贤对坟地的看法。

王阳明被贬为贵州龙场驿驿丞，虽然官职卑微，也是朝廷命官。到了贵州，先去拜访贵州巡抚王质。拜访结束，在客厅外遇到王质的老乡。老乡说，王质父亲的坟地风水好得很。这么好的风水宝地怎么选定的呢？老乡说，王质孝心纯正，想为父亲找一处好坟地，找了许多地方都不满意。

有一次，骑马出城，来到西北离城十来里地的一处山丘，相中了一个地方。相中后，拿不定主意，想回城找个风水师勘察一下。就在这时，胯下的马突然两腿跪地，兴奋地喷着响鼻，不停地用头画圈，表现出了对此地的留恋。王质认为这既是马意，更是天意。安葬父亲后，坟地周围生机勃勃，一派祥和。大家给风水宝地起名为"卧马冢"，纷纷写诗作文歌颂这一盛事。

在座有位读书多的人说，坟地风水好，可以保佑王质做大官。他说，这是有先例的。东晋陶侃（259～334）父母去世后，他家的老牛离家出走，卧在一处山冈。陶侃就把父母亲葬在卧牛的地方，结果陶侃做到了公卿。

王阳明是个认理的人，他纠正这个读书人说，这绝对不是王公的本意。他说，王公孝敬父亲，想给父亲找一处风水宝地，没有水患，没有虫蛀，目的是让父亲安息。父亲安息，儿子心安，这是入土为安的本意。王公哪里会出于自己升官发财的目的选坟地。

王阳明开始讲学。他说，上天保佑孝子，这种保佑主要体现在内心，为了安葬亲人，孝子尽心尽力，心性纯粹，因此而心安。内心安详，气息和顺，这种安详和顺就是福报。道理就是这样！

王阳明是个认真的人，再遇到王质，他要确认一下，老乡说得准确不准确，自己说得对不对。

王质说，老乡说得准确，王阳明说得对。王质感叹说："哎呀！你说透了我的心意。你是知音，你知道这件事，你把它写下来，用来勉励我家子孙，让我祖宗的德风流传！"

三 写给儿子

示宪儿
正德十三年（1518）

幼儿曹，听教诲：勤读书，要孝弟。学谦恭，循礼义。
节饮食，戒游戏。毋说谎，毋贪利。毋任情，毋斗气。
毋责人，但自治。能下人，是有志。能容人，是大器。
凡做人，在心地。心地好，是良士。心地恶，是凶类。
譬树果，心是蒂。蒂若坏，果必坠。吾教汝，全在是。
汝谛听，勿轻弃！

【古文今话】

孩子们啊，要听教诲：勤奋读书，好好学习；孝顺父母，友爱兄弟。做人谦虚，待人恭谨；言行举止，遵守礼仪。节制饮食，别迷游戏。不要说谎，不要贪利。不要任性，不要斗气。不指责人，管好自己。能忍让人，是有志气。能容纳人，才显大气。做人好坏，全在心地。心地善良，是真贤良。心地恶劣，定是恶人。打个比喻，树上果实，心是果蒂。果蒂坏了，连累果实，不等成熟，果必落地。我教你的，全在这里。你要听记，千万不要轻易放弃。

【阳明智慧】

千教万教　教儿子向善

《示宪儿》中的宪儿是王正宪。正宪是王阳明叔叔王衮的孙子，被过继给王阳明做儿子。正德十一年（1516），王阳明到江西赣州上任南赣汀漳等处巡抚，正宪和母亲诸氏随王阳明来到赣州。正德十二年（1517）一整年和正德十三年（1518）上半年，王阳明奔波在外，翻山越岭，指挥打仗，剿匪安民，没有时间教育儿子。他先后委托弟子冀元亨和薛侃给儿子当老师。正德十三年下半年，剿匪工作基本结束，王阳明把工作重点转向辖境内的文化教育建设。他在辖境内兴办社学和书院，撰写教学大纲，选拔和培训老师。社学，顾名思义，即社区学校。

《示宪儿》大约作于这个阶段，正宪那时11岁，王阳明47岁。

王阳明根据青少年教育特点，把教育内容写成朗朗上口的"三字经"，易于儿子熟读成诵。每日诵读，这些内容就会转化为个人人生观和价值观，指导此人的一生。

王阳明的教育思想，用他自己的话说，就是恢复一个人天生的本性。他说，老师教育的目的是这个，学生学习的目的还是这个。这个本性就是良知，良知是至善的。至善，在儒家经典《大学》中代表最终的真理。最终的真理究竟是什么，不好理解。教育少年儿童，越简单越好。于是对少年儿童的教育内容就简化成了"善"。儒家的教育目标和目的，都是教人向善，通过教人向善，建设和谐社会。圣贤人格首先表现为做人要表里如一、言行一致，比如教别人家的孩子学善人做善人，教自家的孩子也是一样的内容。

"善"字意义比较单纯，世俗社会容易理解。其实，儒家的"善"有着更丰富的意义，这个更为丰富的意义可以用"仁"来表示。圣贤人格不仅仅体现为"仁"，还体现在智慧和勇敢上。智慧、仁爱、勇敢，是圣贤人格的全面体现。

这篇家训有四个特点：一、读经典，明道理。这是老生常谈。人性懒惰，不是每个人都能做到自觉自律。做不到自觉自律，就需要经常提醒。这个提醒，既包括老师和长辈的叮咛，也包括经典书籍文章的指导。二、孝敬长辈，友爱同辈。少年儿童的人际关系比较简单，只有家长和兄弟姐妹关系。由孝敬与友爱进一步扩展，就能很好地处理儒家倡导的五伦关系。五伦关系，包括父母子女关系、上下级关系、夫妻关系、兄弟姐妹关系和朋友关系，基本涵盖了人与人的全部关系。三、严于律己，宽以待人。这条家训有王阳明家的特色。王阳明学问好，道德高，弟子多。他官阶高，部下多。弟子和部下尊崇王阳明，对待正宪不自觉地也会尊敬，但这不利于青少年的健康成长。四、心地善良，不忘根本。这条家训突出了王阳明学问的特色。行为善，有可能是装出来的伪善；心地善，才是真正的善。道德是一个人的根本。

还有两点需要说明：其一王阳明家书千叮咛万嘱咐，都是教导子弟为善去恶，为什么没有教导子弟钻研技术学本领呢？大致有这样两个原因：1. 王家家大业大，守成是第一位的，创业是第二位的。2. 王阳明提倡的是圣贤学问，是君子学问，是解决心灵需求的学问，而技能学习解决的是人基本生存的物质需求。其二从善入手，可以走向至善，这是儒家修身的方法。王阳明说，为善去恶可以致良知。

正宪22岁，父亲去世。王阳明对他的教育，可以说是千教万教教他向善，希望他能做个圣贤。

【故事链接】

像王阳明一样学习经典

经典，有不同的解释。儒家经典一般指四书五经。经典，还可以指那些经过历史检验而流传下来的具有永恒价值的书籍篇章。从这个意思上说，《示宪儿》就是经典。

如何学习经典呢？比如这篇《示宪儿》，是王阳明写给11岁的儿子的。11岁的正宪如果生活在今天也就是小学四年级或五年级学生，他怎么学习《示宪儿》呢？下面的《书正宪扇》是写给18岁的正宪的，《客座私祝》是写给20岁时的正宪及子弟的。正宪怎么学习？没有留下文字记载。如果这篇文字被选入语文课本，现在的学生怎么学习呢？不外乎学一学、听一听、读一读、抄一抄、背一背，然后会背诵、会默写、会复述、会讲解，就认为学会了，学好了。这算学好经典了吗？

我们看看王阳明是如何学习经典的？

第一个故事：正德三年（1508），37岁的王阳明在龙场悟道，他发现以前难以理解的四书五经，现在读起来里面的难点迎刃而解。第二个故事：嘉靖三年（1524），弟子钱德洪的父亲钱蒙担心儿子修学"致良知学"耽误科举考试。王阳明给他解释说："读书背诵获得的知识，考试时有用，考试过后，就忘掉了。就像穷人家为了招待客人，借来一屋子家具，把屋子装饰得富丽堂皇，客人走后，家具还给人家，还是家徒四壁。'致良知'是开发自己本来就有的智慧，它不是借来的，一旦开发出来也不会丢失。"第三个故事：嘉靖四年（1525），王阳明为绍兴稽山书院写了《稽山书院尊经阁记》，在这篇记文中，他提到，儒家经典《诗经》《尚书》《礼记》《易经》《乐经》《春秋》记载的都是人心的变化规律。

第四个故事：在《传习录》中，王阳明解答学生的疑问时说，读书是为了调控情绪、平和心态，明白书中道理比背诵重要，明白自己的良知比明白书中道理重要。

这四个故事说明，读经典是为了明白道理，明白道理是为了明白自己的良知。

我们把经典学习做一下分类总结：一、眼、口、耳等器官学习法。具体表现为眼睛看一看，耳朵听一听，嘴巴读一读，用手写一写。这是俗话说的小和尚念经，有口无心。二、大脑记忆学习法。比有口无心的学习进了一步，没有左耳朵听右耳朵扔，能够记住，会背诵了，考场上能得分了，但是记住的是知识，还没有上升到智慧这个层次，对生命成长还是没有帮助。三、用心学习法。比用大脑学习有进步，能够理解经典，明白道理。道理是明白了，还能复述、讲解，说起来头头是道。这样的人可能是说话的巨人、行动的矮子，如果知而不行，对生命成长仍没有帮助。四、用生命学习经典法。用经典的道理开启自己的智慧，用智慧指导自己的生活，用智慧净化自己的生命，用生命把经典活出来，说话、走路、吃饭、睡觉等言行举止都是经典的再现。如果读的是四书五经，经典化的生命就是良知化的生命。这样学习经典的最完美结果，就是把良知活出来，让自己的生命良知化。

晚年在绍兴，有人和王阳明争论时引经据典，他说："我们谈论学问，只说自家的话。"为什么他不赞成引经据典，因为他已经理解、融化了经典，用自己的生命演绎什么是经典。他无论是横说还是竖讲，说的讲的都是经典内容，都是经典的再现。他的生命已经经典化了，良知化了。为此，他用了几十年的工夫。

回头再读《示宪儿》，我们不会再觉得这是写给一个学生的，不会觉得我们读过了，读懂了，就以为真懂了，以为学好了，万事大吉了。

书正宪扇

嘉靖四年（1525）

今人病痛，大段只是傲。千罪百恶，皆从傲上来。傲则自高自是，不肯屈下人。故为子而傲，必不能孝；为弟而傲，必不能弟；为臣而傲，必不能忠。象①之不仁，丹朱②之不肖，皆只是一"傲"字，便结果了一生，做个极恶大罪的人，更无解救得处。汝曹为学，先要除此病根，方才有地步可进。"傲"之反为"谦"。"谦"字便是对症之药。非但是外貌卑逊，须是中心"恭敬、撙节、退让"③，常见自己不是，真能虚己受人。故为子而谦，斯能孝；为弟而谦，斯能弟；为臣而谦，斯能忠。尧舜之圣，只是谦到至诚处，便是"允恭克让"④"温恭允塞"⑤也。汝曹勉之敬之，其毋

---

①象：中华民族古代圣人舜帝的异母弟弟，受封于有庳（今湖南道县北）。生性傲狠，对其异母兄舜不满，多次谋害舜。王阳明在《象祠记》一文中说，象后来被哥哥的高尚道德感化了，变好了。变好了的象被舜帝分封到今湖南道县地区，死后当地人民为他建了祠堂，用来纪念他。

②丹朱：中华民族古代圣人尧帝的嫡长子，因品行不端，父亲没把帝位传给他，而是传给德才兼备的女婿舜。

③恭敬、撙节、退让：出自《礼记·曲礼》："是以君子恭敬、撙节、退让以明礼。"意为：因此君子用恭敬、节制、退让的态度来彰显礼义。

④允恭克让：出自《尚书·尧典》，意为：诚实恭谨，能做到宽容让人。允，诚实。克，能够。

⑤温恭允塞：出自《尚书·舜典》，意为：温和、恭敬、诚信、满足。

若伯鲁之简①哉！

【古文今话】

现在人的生病痛苦，根源主要是一个"傲"字。百千种罪恶，都是因为骄傲才产生的。骄傲，就会自高自大，就会自以为是，不肯谦卑待人。所以说，人身为儿子如果骄傲，一定不会孝顺爹娘；身为弟弟骄傲，他一定不会爱敬哥哥；身为臣民骄傲，他一定不会忠于君上。象之所以缺少爱心善行，丹朱之所以不像他的父亲那样贤德，根源都是一个"傲"字。象和丹朱因为一个"傲"字，葬送了自己一辈子，堕落成了罪大恶极的人，竟然找不到解救的办法。你们读书学习，先要根除"骄傲"这个病根，只有根除傲心，才会有进步的余地。骄傲的反面是谦虚。谦虚是根治骄傲的良药。谦虚不是外貌表现出谦逊，一定要心中"恭恭敬敬，约束、节制，懂得退让"，时常检讨自己的过失，要做到真正的谦虚，才能容纳别人。所以说，身为儿子，他谦虚，会孝顺爹娘；身为弟弟，他谦虚，会爱敬哥哥；身为臣民，他谦虚，会忠于君上。尧帝和舜帝之所以能成为圣人，也只是做到了谦虚，而且谦虚到了极点，真诚到了极点，这就是"既诚敬又谦让"，"既温良又恭敬，以至于温和谦逊的美德充满天地之间"。你们一定要敬听训诲，努力进步，千万不要像伯鲁对待他父亲交给他的竹简那样。

---

①伯鲁之简：春秋时期，著名政治人物赵简子有两个儿子，长子伯鲁，次子无恤。要选择接班人时，立长还是立幼，赵简子拿不定主意。他想出一个考验的办法。他把家训写到两片竹简上，交给两个儿子，嘱咐他们遵守家训修身养性。三年后考察结果时，伯鲁忘记了家训的内容，甚至连竹简也弄丢了。无恤随口诵出家训，并随身带着竹简。因此，无恤被立为继承人，他就是赵襄子。

【阳明智慧】

骄傲，属于常见的慢性病

这篇家训写于嘉靖四年（1525）农历五月，王阳明54岁，正宪虚岁18。

介绍一下背景。王阳明父亲王华嘉靖元年（1522）二月去世，王阳明需为父亲守孝三年。正德十六年（1521）王阳明回家乡探亲，探亲假还没结束，就赶上为父守孝。守孝三年，不是整整三年时间，而是跨越三个年头，具体说就是27个月。王阳明嘉靖三年（1524）四月守孝期结束。按规定，朝廷应该给他重新安排工作。有几十位官员不断举荐他，朝廷却不给他安排工作。一直拖了三年多。为什么呢？皇帝不喜欢他。不喜欢他有两个原因：一、王阳明提出的"致良知学"属于新生事物，遭到广泛的反对。朱厚熜也是反对者。嘉靖二年（1523），朝廷在会试的考题中，讥讽"致良知学"。二、嘉靖三年（1524），18岁的皇帝朱厚熜与满朝文武大臣发生争执，皇帝接任的是他堂兄朱厚照的位子，根基不牢，势单力薄，渴望德高望重的王阳明声援。王阳明认为，这种争执没有任何意义，不愿意参与进来。朱厚熜是一个恩怨分明、睚眦必报的人。他冷落王阳明，让他坐冷板凳。

王阳明父亲去世，他百般申请，朝廷却不赐予谥号。他学问好，爵位高，遭人妒恨，祖坟连续两次被人破坏。嘉靖四年（1525）正月，夫人诸氏去世。连遭不幸和打击，他不能不低调。

他低调，也要求全家老少都低调，为了时时提醒儿子，他给儿子写了这幅扇面。

正宪年轻，不知道人世的复杂性，不知道人心的险恶，不知道朝廷政治的钩心斗角。处在他这个年龄和地位，难免不心生骄傲。他有骄傲的充分条件。

我们列举几条支撑他骄傲的条件：他从平民家庭进入官员家庭，爷爷和父亲都是官。小小年纪已经身居锦衣卫副千户的职位。嘉靖三年（1524）五月，他结婚了，老婆是官员子女。老丈人胡东皋，与王阳明同岁，弘治十八年（1505）进士，曾任提刑按察司副使，被赞誉为浙江余姚三大清廉的官员之一。王阳明亲生儿子嘉靖五年（1526）才出生。写这幅扇面的嘉靖四年（1525），正宪是王阳明新建伯爵位的唯一继承人。王阳明夫人去世后，虽然有几位如夫人，却没有再立夫人，正宪是少主人，老婆是主妇。王阳明兄弟四人没有分家，正宪总管大家庭的产业收入。正宪不聪明，读书笨。这一切的福利不是他奋斗获得的，而是靠过继给王阳明当儿子享受到的。他知道来之不易吗？他珍惜吗？他能不骄傲吗？设身处地地想一想，他很难不骄傲。

王阳明是个明白人，把家训给正宪写到扇面上。绍兴地处南方，用扇子的时候长。夏天，扇子是日常必需品，时刻离不了。扇子是明代文人的随身标配，春秋冬天，也经常拿在手里装点身份。

骄傲，是人类的通病。没有修养的人，把骄傲表现在行为中、神色中、话语中；有涵养的人，把骄傲隐藏在内心里。骄傲，是常见病，是慢性病。没有智慧，不容易治疗；没有吃过大亏，不容易治好；没有持之以恒的坚韧，根治不了。毛泽东说过，骄傲使人落后。

自信，是恰如其分地信任自己。骄傲，也算自信，自信的是自我膨胀后的自己，是自我添加了光环的自己，是虚幻不实的自己；即便信的是真实的自己，也是只关注自己，过分相信自己，坐井观天，不知道人外有人、天外有天。

王阳明在这篇扇面家训中给儿子开出了治疗骄傲的药方：谦虚。谦虚使人进步。王阳明说,圣人之所以成为圣人,就是因为谦虚到了极点。

【故事链接】

白胡子诗人董沄拜师

这是一个谦虚到了极点、真诚到了极点的故事。

嘉靖三年(1524)六月,浙江海宁董沄(1457~1533)拜入王阳明门下。弟子68岁,师父53岁。董沄,号萝石。这对师徒之间文字交往比较多,王阳明给董沄写有《从吾道人记》《湖海集序》,有唱和诗,还批改过董沄的《日省录》。

《从吾道人记》写于嘉靖四年(1525),内容大意如下:

海宁董萝石,68岁了,以其诗歌闻名天下。与几十位同乡结有诗社,每天早晚推敲吟诵,废寝忘食,不怕世俗嘲笑,以为找到了人生最大的乐趣。

嘉靖三年(1524)春天,来游览绍兴会稽山,听说我在山中讲学,挑着行李来见我。一进门,作揖后直接坐到上首。我看他气质不凡,且年长于我,以礼待他。我们在一起交流了一天一夜。萝石话越说越谦虚,礼仪越行越谦下,不知不觉就从上首移坐到下首。他告退后对何廷仁说:"我以前见过的儒家说话啰唆,做事小家子气,整天衣冠楚楚,像个木偶。更下等的儒家追逐名利富贵,贪得无厌。我瞧不起这些人。我因此怀疑儒家没有真正的圣贤学问,他们不过是以学为名谋取私利罢了。所以,我醉心于写诗,流连于山水。我听了夫子讲'致良知学'后,如大梦初醒。我现在明白自己整天冥思苦想写诗,与世俗那些追逐名利的人没有多大差别。万幸呀!如果不是到夫子门下,我几乎是虚度一生。我要拜师,只是不知我这把年纪合适不合适?"何廷仁施了一礼,祝贺道:"先生年岁虽老，志向却很雄壮。"何廷仁进屋做了禀报。我说："竟有这样的事！我没见过这样的老翁。但是，他年长于我，亦师亦友也可以。如果相信良知，何必非要拜师呢？"萝石听了何廷仁转述，说："夫子这是怀疑我的诚意吧？"

两个月后，萝石又来到绍兴，这次没挑担子，拿着一卷布，对何廷仁说："这是我老伴儿织的。我的诚意就像我老伴儿这一根一根线一样细密。夫子该同意了吧？"何廷仁进屋请示。我说："竟有这样的事！我没见过这样的老翁！现在的年轻人，能够下笔写篇文章，能够稍微记住些经典注疏，就免不了狂妄自大，眼中再也放不下老师，见人拜师求学，就讥讽嘲笑，像看怪物一样。老诗人是诗界前辈，跟他学诗的学生遍布各地，一听我说'致良知学'，竟然把自己几十年的诗歌成就看成破鞋一样，随手抛弃，屈尊拜师。这样的人现在没有，古代也少见。圣贤学问，目的是变化气质。气质中最难变化的是客气，心存客气就难以谦虚，就难以屈己尊人，于是只好自欺欺人，文过饰非，虚伪骄傲，最终沦落到凶类。世上儿不孝亲，幼不敬长，臣不尽忠，都是客气在作祟，不能屈己下人。没有大勇气，是做不到屈己下人的。在这点上，萝石可以做我的老师。我哪里敢当萝石的老师！"萝石听了何廷仁转述，说："这是过誉！是夫子拒绝我！我不能再等你请示了。"萝石进屋跪下就磕头。我推辞不掉，只好答应半师半友。

我们一起游览会稽山上的大禹陵、香炉峰、秦望山、兰亭、云门、若耶山、鉴湖等绍兴的名胜古迹。萝石每天听讲，每天都有收获，竟然乐而忘归。

海宁诗社的社员笑话他说："老翁一把白胡子，何必自讨苦吃呢？"萝石笑着说："我庆幸自己逃离了苦海，你们以为我是自讨苦吃，我还怜悯你们身在苦中不知苦呢。我再也不回过去的苦海了。别了！我在追求真我，在听从自己的良知。"于是，萝石改号为"从吾道人"。我听说后，感叹说："萝石真不简单！"

《从吾道人记》中的何廷仁（1483~1551）是王阳明的著名弟子，江西于都人，嘉靖元年（1522）举人。他学问好，是绍兴阳明书院的四位教授师之一。

嘉靖五年（1526）腊月，海宁和绍兴都下大雪。古稀之年的董沄离家要来绍兴，儿子董谷跪在雪地里挽留他在家过年，也没留住他。

董沄真心学道，像孔子的弟子曾子一样，天天反省自己。他在《日省录》中写道："我天天反省，担心忘了，每次把反省内容记下来，请夫子批示。"

跟从王阳明学习后，董沄的心越来越纯净。有次董沄出外游览后，向王阳明汇报心得说："今天很奇怪！"王阳明问道："有什么怪事？"他说："我一路走来，只见满街都是圣人。"

书扇示正宪

嘉靖六年（1527）

汝自冬春来，颇解学文义。吾心岂不喜？顾此枝叶事。
如树不植根，暂荣终必瘁。植根可如何？愿汝且立志！

【古文今话】

你从去年冬天到今年春季，深刻明白了学习文的意义。我心里哪能会不感到高兴？识文断字如树的树叶树枝。不修身养性像树没有根本，无根树繁茂一时必将枯萎。一个人如何扎稳一生根基？希望你先树立人生大志气。

【阳明智慧】

致良知是对一个人的终极关怀

这首扇面诗大约作于嘉靖六年（1527）春夏之交，王阳明56岁，正宪20岁。嘉靖五年（1526）十二月十二日，王阳明继室张氏生下儿子正亿。这是王阳明唯一的亲生儿子。按照封建宗法制度，弟弟正亿是第一继承人，哥哥正宪排到第二位。这意味着，新建伯爵位将来要由正亿继承，三品官员保送一个子孙进入国子监学习的权益也将要由正亿享有，亲生儿子继承遗产份额大，继子份额要小一些。后来正宪主动辞去了已经享有的锦衣卫副千户官职，他要留给弟弟。正宪很争气，决定好好读书，争取金榜题名，通过自己的努力走上一条向上的人生道路。

王阳明与正宪相处十多年，知道他读书笨，并不指望他金榜题名，光宗耀祖。王阳明另有期待，盼着正宪成为一个道德高尚的人。读书笨的人能不能成为道德高尚的人呢？中华民族认为，得道的圣人才是道德最高尚的人。王阳明被推崇为圣人，最根本的原因就是龙场悟道。王阳明评价人，不看重聪明不聪明，只看重诚实不诚实。聪明人不诚实，悟不了道。诚，是悟道的基础。传统意义上的悟道，被王阳明换了一个说法："致良知。"

王阳明教导子弟和学生"立诚""立志"，目的都是致良知。致良知好比是树根，读书求知识是树的枝叶。

正宪从嘉靖五年（1526）冬到嘉靖六年（1527）春，刻苦学习科举知识，王阳明虽然为此高兴，但还是感到正宪没有抓住根本。致良知有那么重要吗？良知，首先是人生观、价值观和世界观，一个人三观不正，像一棵歪脖子树一样，很难成才。

三观不正，别说成才，做人也不合格。合格，这个"格"有高低不同，有深浅差别。合格，大体相当于现代社会中一个公民遵纪守法这个标准。圣贤人格，远远高于这个规格。贤人，为别人考虑得多；圣人，是大公无私的人。大公无私，是一种什么精神呢？是无私的奉献精神，是一种肯吃亏的精神。国家需要这种精神，单位需要这种精神，家庭同样需要这种精神。伯爵府人口众多，关系复杂，管理和服务伯爵府同样需要这种奉献精神，需要这种吃亏精神。

大公无私，对自己有什么好处呢？这等于问致良知对自己有什么好处。已经达到致良知状态的人就是圣人，圣人的精神获得了彻底的解放，圣人的心灵获得了彻底的自由。彻底的解放和自由意味着什么？意味着一个人获得了终极的人生关怀，获得了人生的终极意义。从此，他的人生不再感到寂寞、空虚和无聊。穷也罢，富也好，他不再抱怨。富贵就坦然地享受富贵，贫贱就安然地品味贫贱。他得道了！

王阳明殷切希望正宪立定志向，做一个这样的人。

至于正宪的前途，王阳明一定会有考虑。比如，正亿继承伯爵爵位，正宪可以继承锦衣卫副千户军职，等等。可惜，王阳明写了这首扇面诗，就赶赴广西做官，去世太早，太突然，又死在外地，没来得及安排。

【故事链接】

花甲秀才袁庆麟拜师

正德十三年（1518）夏，江西省赣州府于都县老秀才袁庆麟（1455~1519）在赣州拜王阳明为师。这一年，袁庆麟64岁，王阳明47岁，弟子比师父大17岁。

袁庆麟，字德彰，年轻时学习很刻苦，努力方向是考举人，中进士，做官安民，光宗耀祖。有一天，他突然改变了主意，放弃了做官的追求，重新树立人生理想，要读书明理、修身养性做圣贤。

明代政府给屡考不中的秀才预备有向上的通道。秀才到四五十岁仍考不中举人，有两个做官途径，一是每年有岁贡，二是每三五年有选贡。贡入国子监培训后，分派官职，或者经过考试、考察后直接分到各地府学、州学、县学当老师。贡，即选拔推荐。被推荐的秀才名为"贡生"。袁庆麟品学兼优，熬够了年头，被学校举荐为贡生。他借口母亲年老，需要照顾，没有出去做官。

弘治十三年（1500）到弘治十八年（1505），王阳明的朋友邵宝（1460~1527）在江西按察司任提学副使。邵宝上任时，王阳明给邵宝写了一篇《时雨赋》送行，希望邵宝做江西教育的及时雨。弘治十四年（1501）到弘治十六年（1503），邵宝重修庐山白鹿洞书院，并定期在书院讲学。他聘请袁庆麟做书院的山长（院长）。袁庆麟谢绝了。吴珏（1445~1520）在弘治十五年（1502）到弘治十七年（1504）任赣州知府期间，聘请袁庆麟到赣州府学当教师。他谢绝了。

这两次机会都很难得，他为何谢绝呢？是不是觉得自己学问不成熟，担心误人子弟？

袁庆麟学习儒家经典30多年，学得似是而非，虽然有自己的心得，但不自信。《大学》第一章就成了他的绊脚石。《大学》第一章讲"大学之道"。不知道什么是"大学之道"，一个小心谨慎的人是不敢出去教《大学》的。什么是正心？什么是诚意？这是"大学之道"最基本的内容，如果没有自身切实的体验，怎么教学生？怎么向学生解释正心和诚意？《大学》是明代县学、州学、府学、国子监等各类学校的必修课。袁庆麟和曾子观点一样，自己传授给学生的内容必须是自己亲身实验过的。

正德十二年（1517）五月，王阳明结束福建的剿匪任务，回赣州路过于都县，参观了于都的名胜古迹罗田岩。圣贤光临于都，袁庆麟却没有拜访王阳明。当时，王阳明刚到江西，还忙着打仗，袁庆麟不了解他。

正德十二年（1517）十月，于都同乡何春、黄弘纲、管登三位举人一起拜入王阳明门下。这触动了袁庆麟。正德十三年（1518），王阳明剿匪工作结束，开始在赣州讲学。袁庆麟拿着自己的著作向王阳明求教。他在赣州跟着王阳明学习三个月，解开了堵塞在心中几十年的疑团。

老弟子一把白胡子，倔强到不愿做官，却愿意磕头当弟子。

在赣州，弟子们一起刻印古本《大学》《传习录》《朱子晚年定论》。大家请年长的袁庆麟写篇读书心得附在书后。袁庆麟以身说法，介绍自己多年来修学的曲折过程。他在文中感叹道，如果不是遇到明师，他这辈子就算虚度了。

袁庆麟学问通透、成熟了。王阳明责成有关衙门聘请袁庆麟做社学的老师。这次，他没有拒绝。

仅仅一年后的正德十四年（1519），65岁的袁庆麟去世。王阳明写了《祭袁德彰文》。他在祭文中说，袁庆麟死而无憾，因为他的心透亮了，他活明白了。

袁庆麟活出了终极的人生意义，获得了终极的人生关怀。

寄正宪①男手墨

嘉靖六年（1527）

即日舟已过严滩②，足疮尚未愈，然亦渐轻减矣。家中事凡百③与魏廷豹④相计议而行。读书敦行，是所至嘱。内外之防，须严门禁。一应宾客来往，及诸童仆出入，悉依所留告示，不得少有更改。四官⑤尤要戒饮博⑥，专心理家事。保一⑦谨实可托。不得听人哄诱，有所改动。我至前途，更有书报也。

九月廿三日严州⑧舟次，父字付正宪收。老奶奶⑨及二老奶奶⑩处可多多拜上，说一路平安。

---

①正宪：王正宪（1508~1562），字仲肃，号紫溪，做过王府典仪。
②严滩：地名，严陵濑，位于今浙江桐庐县境内。东汉著名的隐士严光（字子陵）曾在这里隐居垂钓，因此得名。严光受到东汉开国皇帝刘秀（前5~57）赏识，却不愿做官。王阳明一直向往严光无拘无束的世外生活。
③凡百：总括一切。
④魏廷豹：魏直，字廷豹，号桂岩，浙江萧山人。能诗。以医术闻名于吴越间，尤善治痘疹。他年长于王阳明，却甘愿做其心学弟子。嘉靖六年（1527），王阳明赴任两广前，委托魏直照料其两岁的儿子，兼任新建伯府第总管。
⑤四官：兄弟行四的王守章，前文称"印官"。与王正宪同年龄段。
⑥饮博：酗酒赌博。
⑦保一：又作"宝一"，王阳明二舅的孙子，即下文提到的郑邦瑞。
⑧严州：今浙江建德。明代设严州府，府治在建德。
⑨老奶奶：继母赵夫人。
⑩二老奶奶：父亲王华的侧室杨氏。

【古文今话】

写信之日船已经过了严滩，脚上的疮还没有痊愈，不过已经好转不少。家中各项事务都要与魏廷豹商量着办。读圣贤书，真诚地践行圣贤学问，这是我对你最恳切的嘱咐。对内约束家人，对外防范贼人，就要严格把守家门的出入。一切客人的迎来送往，家中小孩子以及仆人的进进出出，都要遵守我留下的告示中的规定，不得有丝毫更改。四弟尤其要戒酒和戒赌，要专心管理家事。保一谨慎诚实，值得托付。不要听信别人的欺哄诱骗，来改变我留下的规定。我到了前面还会写信告诉你我的情况。

九月二十三日于严州码头，父亲写给正宪收，并向老奶奶和二奶奶禀告，说我一路平安。

【阳明智慧】

道在日常　不离日用

写这封家书时，王阳明56岁。距离他37岁龙场悟道已经过去了19年。他是悟道高人，他如何教育子弟呢？

18岁时，他在江西南昌铁柱宫参观，访问道士。铁柱宫供奉有道家的得道人士许逊（239~374）。据《太平广记》记载，许逊得道后，带着一家人升天了。升天了？天在哪里？道家最典型的代表人物老子得道后，骑着青牛去西天了。西天在哪里？过去说，嫦娥在月亮广寒宫。现在发现，月亮上不仅没有嫦娥，连嫦娥的宠物玉兔也没有。

这都是神话。神从哪里来？一是生前为人民做出贡献，死后被尊奉为神。许逊就是这样的神。根据这一原则，明代的朱元璋为各地城隍庙封赠了不少神。第二个来历，是人们根据需要和想象塑造出来的，像小说人物一样。当然，还有其他来历。

天，按王阳明的说法，是生天生地、生鬼生神、生万物的道，是良知，是纯粹的人心。得道的人升天了，实质是人心精粹合于良知，回归于道。

合于良知的人就致了良知，就成了圣人。致良知的人秉承良知做人做事，秉承良知教育子弟。孟子说，把做人做事做到完美无缺的人就是圣人。

有人问王阳明，如何致良知，他说饿了吃饭、冷了穿衣。问的人不认同他的话，就说道，吃饭穿衣谁不会呀？王阳明说，有的人吃饭，不专心吃饭，嘴里吃着饭，心里胡思乱想，这就是不会吃饭。吃饭时专注于吃饭，时刻感知食物，穿衣时随时感知自己的每一个动作和每一个感受，是很少人能做得到的。

悟道的人，随时保持自己的感知，感知自己的一言一行，感知自己的每一次起心动念。该看的看，该听的听，该说的说，该做的做。使自己的言行都恰到好处。看似简单，实际上非常难。

年轻时，王阳明追求神秘，悟道后，他生活平实。他每天穿衣吃饭，待人接物，教书育人，自己做好人好事。

得道高人写给儿子的家书，和平常人家的父母唠叨儿女的内容没有多大差别。本书收录他写给儿子的十封家书，充分地说明了这一点。

我们看看他都说些什么。九月初九离家到两广上任，途中在杭州参观访问，耽误些日子。写信时离家才14天，刚走到浙江桐庐，就放心不下家里。儿子正宪20岁，已经结婚四年。他告诫儿子，家事要与管家魏直商量，看好门户，严格执行门禁制度。家书很短，内容很细、很琐碎。

四弟守章与儿子正宪岁数相近。王阳明特别提醒，守章不要赌博酗酒。这里透露出两个内容，一是明代继承原则是长门长孙制。嘉靖六年（1527），大家庭主事的应该是王阳明，王阳明在外地做官期间，代替他主事的不是大弟守俭和二弟守文，而是儿子正宪，尽管正宪是过继来的儿子。守俭和守文并不是在外地做官,下一封家书中提到正宪把家书内容禀告给守俭、守文和守章。

二是严禁守章酗酒赌博,这一点尤为重要。当时绍兴经济发达,盛行赌博,有的人一晚上把房子赌输了,有的人把老婆赌输了。明代有专门设置赌局诱骗富家子弟的,富家子弟的父母还在时,他们掌握不了财产权,骗子允许他们打欠条,等到掌权时再要求兑现。守章与父亲王华相差六十来岁,父亲去世时他才十来岁。如今,正宪已经有了孩子,王阳明已经有了第三代,守章很快就会继承家产、分门独户过日子。说不定骗子暗中已经打好了主意。提前预防很重要。

过去大家庭有严格的管理制度,像个小政府,有严格的门禁制度和作息制度。

王阳明很辛苦,脚上的疮还没好呢,就上路了。上封家书说,他腹泻。可见,得道的人仍然会生病。

【故事链接】

王阳明与酒

王阳明喜欢结交朋友,喜欢作诗,也喜欢李白,因此喜欢喝酒。

朋友们在一起吟诗作赋,你唱我和,喝酒尽情尽兴时,情不自禁,就会放声高歌和手舞足蹈。年轻时,在北京是这样;中年时,在滁州、南京、赣州仍然这样;晚年时,在绍兴还是这样。他一辈子追求洒脱自在,得道后更是率性而为,却不装模作样。

一个人时,他也喝酒,苦闷时喝,高兴时喝。条件好时喝好酒,条件差时喝浊酒。喝到似醉不醉时,就要挥笔写诗作赋。

现存王阳明诗赋600多首(篇),粗略统计,有57首(篇)提到喝酒。本文简单介绍部分内容。

弘治十二年（1499），他28岁，在河南浚县游览大伾山，在山上摆开酒席。《大伾山赋》中写道，他喝着酒，给年轻人讲学。

弘治十五年（1502），他31岁，请假回到家乡宛委山养病。他一生留恋山水，有一次在山里高兴，畅怀痛饮，一醉睡了三天。还有一次，在山里遇到大雨，到一个老翁家避雨，热情的老翁用酒招待他，他又喝醉了。

这年夏天，他游览杭州西湖，喝醉了，住宿在寺院里，诗兴大发，乘着酒兴，写了《西湖醉中漫书二首》。

正德三年（1508），他37岁，去贵州路过长沙时，游览岳麓书院。长沙赵知府和王推官赶到岳麓书院，为他接风洗尘。他喝醉了。离开长沙后，在沅江遇到风暴，只能在渔村吃饭喝酒。村里的浊酒他照样喝。

初到龙场，他用酒招待到他这里看热闹的少数民族朋友。他一个人郁闷时，就坐在屋檐下喝酒。学生来龙场看他，他便用酒招待。龙场条件差，经常喝的是没有过滤干净甚至没有过滤的醅酒、醪酒。冬天天冷时，他要喝酒暖身子。朋友们迎来送往，总少不了酒。

正德八年（1513），他42岁。在滁州，他是南京太仆寺少卿，很清闲，经常在琅琊山中赏雪、讲学、喝酒、唱歌。他在诗中写道，世俗的味道没有美酒的味道醇正。他说，酒在山中喝，比在城市喝味道好。

正德九年（1514），他43岁。在南京，他是鸿胪寺卿，仍然很清闲。经常和朋友一起写诗作赋、喝酒。

正德十三年（1518），他47岁。在赣州，他是地方一把手，忙完公事，经常给弟子们讲学，和弟子们喝酒，而且经常喝醉。他喜欢酒，剿匪回来的路上，乡亲们用酒感谢他。他觉得惭愧，觉得为人民做得还不够。

正德十四年（1519），他48岁。平定朱宸濠叛乱后，皇帝率领几万军队，要来南昌。他担心军队祸害江西，就前往北方劝阻皇帝。路过丹徒，拜访老领导杨一清,他喝着酒不住地落泪。

他被奸臣诬陷为朱宸濠的叛党,无处申诉时,经常喝闷酒;他看到战后的江西百业待兴,朝廷还在催逼赋税公粮,却无能为力时,经常喝闷酒。有一次,在山崖下,他一个人孤零零地和盛开的一树桃花对饮。又有一次,他在九华山,写了一首诗,将其命名为《劝酒》,自己劝自己饮酒。他喝着酒感慨道,人间富贵不如一杯老酒。

嘉靖三年(1524),他53岁。在绍兴,正值中秋节,弟子上百人,聚集在新建伯府碧霞池畔,师生一起唱歌、喝酒、游戏。

嘉靖六年(1527),他56岁。德高望重的王阳明去两广上任,沿途大小官员、师生给他接风洗尘,给他摆酒饯行。

他喝了一辈子酒,写了一辈子诗,有的诗赋是喝醉时写的,比如《西湖醉中谩书二首》《醉后歌用燕思亭韵》等。

王阳明喝了一辈子酒,在这封家书中却嘱咐正宪,监督四弟守章,要守章"戒"喝酒和赌博。为什么?守章20岁左右,是富二代、官二代,亲生母亲杨氏是小老婆,他喊赵氏娘,喊亲生母亲姨娘,这种身份很尴尬。他父亲去世了,他要接受正宪管家,正宪是他的过继侄儿。不喝酒,还守礼仪;一旦喝酒,喝多了,乱了心性,很可能闹事。王阳明在给克彰太叔的信中说,守章平庸又顽劣。所以,守章要戒酒,起码不能酗酒。

王阳明修炼得心力强大,自律自控能力强,醉后不仅不糊涂,还头脑清醒。他在《试诸生有作》诗中说,醉后眼睛反而看得更清楚。与常人不一样的是,醉后他还能写诗作赋。

赴任两广途中的三封残信

嘉靖六年（1527）

第一封①

即日已抵常山②两日，明早过玉山③矣。

……九月卅日发。

第二封

舟过临江④，五鼓⑤与叔谦⑥遇于途次，灯下草此报汝知之。沿途皆平安，咳嗽尚未已，然亦不大作。广中事颇急，只得连夜速进，南赣⑦亦不能久留矣。汝在家中，凡宜从戒谕而行。读书执礼，日进高明，乃吾之望。魏廷豹此时想在家，家众悉宜遵廷豹教训，

---

①第一封：第一封、第三封家书因为保管不善，内容大部分遗失，只留下只言片语。
②常山：明代浙江省衢州府常山县，今浙江常山。
③玉山：明代江西省广信府玉山县，今江西玉山。
④临江：今江西樟树市临江镇。明代设临江府。
⑤五鼓：五更。古代打鼓报时。
⑥叔谦：张元冲，字叔谦，号浮峰，绍兴人。王阳明弟子。嘉靖十七年（1538）进士，累官至右副都御史。
⑦南赣：南赣汀漳等处地方的简称。王阳明从正德十一年（1516）到正德十六年（1521）曾在此处任职。信中可能单指当时的江西南安府和赣州府。

汝宜躬率身先之。书至，汝即可报祖母、诸叔。况我沿途平安，凡百想能体悉我意，钤束①下人谨守礼法，皆不俟吾喋喋②也。廷豹、德洪③、汝中④及诸同志亲友，皆可致此意。

第三封

聪儿⑤近来抚育如何？一应襁抱乳哺，不得过于饱暖。
……

【古文今话】

第一封：

今天是到达常山的第二天，明天早上过玉山。

……

九月三十日寄出。

第二封：

船过临江后，拂晓时分在途中遇到叔谦，于是就在灯下匆忙写了这封信，告诉你我的行程。一路上平安无事，就是咳嗽还没有彻底好，不过咳

---

①钤（qián）束：管理、约束。钤，锁，引申为管束。
②喋喋（dié）：不住地说话。
③德洪：钱德洪（1496~1574），本名宽，字德洪，后改字洪甫，号绪山，余姚人。嘉靖十一年（1532）进士，官至刑部郎中。王阳明晚年重要弟子。
④汝中：王畿（1498~1583），字汝中，号龙溪，绍兴人。嘉靖十一年（1532）进士，官至南京兵部郎中。王阳明晚年重要弟子。
⑤聪儿：王正亿（1526~1577），王阳明唯一的亲生儿子，字仲时，号龙阳，世袭新建伯，任后军都督府都事。小名正聪，信中称"聪儿"。王阳明去世后，弟子们为避嘉靖皇帝朱厚熜的名讳，改名为正亿。由黄绾、钱德洪、王畿、王艮等弟子扶助抚育长大。后整理了《世德纪》。

嗽已经不厉害了。两广那边事情紧急，我只得夜以继日地快速前进，南赣也不能多停留。你在家中处理各种事情要遵照我的告诫，分析判断明白后再办。读书明理，遵守礼仪，每天都有进步，这是我对你的期望。魏廷豹这个时候可能在家，家中众人都要听从魏廷豹的教训，你自己要起带头作用。

收到信后，你可以立即禀告你祖母和各位叔叔。况且我一路平安，各项事务我想着你能体会我的意思，管束好下人，让他们遵法纪，守礼仪，这都不用我再唠叨了。廷豹、德洪、汝中以及其他各位求学圣贤学问的志趣相同的人，以及亲戚朋友，都可以把这个意思说给他们。

第三封：
聪儿近来抚育如何？一切乳哺襁抱，不得过于饱暖。
……

【阳明智慧】

读书明理　身心践行

第一封和第三封信，因为后人保管不善，或者被水泡坏，或者被虫子蛀蚀，绝大部分内容已经丢失。我们把三封信放在一起讲，重点是第二封和第三封。

第二封信是在江西省临江府写的，起因是途中意外遇到弟子回乡，顺手写了一封平安家书，内容简单明了。但是，越简单明了的内容往往最容易被忽略。俗话说，真正的大道理往往简单明了。比如，家长对孩子说，做个好孩子；医生对病人说，保持好心情。道理非常简单，内容却奥妙无穷。

在家书中，王阳明希望儿子"读书执礼，日进高明"，八个字再简单不过，要真正做到并不容易。一旦真正做到，可以成就圣贤。为什么读书？为了考试升学？为了学一门吃饭的技术？为了愉悦心情？为了打发时间？为了明白做人做事的道理？书，有很多种。读书目的也不一样。读书最根本的目的是明白做人做事的道理。明白了道理，更要身体力行，如果不身体力行，结果怎么样？道理是道理，与自己身心没有什么关系。"执礼"就是身体力行，就是要知行合一。"礼"不仅仅是我们理解的礼节、礼貌那样肤浅，而是一切的行为规范，这里的"行为"还包括心念。把"心动"看作"心行"，是王阳明思想中的一个重要内容。礼，分礼仪和礼义，礼仪是外在的形式，礼义是内在的道理。执礼，即知行合一。

这里的"执礼"，是要求儿子一言一行、一举一动，甚至包括心念思绪都要合乎道德规范，合乎法律法规。简单的两个字，蕴含着深刻的意义。现代社会对公民的要求是行为上遵守公德和法纪，圣贤教育的要求是思想上也要符合道德规范和遵守法纪。

"日进高明"，这里有一个典故：商朝的开国君主成汤在自己的洗澡盆上刻上铭文"苟日新，日日新，又日新"，意思是每天洗澡，洗去身上的灰尘，今天洗干净，明天再洗干净，天天洗得干干净净。这个典故中的洗澡包含两层意思，明显的意思是给身体洗澡，隐含的意思是给心灵洗澡，让心灵每天干干净净。心灵干净了，就像房子打扫干净后变得窗明几亮。心灵明亮，就是明白道理。明白道理的人，被称赞为高明。心灵打扫干净了，好比是心灵空了，有空间了，才好学习更高明的道理。这个解释是一般意义上的解释。王阳明对此还有更深一层的解释，他说心灵干净了，与生俱来的良知就彰显出来。良知才是最高明的。王阳明临终时说的"此心光明"就是指良知彰显出来的光明。

读书明理，明白了道理，人就变得理性，不再容易感情用事，不再被欲望束缚绑架。这样，第三封信的内容也就很容易理解了。我们给孩子穿衣吃饭，往往是过多。孩子时常是穿得厚捂出来病、吃得多撑出来病。亲和爱，不管是因亲而爱，还是因爱而亲，都是感性成分居多。我们成年人也一样，往往是感性多于理性的时候多，吃饭时心理的贪欲绑架了生理的需要，吃多了，吃撑了，吃出来了病。

"读书执礼，日进高明"，换一种好理解的说法是，读书明理，知行合一，持之以恒，天天进步。这里的"读书"是指读经典的书。每天读经典，坚持三五年，按王阳明的说法，一定会变得神清气爽、心明眼亮。这就是儒家说的，学习经典的目的是变化自身的气质，让男人变得更帅，女人变得更美。

【故事链接】

阳明心学核心思想——知行合一

知行合一，是中华民族圣贤王阳明的核心思想，既是王阳明的生命智慧，也是我们中华民族的思想财富。

王阳明是怎样提出知行合一的呢？

明正德三年（1508），37岁的王阳明在贵州龙场荒山野岭的艰难生活中悟道了。悟道后，他对自己过去学道、修道的方法进行了反思，认识到自己过去"格竹子"等求道的方法犯了方向性错误，真正的求道方法是向心内求，真正的修道方法是在心上修和事上磨。

正德四年（1509），提学副使席书聘请王阳明到贵阳文明书院当主讲老师。王阳明在文明书院提出了"知行合一"。

"知行合一"在当时的贵州缺乏读书人的响应。明代科举考试主要内容出自四书五经，其中四书、《诗经》、《周易》内容以朱熹《四书章句集注》《诗经集传》《周易本义》为官方指定考试参考用书。"知先行后"的思想在明代中前期支配和统治着思想界。

读书人要做官，要服务社会，必须熟读四书五经等圣贤经典。圣贤经典是古圣先贤生命实践的心得总结，可以用作指导人生的生命智慧。圣贤学问首先是身心学问，但是不少人却仅仅把它当作听听说说的口耳学问，当作读书做官的垫脚石和敲门砖。结果，一些人做人做事表里不一，满口仁义道德，内心却小肚鸡肠、患得患失。知先行后或知行不一，贻误读书人，祸害士风和民风。

王阳明提出的"知行合一"有着更深层的内涵。

知行合一的"知"，王阳明把它分为德性之知和闻见之知，德性之知是一个人天生就有的，按俗话说是老天爷给予的；闻见之知即后天通过眼睛和耳朵看来的和听来的。闻见，只是略说，详细说不仅仅指眼睛看到的和耳朵听到的，而是包括血肉之躯的全部感知。德性之知即良知，纯善无恶；闻见之知，因为是后天学习来的，有对有错，有善有恶。闻见之知即我们现在统称的知识，这是眼睛和耳朵在良知的指导下学习得来的。

王阳明提出的知行合一中的"知"，有两层意思，首先是良知，其次是善知识。善知识与良知的差异在于，善知识不一定是纯善，良知是纯善无恶。

知行合一中的"行"有两层意思，分显性之行和隐性之行。显性之行，即我们身体行为，具体可以细分为眼、耳、鼻、口、躯干、四肢，直至血肉之躯的所有存在形式，包括行住坐卧、视听言动等。隐性之行是什么行为呢？王阳明的学问又被称为阳明心学，这个心不是生理意义上的血肉心脏，而是哲学意义上的无形无相的觉知，这个心有终极意义。心如何行动呢？通过念头，念头又被称为意，简单的意是意念，复杂的成了思绪、思想。从法律意义上说,意念和思想没有善恶,但是在道德修养中,恶意即是恶。在阳明心学语境中,起心动念即是行为。心是身的主宰,行住坐卧、视听言动都受心的支配。人的一切行为都受心的支配,显性之行和隐性之行,都可以归入心行。

明白了知行合一中的知与行,自然就明白了知行合一的真实内涵。良知呈现时,自然而然会即知即行、知行合一。善知识在心上呈现时,良知自会提醒自己;恶知识在心上呈现时,良知自会提醒自己。良知自然知道是非,知道恻隐,知道羞恶,知道辞让,这些是良知的本然属性。王阳明说,良知人人有,不分聪明和愚蠢,不分善人和恶人,就连盗贼,被人指称盗贼时还扭捏不安呢!良知,其实是人与生俱来的根本智慧。知而不行,是缺乏自律;知而不行,不是真知。

知行合一,真实内涵是在良知的提醒下即知即行。

知行合一与致良知有什么关系呢?

知与行,也就是理论与实践。单纯的知不是真知,知行合一的知才是真知。知行不可偏废,知行一定要合一。

龙场悟道后王阳明提出了"知行合一",为什么平定朱宸濠叛乱后又提炼成"致良知"呢?知,有良知和善知识之分(知既然有善知识,也必定有恶知识,知行合一中的知,不含恶知识),知仅仅为善知识时,这个知行合一是不完善的,这时候知行合一的目的是致良知。知有即知即行的属性,一旦致良知,知行合一是自然而然的。知为良知时,知行合一等同于致良知。这时,知行合一既是功夫,又是本体。人人心中有良知,良知是非分明,良知可以随时提醒,只要愿意接受提醒,愿意按良知提醒而行动,人人都可以致良知。这时,致良知中的"致",就有行的意思。

致良知,含有两层意思,做功夫讲时,是行良知;做本体讲时,是良知行。

知行合一有着深远的现实意义。一方面，起心动念处为善去恶。道德修养重行为，更重心性。心性指导行为，心行主宰身行。另一方面，人生价值在行动中体现。知行合一，必须落实在行上。一个人心再好，再善良，总是坐在屋子里空想，终是于事无补。一个人的价值，一定是通过行为来体现的。

岭南①寄正宪男

嘉靖六年（1527）

初到江西，因闻姚公②已在宾州③进兵，恐我到彼，则三司及各领兵官未免出来迎接，反致阻挠其事，是以迟迟其行。意欲俟彼成功，然后往彼，公同与之一处。十一月初七，始过梅岭④，乃闻姚公在彼以兵少之故，尚未敢发哨，以是只得昼夜兼程而行。今日已度三水⑤，去梧州⑥已不远，再四五日可到矣。途中皆平安，只是咳嗽尚未全愈，然亦不为大患。书到，可即告祖母、汝诸叔知之，皆不必挂念。

家中凡百皆只依我戒谕而行。魏廷豹、钱德洪、王汝中当不负所托，汝宜亲近敬信，如就芝兰⑦可也。廿二叔忠信好学，携汝读书，必能切励⑧。汝不审近日亦有少进益否？聪儿迩来眠食如何？

---

①岭南：五岭以南，古地区名。五岭是越城、都庞、萌渚（zhǔ）、骑田、大庾的总称。
②姚公：姚镆，字英之，浙江慈溪人。王阳明同年举人，弘治六年（1493）进士。嘉靖四年（1525），始任右都御史，管理两广军务兼巡抚。嘉靖六年（1527），朝廷派王阳明去两广接替姚镆处置广西的民乱。
③宾州：明代柳州府下辖的州，下辖上林县和迁江县。州治在今广西宾阳县境内。
④梅岭：大庾岭，岭上梅花多，故又称梅岭。梅岭上设有梅关，位于江西和广东之间，是古代中原地区通往岭南的关口。
⑤三水：明嘉靖五年（1526）设三水县，今为广东佛山市三水区。
⑥梧州：今广西梧州。明嘉靖年间两广提督衙门驻地。
⑦芝兰：芝草和兰草两种香草。用来比喻道德高尚或才质美好。
⑧切励：切磋砥砺，雕琢磨炼。

凡百只宜谨听魏廷豹指教，不可轻信奶婆之类，至嘱至嘱！一应租税帐目，自宜上紧，须不俟我丁宁。我今国事在身，岂复能记念家事，汝辈自宜体悉勉励，方是佳子弟尔。十一月望。

【古文今话】

  刚进入江西境内时，因为听说姚公已经在宾州发兵剿匪，我担心自己到了那里，三司衙门各官以及各领兵官难免要来迎接我，反而耽误他们的事情，所以就放慢了行程。我本意想等他们剿匪胜利后再赶到那里，共同处理善后事宜。十一月初七开始翻越梅岭，这才听说姚公认为那里兵力不足，还没敢发布进攻命令，因此只得日夜兼程快速前进。今日已经过了广东三水，离广西梧州已经不远，再走四五天就可以到。沿途一路平安，只是咳嗽还没有痊愈，不过也不算大病。收到信后，可以立即禀报给祖母和各位叔叔知道，让他们都不要挂念。

  家中各项事情都要遵照我的禁戒和教导办理。魏廷豹、钱德洪和王汝中应该不会辜负我的托付，你要像靠近芝草和兰草那样亲近、尊重、崇信他们。廿二叔忠诚信实又好学上进，领着你读书，你们一定可以互相切磋勉励。不知道你自己近来有了些进步没有？聪儿最近睡眠和饮食怎么样？聪儿的方方面面事情只能恭敬地听从魏廷豹的指教，不要轻易听信奶妈这类人的话。这是我对你最恳切的嘱咐！所有地租和田赋账目，自己要赶快处理，不要等着我再三叮咛。我现在身负国家大任，哪能再挂念家中事务！你们自己要体会明白，这才是我家好子弟。

  十一月十五。

【阳明智慧】

圣贤成人之美

这封家书内容分两部分,一是国事,介绍自己的行程;二是家事,嘱咐儿子,亲近贤人,认真做事。

回顾一下王阳明这次赴任行程。九月从浙江绍兴出发,十月途经江西省境,十二月抵达广西梧州。在江西南昌和赣州两地耽搁了一段时间,处理了以前的遗留问题。八年前的正德十四年(1519),王阳明在江西平定朱宸濠叛乱,成就了安邦定国的卓越功勋,却遭到朝廷当权者的嫉妒和陷害。受他的牵连,一大批跟着他在平叛战争中出生入死的功臣不仅有功无赏,有的还蒙受不白之冤。他曾经上奏,愿意以辞去新建伯封爵为代价,请求朝廷奖励这批应该奖励的功臣。但是,他没能说服当权者。嘉靖六年(1527)五月,他兼都察院左都御史,总制江西、湖广、广东、广西四省军务。路过江西,他利用职权,平反、奖励了这一批功臣,抚恤了死难功臣的后代。

在这封家书和前面两封家书中,他提到自己脚上长疮、咳嗽。他一直生病,因为有病,特意在绍兴请了医生随行。后来医生水土不服,中途告辞回乡。因为有病,他五月接到任命,六月上奏辞职,在辞职奏疏中,他建议朝廷继续信任现任官员姚镆。他为姚镆说好话,说姚镆老成持重,建议朝廷授予姚镆专权。如果朝廷坚持换人,他举荐了南京工部尚书胡世宁和刑部尚书李承勋。

王阳明前去接替的姚镆是他的浙江同乡,王阳明是绍兴府余姚人,姚镆是宁波府慈溪人,余姚与慈溪相邻。王阳明是弘治五年(1492)举人,弘治十二年(1499)进士;姚镆是弘治五年(1492)举人,弘治六年

(1493)进士。姚镆比王阳明大 7 岁,比王阳明资格老。姚镆熟悉广东和广西情况,在出任两广巡抚前,曾做过广西提学佥事,分管学政。姚镆在广西剿匪平叛中立过功、受过奖,但是受到巡按广西的监察御史石金弹劾。石金等人举荐了王阳明。王阳明因军功被封新建伯,伯爵超一品,而姚镆是二品官。王阳明后来居上,资格高过姚镆,而且声誉远远高于姚镆。

朝廷本意是让王阳明和姚镆一起做事,平定广西乱局。王阳明考虑到自己到场,不利于姚镆指挥作战。姚镆打过胜仗,王阳明打过更多的胜仗,在他看来,广西这些匪乱不足为虑。他相信,凭姚镆的才智,平乱绰绰有余。既然姚镆足以胜任,干脆就让姚镆立功受奖吧,自己不去与他争功。于是,王阳明在赴任途中,特意放慢脚步。

明代实职官衔最高是二品,一品属于荣誉性的奖励,伯爵超一品,意思是高于一品。王阳明官衔高,沿途官员必须迎来送往。从浙江进入江西后,听说姚镆已经出兵开战,王阳明担心自己到了广西,姚镆需要率领大小官员前来迎接,影响指挥打仗。正如家书开头所写的,他希望姚镆取得成功后,自己再到场,到场不是为了争功,而是为了庆功祝贺。

《论语·颜渊》中,孔子曾说:"君子成人之美。"意思是说,君子成全别人的好事。王阳明就是这样的君子。

王阳明在贵州龙场建了一座君子亭,写了一篇《君子亭记》,在文中把竹子比喻为君子。竹子,修直向上,中空谦虚,自我节制。君子,即圣贤。圣人,大公无私;贤人为别人考虑的多。

成人之美,也成就了自己。因为,人心都是肉长的,不知好歹的人毕竟是少数。

家书中提到的魏廷豹、钱德洪、王汝中都是王阳明的弟子。王阳明是圣人,弟子至少是贤人。王阳明要求儿子亲近贤人,接受贤人的教育熏染。即俗话说的，跟着好人学好人。

【故事链接】

私淑弟子罗状元

家书中反复嘱咐儿子亲近贤良君子魏廷豹、钱德洪和王畿。王阳明十分清楚明师的教育、熏染、净化和同化作用。俗话说，近朱者赤，近墨者黑。跟着好人学好人，跟着巫婆跳大神。拜到明师是幸运，遇不到明师怎么办？可以学习罗状元，当王阳明的私淑弟子。

罗洪先（1504～1564）是吉水（今属江西）人，他没见过王阳明，却和邹守益、欧阳德、聂豹一样，成为致良知学派在江西的代表人物。黄宗羲在《明儒学案》中评价说，罗洪先和邹守益得到了王阳明的真传。

一、父亲阻止

正德十三年（1518），王阳明在赣州讲学，15岁的罗洪先想去赣州学习，遭到父亲阻止。父亲罗循（1464～1533）和王阳明都是弘治十二年（1499）进士。罗循41岁才有了儿子，不愿让儿子离开自己身边。

罗洪先的姐夫从赣州学习回来，带回《传习录》。他抄写《传习录》，认真学习。

二、辞官尽孝

嘉靖八年（1529），罗洪先状元及第，被安排到翰林院工作。父亲说："你给皇帝尽忠的时间长着呢，给我尽孝的时间很有限，回来吧！"罗洪先刚上班就辞职，回家孝养父亲。

三、短暂在职

罗洪先在职时间很短，前后共三次，加起来不到五年时间。嘉靖十二年（1533），第二次上班后接连为父亲、母亲守孝六年。嘉靖十八年

（1539）第三次上班。第二年，皇帝有病不能上朝，他上疏劝皇帝让太子监国，皇帝认为是在咒自己，便罢了他的官。

从此，他没再出来做官。

四、学识渊博

罗洪先广拜名师，最初崇拜当时已经去世的成化二年（1466）状元罗伦（1431~1478），罗伦是他的同乡前辈。少年时遵父命，拜同乡前辈李中（1478~1542）为师，李中是正德九年（1514）进士。中状元后，他在京城拜魏校（1483~1543）为师，魏校是弘治十八年（1505）进士，当时是国子监祭酒。

他博览群书，学习天文、地理、阴阳、算术、水利、礼乐、军事等各个领域的知识。他考察民情、政风、国计、民生，帮助当地府县兴利除弊，赈济灾民，战胜流寇。

他先后与王阳明弟子邹守益、聂豹、黄弘纲、何廷仁、王艮、钱德洪、王畿一起交流学问，其中受聂豹影响最深。

嘉靖三十年（1551），贵州在龙场修建王阳明祠，罗洪先写了《龙场阳明祠碑记》。他在记文中回顾了王阳明致良知的艰辛过程，驳斥当时流传的"良知现成"的不负责任的说法。

嘉靖三十四年（1555），借鉴王阳明在绍兴宛委山的经验，他找到一孔山洞。这里原是老虎洞，他胆子大，改名为石莲洞，在里面闭关静坐三年。

他体验到了何为"静"。和王阳明一样，他认同北宋理学家周敦颐的话"无欲故静"。他说，修学到"无欲"这个境界，儒家做人、做事、做官，都可以做得很好。

罗洪先还是著名地图学家，绘制了中国最早的分省地图《广舆图》。

五、修定《王阳明年谱》

《王阳明年谱》最初由薛侃、欧阳德、钱德洪、黄弘纲、何廷仁、王畿、张元冲等弟子谋划，原计划由他们各自分年编著，最后由邹守益总裁。拖了三十年，师兄们先后去世，最后主要由钱德洪编著，罗洪先审校、润色、定稿。

嘉靖四十一年（1562），钱德洪邀请罗洪先修改、润色和校对《王阳明年谱》初稿。他信任罗洪先，授权他该修改的修改，不能修改的干脆删掉。罗洪先很认真，在修改过程中，先后给钱德洪写了九封信，来回交流意见。钱德洪认为，罗洪先的修改很精彩。

罗洪先写了《阳明先生年谱考订序》。

钱德洪了解王阳明的人生经历，罗洪先有着王阳明一样的身心体验，他们合作编定的《王阳明年谱》很靠谱。

六、私淑弟子

罗洪先在与钱德洪的通信中，称王阳明"先生"，自称"后学"。钱德洪比照聂豹拜师的例子，希望罗洪先和弟子一样，称呼王阳明"先师"，自称"门人"。罗洪先说，做人要真诚，聂豹起码陪着先生坐过，自己没见过先生，没在先生身边站过、坐过，不敢妄称门人。

钱德洪认为，罗洪先的学识已经登堂入室。罗洪先去世后，他在《王阳明年谱附录》中，把罗洪先称呼为"同门"和"门人"。

比照孟子自称孔子的私淑弟子和王阳明自称周敦颐的私淑弟子，罗洪先也是王阳明的私淑弟子。

私淑弟子，即信奉和尊崇一个人的道德学识，或因年代久远，或因地理遥远，或因关系疏远，不能亲近，不能当面拜师，内心里却虔诚地拜其为师，从而以老师为精神导师，以老师为学问宗师，以老师为道德楷模。

平南家书

嘉靖六年（1527）

近两得汝书，知家中大小平安。且汝自言能守吾训戒，不敢违越，果如所言，吾无忧矣。凡百家事及大小童仆，皆须听魏廷豹断决①而行。近闻守度颇不遵信，致抵牾②廷豹。未论其间是非曲直，只是抵牾廷豹，便已大不是矣。继闻其游荡奢纵如故，想亦终难化导。试问他毕竟如何乃可，宜自思之。

守悌叔书来，云汝欲出应试。但汝本领未备，恐成虚愿。汝近来学业所进吾不知，汝自量度而行，吾不阻汝，亦不强汝也。德洪、汝中及诸直谅高明，凡肯勉汝以德义，规汝以过失者，汝宜时时亲就。汝若能如鱼之于水，不能须臾而离，则不及人不为忧矣。

吾平生讲学，只是"致良知"三字。仁，人心也；良知之诚爱恻怛处，便是仁，无诚爱恻怛之心，亦无良知可致矣。汝于此处，宜加猛省。家中凡事不暇一一细及，汝果能敬守训戒，吾亦不必一一细及也。余姚诸叔父昆弟皆以吾言告之。

前月曾遣舍人③任锐寄书，历此时当已发回。若未发回，可将江西巡抚时奏报批行稿簿一册，共计十四本，封固付本舍带来。

---

①断决：裁判，判断。
②抵牾（dǐ wǔ）：抵触，矛盾，冲突。
③舍人：宋元以来俗称贵显子弟为舍人，犹称公子。明代军卫应袭子弟亦称舍人。

我今已至平南①县，此去田州②渐近。田州之事，我承姚公之后，或者可以因人成事。但他处事务似此者尚多，恐一置身其间，一时未易解脱耳。

汝在家凡百务宜守我戒谕，学做好人。德洪、汝中辈须时时亲近，请教求益。聪儿已托魏廷豹时常一看。廷豹忠信君子，当能不负所托。但家众或有桀骜不肯遵奉其约束者，汝须相与痛加惩治。我归来日，断不轻恕。汝可早晚常以此意戒饬③之。

廿二弟④近来砥砺如何？守度近来修省如何？保一近来管事如何？保三近来改过如何？王祥等早晚照管如何？王祯不远出否？此等事，我方有国事在身，安能分念及此琐琐家务？汝等自宜体我之意，谨守礼法，不致累我怀抱乃可耳。

十二月初五日发。

【古文今话】

最近收到你的两封信，从信中知道家中老少平安。并且你自己说能够遵守我的教训和禁戒，不敢违反禁戒而有所越轨。如果真能像你说的这样，我就没什么担心的了。家中所有事务及大人童仆，都要听从魏廷豹的决定行事。最近听说守度很不听话，甚至顶撞廷豹。不说他们两人谁对谁错，仅仅顶撞廷豹这一项，就已经是大错了。又听说守度仍像过去一样游

---

①平南：今广西平南。明代设浔州府平南县。
②田州：治今广西百色市田阳区东南。明代设田州府，归岑姓土司自治。嘉靖初年，土司岑猛武力侵犯邻境，被朝廷镇压。岑猛部下作乱，朝廷派王阳明前往平乱。嘉靖七年（1528），平乱后设广西省田宁府田州，嘉靖八年废除田宁府，田州直属广西省。
③戒饬（chì）：告诫。
④廿二弟：王守俭儿子王正感，乳名二道。

手好闲、挥霍无度，看来他是很难引导和教化了。你试着问问他，他究竟想怎么样，让他自己好好想想。

你守悌叔来信说，你准备去参加科举考试。但是你目前的能力还不够，恐怕这个愿望会落空。我不知道你近来学业进步到哪个程度，你自己要量力而行，我既不阻拦你去考试，也不勉强你去考试。德洪、汝中以及其他正直诚信的高明人士，如果发现你在道德信义方面有了进步愿意勉励你，发现你有了过错愿意劝导你，你就要时常亲近他们。你和他们如果能像鱼时时刻刻离不开水一样，即便德行不如他们也没什么可担忧的了。

我一生讲学，讲的只是"致良知"三个字。仁，是人心；良知中的真诚、友爱、悲悯、同情，就是仁。如果心中没有真诚、友爱、悲悯、同情，也就没有什么良知可致了。你对照这几句话，要深刻反省自己。家中各项事情没时间一一细说，如果你能够以恭敬的心遵守我的教诲和禁戒，我也没有必要再一一细说。余姚各位叔父和各位兄弟那里，都要把我这几句话传达给他们。

上上个月曾派一个叫任锐的舍人回家送信，过了这么长时间，家里应该已经打发他返程了。如果还没打发他返程，可把我在江西巡抚任上上奏朝廷的奏疏和批准施行的行文底稿一册，总共十四本，包装牢固，交给这个舍人带来。

我现在已经到了平南县，这里离田州已经越来越近。田州的事，我接手姚公来处置，或者可以依靠姚公前期的准备而顺利了结。但是别的地区类似事件还很多，恐怕一旦参与进来后，一时半会儿不大容易脱身。

你在家办理各项事务要遵守我的禁戒和教导，要学做好人。德洪和汝中他们，要时常亲近，向他们请教会受益不浅的。聪儿已经托付给魏廷豹经常照看。廷豹是个忠诚信实的君子，应该不会辜负我的托付。家中众人中或者有人桀骜不驯，不愿意受他约束，你一定要对这样的人严加惩罚。对这样的人我回来时也绝不会轻饶。你早晚可以把我这个意思告诫他们。

廿二弟最近磨炼得怎么样？守度在修身上反省得怎么样？保一最近管事情况怎么样？保三最近错误改正得怎么样？王祥等人早晚事情照管得怎么样？王祯是不是不再跑远路了？这些事，因为我正身负国家重任，哪能再分心这些家务琐事。你们自己要体会我的心意，谨慎遵守礼法，不拖累我操心才行。

十二月初五日发出。

【阳明智慧】

叮嘱正宪致良知

这封家书是王阳明收到儿子的两封家书后写的回信，最后一起寄出的。所以前四段是一封的回复，后三段是另一封的回复。

这封家书很重要。它的重要性表现在，王阳明在家书中宣告，他一生的学问是"致良知"。

王阳明通过家书，给儿子讲学，诲人不倦，谆谆教导，反复叮咛。这几封家书，横说竖说，叮嘱儿子遵守父亲教诲，带头尊重魏廷豹的家庭总管身份，亲近钱德洪和王畿。

几封家书六次提到魏廷豹。第一次提到时，要求儿子管理家务事时要与魏廷豹商量。第二次提到时，态度变了，要求儿子率领大家听从魏廷豹管教，并要儿子带头执行。在养育两岁的小儿子方面，王阳明要求正宪，要绝对听从儿科专家魏廷豹安排。魏廷豹爷爷魏骥做过南京吏部尚书，官声清廉，又是著名学者，享寿97岁。魏廷豹有教养，医术高明，年长于王阳明，却愿意做王阳明的心学弟子。这样的人医术高，品德高。为啥要求这么严呢？过去是一个官本位社会，人们怕官敬官，不怕医生，没病没灾的年轻人不知道尊重医生。家里一个叫守度的人竟然还顶撞魏廷豹。这就需要正宪这位少主人做好尊敬魏廷豹的表率。

王阳明一直注重对儿子的教育。自己有空时亲自教育，忙时先后聘请过弟子黄文焕、冀元亨、薛侃、钱德洪、王畿等人当儿子的老师。正宪脑瓜子不灵，王阳明不求他考试做官、光宗耀祖，只求他能做个好人。为了增强正宪的信心，他在家书中告诉儿子，每个人的心中都有仁，都有真诚、友爱、恻隐和悲悯。他希望正宪激发出内心的这些优良品德。一个人的真诚、友爱、恻隐和悲悯在心中彻底彰显出来，这个人就成了仁。

教育效果如何呢？

正宪小时候因父亲王阳明的军功，得到皇帝的赏赐，有了锦衣卫副千户的身份。嘉靖五年（1526），正宪19岁，小弟弟正亿出生。写信的嘉靖六年（1527），正宪20岁。锦衣卫副千户，不是他自己打仗挣来的，而是靠父亲的军功受奖得来。他是继子，按照宗法制度，恩荫奖励要出让给正亿。弟弟出生后，正宪辞去了锦衣卫副千户职衔。为了前途，他决定努力读书，要走科举做官的路子。

嘉靖七年十一月（1529年1月），王阳明去世。正宪把手中的家书装订成两卷，珍藏起来，经常拜读，牢记父亲教诲。嘉靖三十九年（1560），王阳明弟子邹守益、陈九川到绍兴兰亭王阳明墓地祭拜。正宪请两位师兄为家书题跋。邹守益写道，正宪没有忘记父亲的教诲和期望，他珍藏家书，经常拜读，身心践行，没有辜负师门同学们几十年来的爱护和帮助，师父在天之灵也会感到欣慰。陈九川写道，家书中关于致良知的几句话，非常重要，先师教育家人和教育弟子的内容没有差异，希望正宪保存好家书并传承下去。

邹守益和陈九川是王阳明非常重要的弟子，这年邹守益70岁，陈九川 67 岁，正宪 53 岁。邹守益对王正宪的评价，有力地驳斥了有关王正宪人品的谣言。

十大弟子之一的钱德洪比正宪大 12 岁。嘉靖四十一年（1562），正宪去世后，钱德洪在家书前的按语中写道，正宪一生无愧于邹守益的评价。钱德洪与正宪是儿女亲家，正宪的大女儿嫁给了钱德洪的二儿子钱应乐。钱应乐是举人，做过知县。如果正宪人品不好，钱德洪是不会结这门亲的。

王阳明对正宪的教育是成功的。正宪受限于能力，又遭受朝廷对王阳明几十年政治迫害的牵连，一生没有做出显著的成绩，但是却实现了父亲期望他品德高尚的目标。他没能成就圣人，却一直在致良知的路上努力着。

正宪辞去锦衣卫副千户的官职后，通过捐粮获得了王府典仪的职务。王府典仪，正九品官。明代王府长史司总管王府事务，下辖的典仪所负责各种礼仪的操办和主持。

【故事链接】

阳明心学核心思想——致良知

嘉靖六年（1527），王阳明在给儿子的家书中说，他一生讲学，讲的是"致良知"三字。第二年，他就去世了。"致良知"三字是他对自己一生学问的提炼和总结。因此，阳明心学又被称为"致良知学"。

一、"致良知"的形成过程

12 岁那年，读私塾的王阳明在和老师的对话中，提出了自己的人生志向，要读书做圣贤。在这个志向中，他指出了做圣贤的入门方法是读书。18 岁时，他在江西上饶拜访大儒娄谅，娄谅鼓励他说，一个人通过努力学习一定可以成长为圣人。娄谅介绍了南宋理学家朱熹对《大学》"格物致知"的见解。他坚定了做圣人的信心，以朱熹为榜样，读朱熹的书。读了十年，累出了病，却一直没有找到做圣人的方法。

后来，他放弃儒学，做佛家和道家学问，自认为有了收获。37岁时，在贵州龙场悟道，悟通了"格物致知"。他悟通的这个"知"实际上就是"良知"，当时他心中没有形成"良知"这个概念。

悟道初期，他心中的良知状态不稳定。经过在江西庐陵、北京、安徽滁州、江苏南京等地十几年的磨炼，45岁时他终于可以做到"不动心"。不动心，意味着他的良知状态已经稳定。稳定的只是他的智慧，这时还没有明确为"良知"。王阳明那个时代，"知"与智慧的"智"通用。

46岁到48岁，他的智慧经受了三次战无不胜的剿匪战役检验。48岁到50岁，经受了平叛战争的生死考验，遭受了被诬陷为叛党的生死考验。生死才是检验身心学问的试金石，经历过生死考验，他龙场悟通的"知"终于被明确为"良知"。在49岁到50岁时，他的学问被明确为"致良知"。

二、"致良知"的内涵

致良知，包含了知行合一与心即理。良知，出自《孟子·尽心上》，最显著的特点有三个：良知，是上天赋予每一个人的，良知，是神圣的，是合于天理的人心；良知，是是非善恶的终极裁判。

致良知，从儒家经典《大学》"格物致知"发展而来，王阳明把"格物致知"明确为格物致良知，简称"致良知"。

致良知的内涵是通过管理情绪，让身心端正，性情平和、安定，恢复到人心的本然状态，即恢复到良知的状态。虽然每个人心中都有良知，但是有人心中的良知明显，有人心中的良知被蒙蔽住了。心中良知明显的人需要扩充它，稳定它。良知被蒙蔽的人需要清除蒙蔽良知的东西，良知彰显出来以后，还要稳定它，巩固它。

怎么稳定它、巩固它？让良知指导自己的生活和生命，让自己的生活和生命彻底良知化。让良知指导自己的走路、吃饭、做事、说话、睡觉等，让良知指导自己的每一个思想念头。自己走路、吃饭、做事、说话、睡觉，实际上是良知在走路、吃饭、做事、说话、睡觉。自己在起心动念时，实际上是良知在起心动念。一句话，就是让心中良知当家做主，彻底、完全地指挥自己的身心。

下面两个比喻有助于我们理解：

1. 人心就像一面镜子，有了污点的镜子照不出来真实的世界。

擦干净镜子才能映照出真实的世界。人心好比是有污点的镜子，良知是干净的镜子。人心的污点是假恶丑，是虚伪、贪婪、仇恨、愚昧、嫉妒等阴暗的东西。

2. 人就像赶车人在赶一辆马车，身体是马车，心是拉车的马，赶车人是良知。平常说的修身，不仅仅指体操，更多的是指修心。心才是身的主宰。赶车人驯服马，让马与人默契到人马合一，做到人怎么想马就怎么走。一次两次做到人马合一还远远不够，要使这个状态稳定到每一次或者说时时刻刻都人马合一。

结合第一个比喻，王阳明龙场悟道时，擦干净了自己的心，清除了心中的假恶丑（虚伪、贪婪、仇恨、愚昧、嫉妒等），但是干净的心还不稳定，以后遇到事情，遇到利害冲突，心中的邪念还会萌芽、发作。龙场悟道是致良知，状态不稳定，需要经常维护、扩充、巩固。

结合第二个比喻，王阳明龙场悟道做到了一次人马合一，45岁后才终于做到稳定的人马合一，即彻底的致良知。

三、"致良知"的意义

千百年来，人类都有着崇高的追求，追求世界的真相，追求人生的真理，想通过认识世界的真相和人生的真理，进而掌握自己的命运。人类中的一些杰出代表像老子、孔子、释迦牟尼等，他们为了追求真相和真理，不怕苦，忍受了常人难以忍受的身心磨难；不怕死，遭受了一次次生死考验。他们悟了道，明白了世界的真相，掌握了自己人生的命运。他们的良知得到完全的彰显，他们的心灵得到彻底的解放，他们的道德得到充分的实现，他们的生命得到终极的觉醒，他们的人生得到终极的关怀，他们，活出了人生的终极意义。

他们只是在历史长河中被记载下来的几位佼佼者，不知道姓名的求道得道的人一定还有很多。他们自己觉醒了，想让更多的人觉醒。王阳明致良知和他们有着一样的意义，只是说法不同。致良知，意味着一个人获得了心灵的彻底自由，获得了生命的终极觉醒，获得了生命的终极关怀。

限于篇幅，致良知的方法、方向、特点，将在后面《致良知与致良知于事事物物》一文中介绍。

南宁家书

嘉靖七年（1528）

　　去岁十二月廿六日始抵南宁①，因见各夷皆有向化之诚，乃尽散甲兵，示以生路。至正月廿六日，各夷果皆投戈释甲②，自缚归降，凡七万余众。地方幸已平定。是皆朝廷好生之德感格③上下，神武不杀之威潜孚默运，以能致此。

　　在我一家则亦祖宗德泽阴庇，得无杀戮之惨，以免覆败之患。俟处置略定，便当上疏乞归。相见之期渐可卜④矣。家中自老奶奶以下想皆平安。今闻此信，益可以免劳挂念。

　　我有地方重寄，岂能复顾家事！弟辈与正宪，只照依我所留戒谕之言，时时与德洪、汝中辈切磋道义，吾复何虑。余姚诸弟侄，书到咸报知之。

【古文今话】

　　去年十二月二十六日才到南宁，因为了解到先前作乱的边民都有归顺的诚心，于是就遣散了围剿的军队，让这些边民看到活命的希望。到了正

---

① 南宁：今广西南宁。明代设广西省南宁府。
② 投戈释甲：放下武器，脱掉盔甲。
③ 感格：感化，感动。
④ 卜：估计，预测。

月二十六,边民们果然都解除了武装,并且自己捆绑起来前来投降,共有七万多人。值得庆幸的是地方已经安定。这都是朝廷爱惜生灵的品德感化了上天和边民,朝廷不用刑杀而是通过展示威德不知不觉地使边民信服,地方因此得以安定。

对我们一家来说,这也是祖宗的德惠恩泽长存,祖宗庇护着我们,能够避免一场惨烈的杀戮,以免去一场倾覆和败亡的祸端。等善后事宜处理稍微停当,我就要上奏朝廷请求许我回家。我们见面的日子很快可以掐指推算。我想象着家里老奶奶以下全家应该平安无事。现在知道这个消息后,更可以免除他们的挂念。

我身负地方重任,哪里能再挂心家务事!几位弟弟及正宪,只要依照我留下的禁戒和教导行事,经常与德洪和汝中他们一起切磋德义,我还有什么要担心的呢?余姚各位弟弟和侄儿们,接到信后都要给他们转达到这个意思。

【阳明智慧】

积善之家必有余庆

这封家书是王阳明从广西写给大家庭的。大家庭里有继母赵夫人,有三个弟弟守俭、守文、守章,有儿子正宪和正亿等。家书中出现"弟辈与正宪",好像是写给三个弟弟的。家书中还出现"老奶奶",又好像是写给儿子正宪的。

正德十六年(1521),王阳明回到浙江老家。在建新建伯府的同时,为三个弟弟各建了一座宅院。在明代,子孙没有做官也可以继续使用父祖辈的官衔。为三个弟弟建的宅院分别被命名为"尚书第""学士第"和"状元第"。封建宗法制规定,长门长孙继承门第。王阳明外出,长门长孙正宪就成了少家主。

这封家书有三项内容：一、来广西的任务已经圆满完成，招降了乱民，拯救了七万生灵；二、要尽快返乡，与家人团圆；三、叮嘱弟弟和儿子，严格遵守离家时制定的"家庭守则"。

兵不血刃，王阳明利用道德感召，在很短的时间内，和平解决了民乱。王阳明把这归功于朝廷的威德，归功于祖宗在天之灵的保佑。朝廷授权他全权处置，可以和平解决，也可以武力剿灭。如果朝廷不给他这一授权，他就没办法拯救七万生灵。归功于朝廷的威德，理所当然。归功于祖宗的暗中保佑，这个话靠谱不靠谱呢？现在不少人可能会产生疑问。在明代，是不会有人质疑的。我们现在不把祖宗当成鬼神，可以把他们当成一种道德标杆。这种道德标杆确实可以影响后代。祖宗道德高尚，他们对后代而言是榜样，会给予后代无尽的正能量；祖宗道德卑劣，会督促后代引以为戒，提升道德境界；祖宗如果很平庸，也会促使后代努力奋斗，从而超越平庸。不管怎样，每个后代身上都流淌着祖宗的血液，这是毋庸置疑的。

王阳明的祖宗形象光辉高大。王氏"三槐堂"的故事很动人。在北宋，王祜（924~987）曾经用身家性命，向朝廷担保一个叫符彦卿的官员清白无罪，因此拯救了符彦卿一家上百口人的性命。天地最大的道德就是让这个世界生生不息，一个人最大的道德是拯救他人的生命。王祜在自家院子里种上三棵槐树，他发下誓言，自己积德行善，保佑自己子孙做到公卿的官位。古代有公、侯、伯、子、男五等爵位，公爵是五等爵位中最高的。结果，王祜的儿子王旦（957~1017）真的成为国家栋梁，成为名臣，获得了公的爵位。王旦被追封魏国公，王祜被赠晋国公。

到了王阳明曾祖父辈，王杰不忘远祖的恩德，自号"槐里子"，自己积德行善。王杰的孙子王华考中状元，做到尚书。他的曾孙王阳明做到新建伯。这是王阳明家族的道德传承。曾祖王杰一辈子读书明理，祖父王伦做了一辈子教书先生，王家的道德种子经一代代栽培浇灌，终于在王华这一辈开花结果，而且花朵硕大鲜艳。积累到王阳明这一辈，最终结出了累累的硕果。王阳明实现了无与伦比的成就。

他的成长，他的成功，是一代代道德传承的结果，是一代代家风传承的硕果。家书中说，在广西顺利平定民乱，得益于祖宗的保佑，是他吐露的真实心声，绝非矫情的说教。

蒙受王阳明的恩德，他的继子正宪因王阳明的军功，有了锦衣卫副千户的身份。儿子正亿世袭了新建伯爵位，子孙承袭。他的父亲王华、爷爷王伦分别被封和被赠新建伯爵位。嘉靖二年（1523），王阳明扩建了伯府第，可谓富丽堂皇，五十多个房间，连大厅梁木都是用的楠木。他生前官超一品，受尽尊荣；弟子半天下，享受崇敬。去世后到了嘉靖后期和隆庆、万历年间，阳明心学风行天下。万历十二年（1584），王阳明被供奉到了孔庙。

万物讲究一个平衡，世道终有公平。繁花锦绣，总有凋谢；人世尊贵，终有衰落。春夏秋冬，四时轮转；物极必反，始终循环。王阳明很清醒，他们父子把官已经做到顶峰，并积累了足够的财富。所以，我们在存世的所有家书中都能看到，王阳明一直要求家族中的子弟，好好修养道德，做一个好人善人。

与王阳明同时代的内阁首辅杨廷和一家，杨廷和的父亲是进士，弟弟是进士，儿子一个是进士、一个是状元。他在儿子杨慎状元及第后，担忧地说："一个家族气运是有限的，如今都在我们这几代人中泄尽了，以后就会尽剩些傀儡了。"随着杨廷和、杨慎父子落难，杨家家道日益中落。

这就是王阳明在家书中一而再、再而三地叮嘱子弟读书明理、亲近善人、修养道德的原因。

【故事链接】

辉煌事功——和平解决思田事件

嘉靖六年（1527）五月，朝廷派王阳明到广西平乱，处置思田事件，职衔是都察院左都御史（类似于中央监察委员会派往广西省的正部级巡视组组长），总制广东、广西、湖广、江西四个省的军务。九月，王阳明从浙江绍兴出发，前往广西上任。十二月，朝廷命令他兼任两广巡抚。

一、思田事件

明代的广西省省府位于桂林。南宁府的北邻是思恩府，思恩府西邻是田州府。田州府同知（代行知府职责）岑猛发兵侵犯邻境泗城州，以争夺土地。朝廷有规定，各土府、土州不得互相攻打。岑猛的行为违反朝廷法令。地方官对他印象不好，定了他一个叛乱罪。他向时任两广巡抚、都御史姚镆上书鸣冤，姚镆不予理睬。

嘉靖五年（1526），面对官军大兵压境，岑猛出逃。官军利用离间计，借归顺州知州岑璋的手毒死岑猛，岑猛的儿子岑邦彦也被擒斩。姚镆因平定岑猛叛乱升官受奖。

岑猛下属有个叫卢苏的，很忠诚，事后他聚众山林，为岑猛鸣不平。思恩府的知府岑浚没有后代。世袭的土官制度因此被改成流官制度，即由朝廷派遣有任期的流官前去管理，过去的部落组织形式被改成内地实行的组织架构。岑浚的一个忠诚下属王受固执地要恢复过去的组织形式，经常聚众上访，令官府讨厌。思恩府东北邻有八座大寨，自明代开国以来，八寨居民一直与朝廷为敌，为非作歹，四处烧杀抢劫。王受的名号经常被八寨土匪假冒，他因此被官府判定为土匪，官军要围剿他。王受和卢苏一直想向官府投诚，官员们却唆使他们互相擒杀。

发生在思恩府和田州府的王受、卢苏聚众作乱，被朝廷定性为思田叛乱。

二、思田事件剿与抚的善恶与利害

在寻找投诚渠道时，卢苏和王受向姚镆的儿子行贿。姚镆有意招降卢苏和王受，但是儿子受贿行为被监察御史石金发现并上奏。石金弹劾姚镆。姚镆只好继续围剿。

姚镆再次调集四个省的几万兵力，围剿卢苏和王受。围剿部队有当地土司领导的土著武装，有从湖广省西部来的土司领导的土著武装，有广东来的正规军，有广西当地的正规军和民兵。外来的部队被称为客兵。两广土司领导的土著武装因为凶狠被称为狼兵，湖广土司领导的土著武装被称为土兵。

十二月初五日，在浔州府平南县（今平南），王阳明与姚镆完成工作交接后，召集前线和后方各级官员开会，了解情况，商量对策。

经过广泛调查，他摸清了情况。剿匪主力是农民军，这些农民军战时扛枪，平时扛锄头。从嘉靖五年（1526）开始，这些农民被滞留在前线，家里田地荒芜。被围剿地区的田地同样荒芜。两年来，剿匪军费花了几十万两银子，军粮消耗了几十万石。两广总制衙门现存军费不足五万两，粮食不足一万石。广西省财政困难，广东省财政被拖累。嘉靖五年（1526），广西闹传染病，围剿部队病死了一两万人。两广兵力被集结在南宁周围，两省境内的土匪强盗缺少兵力震慑，四起作乱。

经过广泛征求意见，他得出结论，剿平叛乱有十害，抚平叛乱有十善。

十害：1. 违反天道和政道；2. 劳民伤财，财匮粮绝；3. 屯兵日久，人心厌战；4. 两年战乱，饥荒连年；5. 官兵疲弱，狼兵凶悍；6. 兵力集结一地，四处滋生匪乱；7. 南宁府县，供应前线，财源枯竭，马乏民困；

8. 兔死狐悲，土司观望；9. 邻近交趾，杀尽边民，削弱边境护卫，国失屏障；10. 客兵戍守，难免逃亡，陈胜、吴广，殷鉴难忘。

十善：1. 七万生灵，生还有望；2. 财用节省，以备他用，不加赋税，宽待城乡；3. 军兵民壮，远离疾病，免于伤亡，回乡团聚，天地安详；4. 不废农事，温饱有望；5. 土兵休战，戾气消亡，归守村寨，各安乡邦；6. 遣散汉兵，回归旧防，防范土匪，安靖四方；7. 支前民夫，驮运马帮，免于奔命，复苏有望；8. 土司安心，忠义滋长，湖兵归乡，解除悬望；9. 思、田民众，重回故土，守境护边，听命酋长；10. 土民心服，无须兵防，朝廷德威，遍布远方。

三、拯救七万生命

王阳明深谙人性，他认为田州和思恩叛乱是官员自私乱政惹出的人祸。无事生非的人热衷于战争，他们存在着两种侥幸心理。军士盼着擒斩首级邀功请赏，官员盼着用战功掩盖过去的罪证。他们内存侥幸，外怕毁誉。王阳明把他们担心的毁誉归为四种：第一种，兴师动众开战了，却毫无成效，担心被人攻击为轻启战端；第二种，连年用兵，劳民伤财，担心被攻击为浪费财力；第三种，聚集几万兵力，竟然难打胜仗，担心被攻击为退缩畏避；第四种，如果照顾土俗民情，违背士大夫主流意识，担心被攻击有纳贿嫌疑。因此，好事者内存侥幸，外怕毁誉，放弃十善，甘冒十害，违背上天好生之德，要戕害七万生灵。

十二月二十六日王阳明进驻南宁。嘉靖七年（1528）正月二十六日，卢苏和王受率领七万余众集结到南宁城外驻扎。乱民主要首领进城负荆请罪。

王阳明免去卢苏和王受的死罪，各打他们100杖。因为恢复土官制度的心愿得以实现，他们当堂表示决心，愿意粉身碎骨，听从调遣，杀贼立功。

王阳明慰问七万父老乡亲，有专职官员安排他们的生产和生活。随后，他走访田州和思恩各地，深入调查，研究两地新的行政规划，在人民生活、文化教育、城乡建设等方面做出规划，并上奏朝廷，请求批复。

四、和平解决思田事件的意义

1. 拯救了七万人民的生命，安定了思恩和田州地方。

2. 设置了朝廷派遣官员制衡土官的制度。

3. 遣散了来自四省的几万剿匪兵力，节省了大量的人力和物力，稳定了两广的政治局面和经济局势。

4. 为剿灭广西断藤峡顽匪和八寨悍匪提前做出了人力和物资准备。

广州家书一

嘉靖七年（1528）

八月廿七日南宁起程，九月初七日已抵广城①，病势今亦渐平复，但咳嗽终未能脱体耳。养病本北上已二月余，不久当得报。即逾岭②东下，则抵家渐可计日矣。书至即可上白祖母知之。

近闻汝从汝诸叔、诸兄皆在杭城就试。科第之事，吾岂敢必于汝，得汝立志向上，则亦有足喜也。汝叔、汝兄今年利钝如何？想旬月后此间可以得报，其时吾亦可以发舟矣。因山阴林掌教③归便，冗冗中写此与汝知之。

【古文今话】

八月二十七日从南宁起程，九月初七已经抵达广州，病情现在也逐渐平稳，只是咳嗽始终没能好透。请假回乡养病的奏本向北京已经递送了两个多月，不久就会得到回报。一得到批准就立即翻越梅岭，东回家乡，到家的日子可以一天天计算了。接到信就马上禀报祖母知道。

最近听说你与几位叔叔、几位兄长一起到杭州参加乡试。参加科举考试，我哪敢指望你一定取得功名，你能树立上进的志向，就已经让我感到

---

① 广城：广州。
② 岭：指梅岭。
③ 掌教：明、清时对府、县学教官或书院主讲人的称呼。

很欣慰。你叔叔们、兄弟们，他们今年考得怎么样？估计十天半月这里就可以收到消息，到时候我也可以坐船东归了。趁着山阴县学林（斌）掌教回乡的方便，忙中抽空写这封信给你知道。

【阳明智慧】

病不离身的圣人

嘉靖六年（1527）九月初八日，王阳明离开家乡绍兴，带病到广西上任。嘉靖七年（1528）九月初七日，从广西来到广东广州，咳嗽还没有好。他咳嗽了一整年。

嘉靖六年（1527）五月，朝廷任命王阳明提督四省军务，六月他上奏申请辞职，理由是身体有病需要养病。他在申请奏疏中说，自己常年生病，长年咳嗽，一咳嗽，就上气不接下气。他担心自己胜任不了工作。弟子黄绾在朝廷做官，很受皇帝朱厚熜的信任。他写信请黄绾帮忙说情。在给黄绾的信中，他第一句话就说："我一身病，潮热、痰多、咳嗽，病一天比一天厉害，很衰弱。"现存嘉靖六年（1527）王阳明写给黄绾的三封信，在每封信中他都提及自己的病。在其中一封信中，他说，自己咳嗽这个病，是十几年前在江西赣州、南安地区的酷热中得来的。通读《王文成公全书》后知道，他几十年都是病不离身。

几个月时间，他咳嗽着，和平解决了思田事件，完成了朝廷安排的任务；咳嗽着，另外完成了不是自己任务的任务，剿灭了猖狂的断藤峡顽匪、八寨悍匪，为广西清除了心腹匪患。

嘉靖七年（1528）七月（《王文成公全书》误标为"十月"），他上奏申请回家养病。在奏疏中，他说自己咳嗽了十来年，现在更厉害了，白天黑夜咳嗽不停，又得了一身肿毒。他连续两次写信给黄绾，担心自己病死在任上,请黄绾帮忙说情。

九月,朝廷批复他的奏疏(批复从北京到广东需要时间,可能十月或者十一月收到),不批准他辞职,不准许他回乡养病。十一月,他病死在江西南安府大庚县。

从前面的家书中,我们知道,他经常生病,还曾请过两年多的病假。圣人也会得病吗?圣人的生命不应该很圆满吗?王阳明说过,圣是指一个人心中的良知。良知是不会得病的,是圆满的,是完美无缺的。老子说过,他有病是肉体上有病,他的心是不会得病的,是自由的。王阳明也一样,他的良知是完美的,是自由的。他的病是肉体上的病。《传习录》记载,一个弟子眼睛有病,很焦虑。王阳明批评说,这个弟子只关心自己的眼病,不关心自己的心病。

圣人,是指一个人的良知彰显、道德纯洁、精神高尚,这三者是永恒的,是自由的,他的肉体不是永恒的,最终也和普通人一样是要毁灭的。

虽然王阳明被认为是圣人,他的良知可以自由自在,很圆满,完美无缺,但是他的肉体却不能无拘无束,照样会得病。他想辞职退休,想回家乡养病,想养好身体后讲道传道。他的愿望落空了。这个世界是不完美的,有晴天,也有阴天。人生是不完美的,谁也做不到心想事成。虽然不完美,也阻挡不住人类对完美的渴望和追求。接受不完美,超越不完美,这个世界和人生都是完美的。

这封家书另一个内容是,儿子正宪跟随家族中叔叔、哥哥们到杭州参加乡试。王阳明清楚儿子的智力和学识,知道他考不上,但是仍然感到高兴。为什么高兴?儿子有志气,有拼搏精神,积极向上。这种人生态度是可贵的。事实上,王阳明官大、贡献大,一个儿孙可以免试进入国子监学习,毕业后出来做官;可以直接做锦衣卫副千户;可以继承新建伯爵位。王阳明家大业大,可以捐钱捐粮为儿子取得一个做官资格。这在明代是合法的。

正宪完全可以不去参加科举考试，可以坐享其成。孩子争气，虽然知道他考不上，做父亲的照样高兴。孔子说过类似的话。他说，虽然知道完美很难实现，也仍然要追求完美。

【故事链接】

辉煌事功——百日剿灭百年悍匪

王阳明去广西的任务很明确，是为了处置田州卢苏和思恩王受聚众作乱。他长年有病，去广西是拖着有病的身子出发的。为了广西的长治久安，他四处奔波，考察地形，调研两地的发展计划。他的病加重了。但是，朝廷给他安排了新任务，让他兼职巡抚两广。

他向朝廷汇报自己的病情，推荐新的人选，希望回乡治病、养病。

广西匪患形势严峻，各地土匪根深蒂固，盘根错节，一直得不到根治。西江上游干流之红水河流经广西庆远府、柳州府和思恩府交界区域，沿岸有八座大寨，因为地势险峻，易守难攻，从明朝开国以来，八座大寨寨民一直与朝廷为敌，他们常年四处烧杀抢劫。

八寨位于庆远府忻城和柳州府上林县境内，这一地区山高林密，分布着一个个大小不等的村寨，最大的八个寨子是思吉、周安、剥丁、古卯、罗墨、古钵、古蓬、都者。八寨顽匪过万人，百年来祸害方圆几百里。

红水河支流流经柳州府和浔州府交界的一段称黔江，又叫大藤江，沿岸顽匪和惯匪巢穴巢巢相连，绵延三百里，因为核心匪巢在断藤峡（今大藤峡）地区，官府用断藤峡称谓这一区域土匪。这些匪巢点面结合，祸害八方。

断藤峡土匪从景泰（1450~1456）年间开始作乱，匪众曾经上万，祸害方圆几百里。几十年来，官府对土匪又剿又抚，地方安静的日子不多。

八寨和断藤峡是核心匪巢，广泛分布在北方和东北方的匪巢是八寨和断藤峡匪巢的屏障；每遇官军剿匪，各处匪首和骨干土匪就龟缩进八寨和断藤峡老巢。尤其是八寨，是广西境内的土匪大本营。

嘉靖五年（1526）以来，官军忙于围剿岑猛，无暇他顾，八寨和断藤峡土匪发现有机可乘，变得更加肆无忌惮。各级官员纷纷呈文，请求王阳明为民除害，为官除害。

王阳明有着万物一体之仁，人民的疾苦等同于他自身的疾苦。为善去恶是他人生的使命，剿匪安民是他为官一方的使命，烧杀抢劫是人世间最大的恶，清剿八寨悍匪和断藤峡惯匪他责无旁贷。

对此，他似乎早有谋划。王阳明不喜欢轰轰烈烈的重兵围剿，他喜欢用谋略。在遣返围剿卢苏和王受的几万人部队时，他单单留下了来自湘西的苗兵。正德十二年（1517），在江西南安剿匪战中，王阳明奖励过这些湘西苗兵，了解他们的战斗力。湘西苗兵属于职业的半军事化部队，因为作战英勇，被称为"土兵"。

在处置田州和思恩事件时，卢苏和王受为了感谢不杀之恩，愿意杀贼立功，王阳明当时心中就有了主意。卢苏和王受的部众也是职业的半军事化部队，因为彪悍勇猛，被称为"狼兵"。

湘西土兵和广西狼兵，经常被朝廷派往各地，参与剿匪作战。

田州卢苏、思恩王受部众已经忙完农活儿，报恩心切。湘西苗兵的首领世袭接班人被批准提前转正，因此也有浓厚的报恩心情。为了捕捉战机，为了不走漏风声，他没有请求朝廷授权清剿八寨和断藤峡土匪。

八寨和断藤峡土匪戒备松懈。

王阳明部署如下：一、湘西苗兵负责清剿断藤峡土匪集团，由浔州卫和武靖州的卫军、土兵配合作战；二、田州卢苏和思恩王受率领的部众，负责清剿八寨土匪集团，由武缘县乡兵配合作战；三、驻防柳州府和庆远府的外围部队在北面进行堵截。八寨和断藤峡剿匪战役，共计擒斩三千余匪。从三月底进行动员，四月初进剿，到六月底结束，用时百日，就捣毁了几十年、上百年的匪巢。

伯爵，对于明代的文官，已经属于最高的爵位。他爵高望重，不需要任何功劳为自己锦上添花。他不等圣旨，主动出击，剿灭顽匪，为民除害，他觉得是他的本分。就像前贤陆九渊说的，宇宙内的事就是自己的本分事，天下事就是自己的家事。

他病上加累，忙完这些，已经卧床不起。他咳嗽得上气不接下气，全身浮肿，脚肿得穿不上鞋。吃不下饭，勉强喝几口粥，还要再呕吐出来。

嘉靖七年（1528）八月二十七日，他离开南宁。当年农历十一月二十九日，逝世于江西南安府大庾县。

为国为民，王阳明做到了鞠躬尽瘁。

广州家书二
嘉靖七年（1528）

我至广城已逾半月，因咳嗽兼水泻，未免再将息旬月，候养病疏命下，即发舟归矣。家事亦不暇言，只要戒饬家人，大小俱要谦谨小心。

余姚八弟等事近日不知如何耳？在京有进本①者，议论甚传播，徒取快②谗贼③之口，此何等时节，而可如此！兄弟子侄中不肯略体息，正所谓操戈入室，助仇为寇者也，可恨可痛！

兼因谢姨夫④回，便草草报平安。书至，即可奉白老奶奶及汝叔辈知之。钱德洪、王汝中及书院诸同志皆可上覆⑤，德洪、汝中亦须上紧进京，不宜太迟滞。

【古文今话】

我到广州已经半个多月，因为咳嗽又加上腹泻，免不了要再调养个十天半月，等收到朝廷对我申请养病奏疏的批复后，就可以坐船启程了。家

---

①进本：上奏给皇帝的奏疏。
②取快：取得别人的喜欢。
③谗贼：向皇帝进谗言说坏话的恶人。
④谢姨夫：谢姨父，即谢丕（1482~1556），字以中，号汝湖，晚年自号留园野老，余姚人。谢迁的儿子。弘治十八年（1505）进士榜一甲探花，官至吏部左侍郎兼翰林院学士。夫人与王阳明夫人是亲姊妹。
⑤上覆：回复，比较谦逊的用语。

务事也没工夫说，只要告诫家人，大人小孩都要谦和谨慎。

余姚八弟他们的事情不知道最近怎么样了？北京有人因为他们的事情上了奏本，因此议论纷纷，传播得很厉害。八弟他们这样做，只会让进谗言的贼人高兴。这是什么时候，怎么可以这样做呢？自家兄弟和侄儿不愿意稍微体谅，这简直是拿着我们自己的武器攻击我们自己，这是在帮助仇人欺负我们自己，令人痛恨又痛心呀！

因为趁着谢姨父回乡的方便，匆忙地写这封信报个平安。接到信，立即禀报老奶奶和你叔父们知道。钱德洪、王汝中以及书院各同志那里都要禀报到。德洪、汝中也要赶紧进京（补考殿试），不要因为动身太晚耽误了。

【阳明智慧】

做官所应承受之重

这封家书内容可以分为三部分：一、咳嗽没好，又得了痢疾；二、不知道朝廷拒绝了自己回乡养病的申请，还在盼望着朝廷的批复；三、朝中仍然有人在诬陷、诋毁他，他要求家中老少一定要谦虚谨慎，夹着尾巴做人。

人们可能对圣人有误解，以为圣人无所不知，以为圣人无所不能。实际上，王阳明说，圣人无所不知，也只是知道个天理。孔子说，他70岁时可以随心所欲，仍然不敢超越规矩。在上封家书点评中，我们说过，圣人的心灵自由自在，身体还是会受到各种各样的拘束。

王阳明的新建伯爵位，官超一品。总制江西、湖广、广东、广西四省军务，管理广东和广西两省政务。他学问好，弟子半天下。嘉靖二年到六年（1523~1527），来自五湖四海的学生蜂拥到绍兴朝拜他，以至于绍兴城内外的寺院和道观住不下人了。俗话说，不到北京不知道自己官小。他的老乡和家人没有到过北京，只知道王阳明在余姚、在绍兴，官最大，地位最高。余姚知县和绍兴知府见了他都要满脸堆笑，点头哈腰。连浙江省最高领导见了他都很客气。家族中的人没有见过世面，缺少约束，免不了狐假虎威，在乡里做一些不法勾当。

家族同辈中排行第八的王守恭是王阳明叔叔王衮的小儿子，他父亲去世早，缺少管教，可能在乡里仗势欺人、横行霸道。嘉靖四年（1525）六月十三日，王阳明从绍兴写信给三弟守礼，就要求三弟约束八弟。江山易改，禀性难移。王守恭还在给王阳明惹麻烦。孩子惹出乱子，根子在家教。家族中出了乱子，别人一定会抱怨到族长头上。

在北京，在朝中，仍然有人比王阳明官大地位高。中央两大监察官员之御史和给事中，官阶虽然很低，照样有权力弹劾他。王阳明道德高尚、学识渊博、战功赫赫，免不了有人嫉妒他，给他使绊子。

嘉靖三年到七年（1524~1528），大小官员多次举荐他出任朝廷的重要官员。在广西期间，仍然不断有人举荐他到北京内阁做官。内阁最初仅为皇帝侍从顾问，至明中期以后，逐渐成为协助皇帝决策的中央机构，嘉万间部分首辅至以相体自尊。内阁成员有三到四位，通称"内阁大学士"，首长被称为"首辅"。礼部尚书席书向皇帝举荐他时说："当今天下有两位能够安邦定国的大臣，一个是杨一清，一个是王阳明。"结果，杨一清虽然年迈，仍然被皇帝召入内阁，王阳明被皇帝拒绝了。

不少人诋毁王阳明。在当时，阳明心学是新生事物，不被大家理解接受，被认为是哗众取宠和离经叛道之事物。平定朱宸濠叛乱后王阳明受封新建伯爵，遭受嫉妒和诬陷。他德高望重，文武双全，能力超群，弟子遍天下。与这样的人做同事，压力大。因此，有权的人不希望他到北京做官，不希望他出任内阁大学士。阻止他进京，总要找理由，于是就诬陷他。先翻出来陈年旧账，诬陷他在平叛战争中放任士兵乱杀人，栽赃他是叛乱分子的同党，诋毁他贪污了叛党的金银财宝，诬陷他不尊重古人乱讲学，还要拉帮结派当学阀。权臣又策划了新的阴谋：一、怂恿人诬告王阳明，告他出任的四省军务总制是花钱买来的；二、希望他武力收回已经独立出去的越南；三、认定他虚报和夸大剿灭八寨和断藤峡悍匪、惯匪的战功。

几十年、上百年来，官军从来没有彻底剿灭过这两个土匪集团。王阳明没有调集几万围剿部队，没有申请十几万两银子的军饷和十几万石的军粮，这样的胜利让人怀疑。

于是，皇帝批复他申请回乡养病的奏折时，批评他虚夸军功，责惩他留在当地，好好反省，踏实做人。皇帝朱厚熜当时22岁，见识有限。

太优秀了，不被人理解；太优秀了，遭人嫉妒。嫉妒，是人的劣根性。四书五经提倡修身，其中很重要的一项内容就是，化解自己心中的嫉妒。怎么化解？一、努力使自己优秀，优秀的人不嫉妒其他优秀的人；二、扩充胸怀，接纳优秀的人，与优秀的人同行，让自己受益；三、认清自己，各有所长，不自卑。

圣人，管不了别人怎么做，管不了别人怎么看自己。圣人，追求的是做好自己。

官，又有公的意思。做了官，就成了公众人物，自然会处于众目睽睽之下，成为千夫所指的焦点。这样一来，不得不接受大众的吹毛求疵和指指点点。就像戏台上的角儿，站在戏台上，就要接受台下人的赞扬和批评。台下的人虽然不会唱戏，但也有评戏和批评角儿的权利。

王阳明明白，自己越是优秀，越是必须小心谨慎，一家老少都要小心谨慎。明白人明白人情世故，做人坦然，不会抱怨，更不会去争辩。他只做好他自己，只叮嘱他有资格叮嘱的人；做人做事"谨慎小心"。

【故事链接】

临终遗言：此心光明

嘉靖七年农历十一月二十五日，王阳明从广东进入江西境内。至江西南安，时任府署推官的弟子周积进见，病重的王阳明还不忘礼节的周到，坐起身，一声接一声咳喘着，慢声问道："最近学问如何呀？"

嘉靖七年十一月二十九日辰时（1529年1月9日8时），在大庾县青龙铺，在官船船舱内，弥留之际的王阳明向弟子周积告别道："我去了！"周积问道："先生有什么遗言？"王阳明脸上浮现着淡淡的笑容，说道："此心光明，亦复何言！"

属龙的王阳明在青龙铺回归了最终的光明。

"此心光明，亦复何言！"这是王阳明的遗言，也是他一生讲学的最后一句话。这句话怎么理解呢？意思是，这颗心是光明的，这颗光明的心已经融入了宇宙的光明中，和宇宙的光明同在。王阳明一生讲学的千言万语都是为了让人心获得光明。如今他的肉身就要逝去，他的心光却永远照耀着这个世界。后人见到了光明，就等同于在听他讲学。光明代替了他的讲学，光明代表着他的遗言。

此心光明，究竟是什么意思呢？人心如何光明？会发光吗？人心当然光明，当然会发光。每个生命都有自己的生命之光。

生命之光是一个人生命状态的体现，人心是生命的芯片。心光，又称为道德之光。道德之光，是一个人道德修养境界和层次的体现、反映。

弘治十五年（1502），31岁的王阳明在绍兴宛委山住山静养，修炼到了能看光的境界。但他担心学生走入虚幻，脱离现实，不提倡这个。

此心光明，既有色彩意义，也有一般意义。王阳明不提倡心光的色彩意义，我们就撇开色彩意义，只讲一般意义。此心光明，意思是一个人经过长期的道德修养，心底没有邪念，没有恶念，没有黑暗、阴暗、灰暗等重色彩的污染，变得很纯净，很清净，很干净，因而很光明。

心的光明，是道德之光。道德和学历、学位一样，也分有境界高低。借用色彩的差异说明一下，道德卑劣的人，心底是黑色的，根据卑劣的深浅，黑色也有深浅不同。社会上骂一个道德败坏的人心黑，是有根据和来历的。道德没有缺陷的人，心底像白纸一样纯净。根据道德的境界，白色的深浅也不一样。

真正的道德，是有生命意义的，可以体现在一个人的生命状态中。

道德，是真实不虚的。此心光明，是真实不虚的。

修养道德之光，绽放生命之光，照亮这个世界，让世界更光明。

修得此心光明，即与王阳明同在。此心光明，尽在不言中。

评判家仆

嘉靖七年（1528）

近因地方事已平靖，遂动思归之怀，念及家事，乃有许多不满人意处。守度奢淫如旧，非但不当重托，兼亦自取败坏，戒之戒之！尚期速改可也。宝一勤劳，亦有可取。只是见小①欲速，想福分浅薄之故，但能改创亦可。宝三长恶不悛②，断已难留，须急急遣回余姚，别求生理③；有容留者，即是同恶相济④之人，宜并逐之。来贵奸惰，略无改悔，终须逐出。来隆、来价不知近来干办⑤何如？须痛自改省，但看同辈中有能真心替我管事者，我亦何尝不知。添福、添定、王三等辈，只是终日营营⑥，不知为谁经理⑦，试自思之！添保尚不改过，归来仍须痛治。只有书童一人实心为家，不顾毁誉利害，真可爱念。使我家有十个书童，我事皆有托矣。来琐亦老实可托，只是太执戆⑧，又听妇言，不长进。王祥、

---

① 见小：所见不广，贪小。
② 长恶不悛（quān）：长期作恶，不知悔改。悛，悔改。
③ 生理：活计，职业。
④ 同恶相济：坏人互相勾结，共同作恶。济，帮助。
⑤ 干办：经办。
⑥ 营营：忙碌。
⑦ 经理：经营管理。
⑧ 执戆（gàng）：傻笨鲁莽。

王祯务要替我尽心管事，但有阙失①，皆汝二人之罪。俱要拱听魏先生教戒，不听者责之。

【古文今话】

最近因为地方上秩序已经安定了，于是就动了回乡的念头。想到家里的事，仍有许多地方令人不满意。守度一如既往地骄奢纵情、荒淫无度，不但不能担当重要任务，也是他自己要毁了自己，千万要引以为戒！还是期望他快些改邪归正，也还有救。宝（保）一勤劳，也有可取之处，只是见识短浅，急功近利，想来这是他福分浅薄的缘故，如果他能够改变自己，弃旧图新，也还是可以的。宝（保）三长期作恶，不肯改悔，坚决不能再留用了，必须尽快打发他回余姚，让他再找别的吃饭门路；谁再留用他，谁就是与他互相勾结、共同作恶的人，也要一起撵走。来贵奸猾懒惰，没有丝毫悔改的样子，总归是要撵走的。不知道来隆、来价最近办事怎么样？他们也必须彻底地反省改正自己。只要看看他们这些人中有谁替我真心管事，我并不是不知道。添福、添定、王三等人，只是整天瞎忙，根本不知道是在为谁办事，让他们自己思量思量。添保还不改正的话，等我回家仍要狠狠地责罚。只有书童一个人在真心实意地为家里办事，并且毫不理会别人说好说坏，还不计较得失，真令人爱念。假使我家有十个书童这样的人，我们家的事就都有了托付的人。来琐也实诚可靠，只是太憨直，又容易听信家里女人的话，一直没有长进。王祥、王祯一定要替我尽心尽责地办事，只要出了什么漏子，都是你们二人的过错。家中人都要恭听魏先生的教训和禁戒，不听就要责罚。

---

①阙失：错误。

【阳明智慧】

为善去恶，是家风建设的灵魂

家风，是一个家族长久以来形成的生活方式所表现出来的价值取向，包含着这个家族的人生观、价值观和世界观，主要体现在一个家族的精神追求和道德境界上。家风建设需要几代人的积淀和传承，需要家族祖先的精神感召，需要家族核心成员以身作则的榜样引领。家风建设的过程是一个致良知过程，是一个致良知于事事物物的过程。家风建设，可以运用王阳明晚年确立的"四句教"作为指导方针。

第一句：无善无恶是心之体。新生婴儿心中没有善恶，只有生物本能。婴儿内心像一张白纸，身处"白色"的生活环境，就会被涂抹成白色；身处"黑色"的生活环境，就会被涂抹成黑色。和他生活在一起的长辈都是涂抹的染料。家长想让孩子长成什么样儿，首先自己需要树立一个榜样。

第二句：有善有恶是意之动。婴儿本身没有善恶。青少年的思想好，就是一个好孩子；他的思想不好，很可能会变成一个不好的孩子。不好的思想是由一个个不好的意念积聚成的。孩子的不良意念既可以变成不良行为，也可以被化解掉。《周易》《孟子》等经典说，一个人的意念会反映在眼神和气质中，善的意念会给身体带来善的效果，恶的意念会给身体带来恶的损害。家长要善于观察和了解孩子。

第三句：知善知恶是良知。每个人都有良知，只是良知显露的程度不一样。婴儿、青少年自律性不够，他们的良知需要开发、栽培和巩固。社会上许多规则是人为制定的，规则本身没有善恶，人们规定了它的善恶。分辨社会规则善恶的能力需要后天培养。长辈是婴儿、青少年判断善恶的代理裁判。

第四句：为善去恶是格物。格物是为了致知，这个"格"可以理解成"研究"；这个"物"可以是人心，可以是物质，可以是事务；这个"知"，可以是智慧，可以是知识，可以是道理，可以是技术。在家风建设中，格物有两个意思，一是研究、参悟自己的内心，目的是致良知，就是开发出内心的最高智慧（良知）；二是研究家族成员如何和睦相处、如何健康发展。研究的方法，作为个体，是去除自己心中的恶念、邪念，树立心中的正念；对家族成员，劝诫他们去除心中的恶念、邪念，树立正念。

王阳明家族有着良好的家风传承。《三槐堂王氏家训》由北宋名臣王旦制定：

> 为臣必忠，为子必孝，为兄必爱，为弟必敬，为妻必顺。毋徇私以伤和气，毋因私故以绝恩义，毋惹闲非以扰门庭，毋耽曲糵以乱德性。有一于此，是悖祖宗教训，族共责之。

"曲糵（niè）"原是酿酒原料，家训中代指酒。

他写给弟弟、儿子、侄儿的家书，从小处说，是关心子弟的个人成长；往大处说，是在传承和建设王家的优良家风。优良家风的传承和建设，主要手段就是劝诫子弟做人做事为善去恶。在起心动念时为善去恶，才是致良知的根本方法，才是优良家风建设的根本方法。

这封家书的目的是要整顿伯府家政工作人员的工作作风。家政工作人员的工作作风，属于王家家风建设的一部分。家书中提到的工作人员16人，总管魏廷豹，具体执行人王正宪，其他有宝一、宝三、添福、添定、添保、来贵、来隆、来价、来琐、王祥、王祯、王三。还有再次提到的守度，以及一位先进工作者——书童。

其中有几位属于资深仆人，王祥正德三年（1508）曾跟随王阳明到过贵州龙场，来隆正德六年（1511）作为王家的使者出差到北京和祁州联络王阳明兄妹，王祯正德七年（1512）为王阳明买过画画用的绢布。

守度，嘉靖六年（1527）十二月初五日家书中说，他游手好闲、铺张浪费、贪图享受，而且顶撞总管魏廷豹。从嘉靖七年（1528）十月写的这封家书看，守度竟然毫无悔改。十个月时间，守度没有痛改前非，王阳明还是盼着他尽快改过自新。其他不能改正错误的仆人要开除，却没有说开除守度。从名字上判断，守度和王阳明同辈，很可能是家族近亲，甚至是家庭成员，没法开除。过去，失足人员既不能葬入家族墓地，也不能入家谱。守度的身份，存疑。

王阳明是圣贤，自我道德要求高尚，对家政工作人员要求也很严格。这个是可以理解的，这些家政工作人员代表着大家庭的形象。死不悔改的宝三和来贵是一定要开除的，谁说情也不行。

王阳明做事认真，对每一个仆人的优缺点一清二楚。他对每一个人都提出了改进要求。王祥和王祯可能是组长之类的管事人，王阳明要求他们不仅自己尽心办事，还要负起责任，管理好大家。

唯一一个先进工作者是书童。书童全心全意为王家服务，受到其他仆人的讽刺挖苦，他毫不在意。王阳明很想念他。书童怎么会成长为一个先进工作者呢？顾名思义，书童识字，读书明理，追求进步。书童相当于王阳明家的秘书。从正德十六年（1521）算起，王阳明在家五六年时间，书童在王阳明身边服务这么长时间，耳濡目染，受到圣贤的言传身教。他的学识和道德远远高过其他人。

其他仆人，可能不识字，干的是粗活，服务外围，很难见到王阳明的圣贤风貌和气象，很难听到圣贤的教诲和训导，很难分得清善恶是非，虽然粗浅地知道善恶，自律性又配合不到位，所以很难长进。

书童成长为一个先进工作者，对家风建设是一个启示。

【故事链接】

记录为善去恶的功过格

功过格，是一种格式化的身心道德修行日志，用于每日记录自己的善言善行和过失过错。每日记录、对比、总结，每月有小结，每年有总结。目的是为善去恶致良知，监督自己成就圣贤人格，督促自己成就圣贤事业。

功，表示善言善行和结果；过，表示善言善行的反面，即不善的言行和结果，俗称过失或者过错，严重一点说，可能是邪言邪行，甚至是恶言恶行。言行邪恶，必定会产生邪恶的结果。

格，有两个含义，一是格式，类似于规范小学生写字的田字格，每页纸上分善恶区域，善分大善、中善、小善、细善、微善，以分数量化，比如救人一命100分，送灾区20斤大米50分，无缘无故挨骂不生气10分，扶老太太过马路5分，拾到10元钱交给警察叔叔2分，路上给人一个笑脸1分，等等。恶，也实行分数量化，杀人一命负100分，偷灾民20斤大米负50分，等等。二是研究、比较、纠正，改恶从善，为善去恶，类似于王阳明"四句教"中格物的含义。

过去记录功过格，是方便不识字或者识字少的人。每日的记录，很简单，只需要在善处对应的格内打对勾，在恶处对应的格内打叉。现在也可以这样做，方便省事。每日总结，像老师判卷一样，合计正负分数，得出结果。前两三个月，可能恶多善少，得负分的时候多。认真践行的话，越往后得分越高。

功过格这种道德实践，以儒家的经典为理论支撑。《论语》："吾日三省吾身。"《孟子》："君子所性，仁义礼智根于心。其生色也，睟然见于面，盎于背，施于四体，四体不言而喻。"（君子的本性，仁义礼智已经根植于内心，生发出来的神色是温润和顺的，流露在脸上，充盈在肩背，推及肢体，肢体的动作，不必言说，就能让人明了。）《孟子》："存乎人者，莫良于眸子。眸子不能掩其恶。"（观察一个人，没有比观察他的眼睛更好的了。眼睛不能掩饰一个人的丑恶。）《大学》："德润身。"

历史上，儒家、道家、佛家都曾有过功过格。明代圣贤袁了凡发扬光大了功过格的作用。

嘉靖四十五年（1566），34岁的袁了凡到绍兴拜王畿（1498～1583）为师。王畿是王阳明十大弟子之一。嘉靖六年（1527）九月，王阳明出发去两广上任的前夜，在伯爵府天泉桥上，认可了王畿的悟道，并总结和规范了"四句教"，用来阐释他的"致良知"学说。

四句教：无善无恶是心之体，有善有恶是意之动。知善知恶是良知，为善去恶是格物。

袁了凡晚年回忆说："我做学问，最早时受到王畿先生指导，才明白学问的奥秘。"从此，了凡信奉"为善去恶是格物"，用此做功夫，以功过格为规范，经过多年的努力，彻底改造了自己的命运，他考中了进士，做了官。记录他改造命运历程的《了凡四训》，影响和帮助了很多人。

总结了凡的一生，可以说，是阳明心学为他指明了方向，是功过格为他提供了为善去恶的日常规范。

明末清初，许多有识之士每日记录功过格。清代曾国藩和民国蒋介石都深受影响。

功过格，这种经典的东西，是没有时空限制的。

四 写给侄儿

示诸侄

正德十二年（1517）

伯父阳明山人书示正心、正思、正惠等诸侄：

近闻尔曹学业有进，有司①考校②，获居前列，吾闻之喜而不寐。此是家门好消息，继吾书香者，在尔辈矣。勉之勉之！吾非徒望尔辈但取青紫③荣身肥家，如世俗所尚，以夸市井小儿。尔辈须以仁礼存心，以孝弟为本，以圣贤自期，务在光前裕后④，斯可矣。

吾惟幼而失学无行，无师友之助，迨今中年，未有所成。尔辈当鉴吾既往，及时勉力，毋又自贻他日之悔，如吾今日也。

习俗移人，如油渍面，虽贤者不免，况尔曹初学小子能无溺乎？然惟痛惩深创，乃为善变。昔人云："脱去凡近，以游高明。"⑤ 此言良足以警，小子识之！

吾尝有《立志说》与尔道叔⑥，尔辈可从抄录一通，置之几

---

①有司：官吏，此指有关官员和机构。
②考校：明代政府对县学、府学的生员设置有月课、季考、岁考、科考。
③青紫：本为古时公卿绶带之色，因借指高官显爵。
④光前裕后：为祖宗增光添彩，为子孙积德培福。
⑤脱去凡近，以游高明：出自北宋学者谢良佐（1050～1103）遗训，意为：离开那些才智平庸、见识浅薄的人，亲近德行高尚、明白事理的人。
⑥道叔：王守文，王阳明的弟弟。《王文成公全书》卷二六作"十叔"。王阳明给他写过《示弟立志说》。

间，时一省览，亦足以发①。方虽传于庸医，药可疗夫真病。尔曹勿谓尔伯父只寻常人尔，其言未必足法②；又勿谓其言虽似有理，亦只是一场迂阔之谈，非我辈急务。苟如是，"吾末如之何"③矣！

读书讲学，此最吾所宿好④，今虽干戈扰攘中，四方有来学者，吾亦未尝拒之。所恨牢落尘网⑤，未能脱身而归。今幸盗贼稍平，可以塞责⑥求退，归卧林间⑦，携尔曹朝夕切磋砥砺，吾何乐如之！

偶便，先示尔等，尔等勉焉，毋虚吾望。

四月廿日⑧。寓赣州阳明山人书示。

【古文今话】

伯父阳明山人写给正心、正思、正惠等各位侄子：

最近听说你们的学业有进步，在提学官组织的考核中你们的成绩位居前列，我听说后高兴得睡不着觉。这是我们家的好消息，能够继承我家书香者就是你们了。要继续努力呀！我绝非仅仅希望你们像世俗所崇尚的那样通过读书走科举之路而升官发财，升官发财后到街市上在俗人面前耀武扬威。你们一定要养仁心，学礼仪，把孝敬师长和友爱兄弟作为做人的根本，以圣贤的标准来要求自己，一定要做到为祖宗增光，为后辈造福，这

---

①发：启发。
②法：效法。
③吾末如之何：出自《论语》："吾末如之何也已矣。"意为：我也不知道对此怎么办了。
④宿好：平日所嗜爱的。
⑤牢落尘网：沉陷于像监狱一样的世俗红尘中。
⑥塞责：应付差事，敷衍责任。常用作谦辞。
⑦归卧林间：借指隐居乡野。
⑧四月廿日：正德十二年农历四月二十日。《王阳明全集》标错写信时间为"四月卅日"，现据上海博物馆收藏的《示诸侄》真迹更正。

才可以。

我小时候不知道学习圣贤学问，以至于品行不好，又缺少良师益友的帮助，等到如今人已中年，也没能做出什么成就。你们要把我的过去作为借鉴，及时努力，不要给自己留下遗憾，就像我现在一样。

习俗改变人，就像油渗入面里，即便贤良的人也在所难免，更何况你们这些初学的年轻人能不被习俗的大海淹没吗？只有深深地惩治自己身上的不良习气，这才是向善的转变。古人说："不要和那些庸俗的人厮混，要和那些高明的人交朋友。"这话足够警醒你们了，年轻人要记住这句话。

我曾经写过一篇《立志说》给你们的道叔，你们可以从他那里抄写一遍，放到书案上，经常看看，对照反省自己，也可以启发自己。药方虽然是庸医开出来的，药却可以治真病。你们不要以为你们的伯父只是一个普通人，他的话就不值得效法；也不要以为他的话虽然有道理，也只是一场迂腐的老生常谈，不是你们急需学习的。如果你们真的这样认为，"我也不知道怎么办了"。

读书讲学是我一辈子的喜好，现在虽然整天忙于剿匪，事务千头万绪，但是只要有各地来求学的人，我也从来没有拒绝过。只恨身陷官场，像鸟儿落网一样，不能摆脱这些事务回乡一心讲学。现在值得庆幸的是强盗土匪基本上肃清了，可以算是勉强完成了任务，可以申请退休了，到时候我领着你们整日坐卧于山水间，一起探讨学问，互相勉励，共同进步，我将是何等快乐呀！

偶有空闲，先写信告诉你们，你们要努力呀，可不要让我的愿望落空。

四月二十日。阳明山人写于赣州。

【阳明智慧】

希望侄儿立志做圣贤

这封家书写于正德十二年（1517）农历四月三十日。这年王阳明先到赣州，后前往福建省漳州府指挥剿匪。剿灭了祸乱福建和广东省交界地区的詹师富和温火烧土匪集团。四月三十日，回赣州路过瑞金，在瑞金写了这封家书。

这封家书是写给浙江余姚家族中的几个侄子的。家书真迹现在收藏于上海博物馆。《王阳明全集》中的这封家书内容与真迹不一致，本书以真迹为准。

信中提到的几个侄子正心、正思、正惠等人是秀才。在当时，秀才不仅有政治地位，受人尊重，还有免徭役和赋役的福利。王阳明对他们是寄予厚望的。

这封信是资深读书人对年轻读书人的指导，没有一般家书中的家长里短，说的是生命如何成长、人格如何完善。生命的成长、人格的完善与一个人做多大的官和挣多少钱没有直接关系，只与生命本身直接相关。

生命如何成长？有生物性的自然成长，这样的成长可能是野蛮的；有道德塑造性的成长，这样的成长是温润优雅的。人格如何完善？这纯粹是精神性的。王阳明指出了方法，画出了重点。他说，首先给自己确立一个人生目标，目标是做圣贤。怎么做圣贤？内修仁爱之心，外修礼仪、礼貌，敬爱尊长，友爱同辈。做到这一步，就可以光耀门庭，上不辜负祖宗，下可以为后代做榜样。

明代的读书人，人生目标很明确，就是通过科举考试做官。做官的目的是什么？因人而异。王阳明把做官当成做学问，希望通过做官来完善自己的圣贤人格。他不反对侄儿通过科举谋求官职。做上官，有了平台，可以为社会做出更大的贡献。做官，面临许多诱惑，正好可以磨炼和检验自己的心性。

社会习俗有善有恶。社会像一个大染缸，要做出淤泥而不染的莲花，一定会遭遇重重的考验。怎么办？王阳明推荐了他为弟弟写的《示弟立志说》。他建议几个侄子一人抄一遍，放在自己的书桌上作为座右铭，每天读一遍，时刻提醒自己。

王阳明以自己做反面教材，说自己以前缺少良师的经常教导，缺少好朋友的时刻提醒，以至于年近半百，还一事无成。王阳明这样说，是谦虚还是虚伪？既不是谦虚，也不是虚伪，而是真诚。他龙场悟道后，见识高明，又做到封疆大吏，在别人看来，他是一位成功人士。实际上，这时候他的学问还没有成熟，致良知学还没有形成。他还在摸索，还在实践。圣贤对自己的要求很高。初出茅庐，剿匪胜利，这点成绩在他眼里，微不足道。

王阳明又以自己做正面榜样。他说，自己忙着剿匪，空闲时间不多，但是却从不拒绝从四面八方来求学的学生。读了几十年书，讲了十几年学，他还在勤奋读书和努力讲学。读书，提升自己的见识，完善自己的人格；讲学，既启发了学生，也促使自己思考和成长。

他渴望自己能和侄儿们一起修学成长。

【故事链接】

正心和正思牵线搭桥

正心和正思两个侄儿是余姚县学的秀才，接受过伯父的亲自教授，因此也是心学弟子。他们为心学的传播牵过线，搭过桥。

一、正心介绍钱德洪等人拜师

正德十六年（1521）九月，王阳明回到余姚为爷爷、奶奶、母亲上坟，因为怀念母亲，就来到自己的出生地瑞云楼，在楼前洒下思亲的热泪。瑞云楼已经归钱家居住和所有。钱家大儿子钱德洪就近观察王阳明，敬佩他的学问、功勋和名望，心里打定主意，要拜王阳明为师。

王阳明功勋卓著，名闻天下，他想见的人，和想见他的人，太多了。钱德洪26岁一个秀才，很难有机会展示自己，让王阳明短时间内了解自己，接受自己。他需要推荐人。

拜师需要师生双方都了解和信任的介绍人，否则学生可能拜到邪师，入到邪门，正人学成了邪人；老师可能收到恶徒，教坏人长本事，等于助纣为虐，最终会坏了自己的名声。这是古今通用的老规矩。

钱德洪请求正心引荐，然后领着两个侄儿，和自己的两个同学一起，带着拜师礼，登门拜见。见面交谈后，师生相见恨晚。王阳明一身学问，想传给更多的年轻人，培养更多的英才。钱德洪难得见到顶尖的宗师级的圣贤学者，自然是心花怒放。

第二天，钱德洪组织余姚县74个追求上进的读书青年，举办了集体拜师仪式。在王阳明宗师的教导下，参加拜师仪式的许多人学有所成，他们成就了自己，帮助了社会，大大提升了自己的人生价值。

二、正思出让王阳明批注本《武经七书》

抗倭名将胡宗宪（约1512~1565），在余姚当知县时，通过正思，得到了梦寐以求的王阳明批注本《武经七书》。

胡宗宪为王阳明批注的《武经七书》写了序。在序中，他写道："我当学生时就非常仰慕阳明先生，尊崇他的道德学问，渴望建立他那样的不朽功勋，恨自己没有生在先生家乡，恨自己没有拜入先生门下。晚上，在灯下小心翼翼地捧读批注本《武经七书》，真就觉得是在当面接受阳明先生的教诲。"

余姚地处杭州湾南岸，东临东海，时刻面临着倭寇入侵的危险。防倭备战是余姚知县的必备功课。《武经七书》，是北宋官方汇编的《孙子兵法》《吴子兵法》《六韬》《司马法》《三略》《尉缭子》《李卫公问对》合订本。《武经七书》加上王阳明的批注，无疑大大提升了经典兵书的军事价值。

此时，王阳明儿子正宪、正亿还年轻。阳明学遭受朝廷打压，王阳明家庭遭受政治迫害，新建伯爵位也被停止世袭。曾任福建省建宁知府的正思，从年龄和资历看，可能是王氏族长。他向胡宗宪出让了王阳明批注过的《武经七书》。

嘉靖三十三年（1554），胡宗宪出任浙江巡按监察御史。次年六月，迁右佥都御史巡抚浙江。嘉靖三十五年（1556）二月，迁兵部侍郎兼左佥都御史，总督南直隶、浙江、福建三省军务，统一指挥抗击倭寇战争。斩杀倭寇大头目徐海，招降大头目汪直。经过几年努力，终于平定东南倭乱。

天启元年（1621）重刻带有王阳明批注的《武经七书》，题作《新镌武经七书》。詹事府少詹事兼河南道监察御史徐光启（1562~1633）当时负责新兵训练，他在新书序中说，胡宗宪在抗倭战争中，经常参考此书，受益良多。因为这本书，徐光启把王阳明与胡宗宪的关系，比作黄石公授书张良。

可以说，王阳明批注的《武经七书》，对胡宗宪抗倭胜利很有帮助。其中，正思起了牵线搭桥的作用。

五 写给太叔

与克彰①太叔

正德九年（1514）

别久，缺奉状②，得诗，见迩来进修之益，虽中间词意未尽纯莹，而大致加于③时人一等矣。愿且玩心④高明，涵咏⑤义理，务在反身而诚⑥。毋急于立论饰辞，将有外驰之病⑦。所云"善念才生，恶念又在"者，亦足以见实尝用力。但于此处须加猛省：胡为而若此也？无乃⑧习气所缠耶！

自俗儒之说行，学者惟事口耳讲习，不复知有反身克己⑨之道。今欲反身克己，而犹狃于⑩口耳讲诵之事，固宜其有所牵缚而弗能进矣。夫恶念者，习气也；善念者，本性也；本性为习气所汩者，由于志之不立也。故凡学者为习所移，气所胜，则惟务痛惩其志。

---

① 克彰：王克彰，号石川，王阳明同宗爷爷。他是弟弟守章等人的私塾老师，是王阳明家的管家，也曾跟着王阳明求学。
② 奉状：给您去信。奉，敬辞，意为双手敬呈。状，书信。
③ 加于：比……增加……。
④ 玩心：犹言专心致志。
⑤ 涵咏：犹涵泳，深入领会。
⑥ 反身而诚：出自《孟子》："反身而诚，乐莫大焉。"意为：向内反省自身，本心就会实实在在呈现出来，没有比这个更大的快乐了。
⑦ 外驰之病：良知源于内心，致良知需要"反身而诚"，而向身心外追求良知，是南辕北辙，是缘木求鱼，犯了方向性错误。王阳明龙场悟道的核心内容是"圣人之道，吾性自足"。
⑧ 无乃：岂不是。
⑨ 克己：出自《论语》："子曰：'克己复礼为仁。'"意为：约束自己而合于礼，这就是仁。
⑩ 狃于：拘泥，因袭。

久则志亦渐立。志立而习气渐消。学本于立志，志立而学问之功已过半矣。此守仁迩来所新得者，愿毋轻掷。

若初往年亦常有意左、屈①，当时不暇与之论，至今缺然。若初诚美质，得遂退休，与若初了夙心，当亦有日。见时为致此意，务相砥励以臻②有成也。人行，遽不一一。

【古文今话】

分别这么长时间，一直没能写信给您，收到您的诗，从诗中可以见到这段时间您修学取得的进步，虽然诗中有些词意还不能尽善尽美，但是和这个时代周围的人比起来，已经高人一筹。（修学要）恭敬谨慎，要专心致志，要开发智慧，要品味和融会经书中的真正道理。最根本的是要回过头来检讨自己的内心，为的是心底的诚实。不要急于用花言巧语来确立自己的什么高见，否则就又犯了忽视自己的内心而追求外在的毛病。您诗中说到"善念才生，恶念又在"，由此句可见您修学是下了真功夫的。但是在这一点上还需要深刻反省：为什么会出现这种现象呢？恐怕还是多年来养成的不良习气没有根除！

自从一些浅陋而迂腐的所谓的儒家学说流传后，修学的人只知道耳朵里听听、嘴巴里说说，根本不知道还有检讨自己内心、克制心中恶念这种方法。现在既然知道了检讨自己的内心并克制心中恶念的这种修学方法，却还不愿意改变过去那种耳朵里听听、嘴巴里说说的老套路，这种老套路如果在心里很顽固，那么修学就很难进步。心中的恶念，这本身就是不良习气；心中的善念，这才是心的本性；本性被不良习气扰乱了，原因在于

---

①左、屈：左丘明（前502~前422），春秋末期史学家，著有《春秋左氏传》《国语》。屈原（约前340~约前278），战国时期楚国诗人，著有《离骚》等。
②臻：达到。

志向没有确立。所以一个修学的人,如果本性被习气动摇,习气压制住了本性,解决的办法只有狠狠地检讨自己的志向。深入和长久地检讨,志向就会逐渐地坚定起来。志向坚定后,不良习气慢慢地就会消融掉。修学的根本就在于立定志向,志向坚定的话修学就会获得事半功倍的效果。这是守仁近来修学中的新心得,希望您不要轻易地丢掉。

若初过去是想如左丘明和屈原那样,一心用在赋诗作文上,当时见面的时候没有工夫和他讲说明白,可惜直到今天再没机会见面。若初天赋确实很好,如果我能如愿退休,一定要与若初讲明白,要了了我的这个心愿,一定会有见面日子的。您见到若初时,请把这个意思说给他。你们一定要互相激励,争取在修学的路上有所成就。捎信的人就要启程了,我就不再多写了。

【阳明智慧】

给克彰爷爷开药方:立诚与立志

今天的家,一般理解为父母和儿女组成的小家庭,顶多加上爷爷、奶奶或者姥爷、姥姥;古代的家,多是大家庭,几世同堂,兄弟们各自娶妻生子、养儿育女后,还会和长辈生活在一起,劳动在一起,组成一个统一的经济单位。王阳明家就是这样。

王克彰既是王阳明的同宗爷爷,又是他的学生。王阳明在南京工作时,克彰爷爷曾经到过南京。王阳明给他写过送别诗《别族太叔克彰》,在诗中希望克彰爷爷经常联系。

这封家书写于正德九年(1514),内容是关于立诚与立志的。

克彰爷爷写来一首诗,汇报自己的修学心得,并提出自己修学中的疑惑。王阳明表扬了克彰爷爷的进步。王阳明说,克彰爷爷道德学问已经高人一等。他希望克彰爷爷再接再厉，并指明了方向，指出了方法。方向是向身内使劲儿，在心上用功。方法是立诚。

克彰为了表现自己进步，喜欢提出新说法，以显得与众不同。他进步有限，新说法无疑是夸大其词，言过其实。这是他进步的障碍，需要给他纠正过来。怎么纠正？一个口诀叫"诚字诀"。用诚做照妖镜。自己这样说，骗人了没有？骗别人容易，骗自己不容易。自己可以欺骗自己，天理良心能欺骗吗？经过这样的检验，一个人就不会再轻易标新立异、哗众取宠。

克彰在修学中发现自己的恶念像流水一样滔滔不绝，善念像鱼一样刚露头，就被恶念吞没。王阳明再次表扬克彰，说他真正用功了。

这里有两个问题需要说明：一是善恶的划分。常识告诉我们，念头有善有恶，还有中性的非善非恶。但是，做修身养性学问时，实行二分方法，念头非善即恶。学问做到精细时，就像王阳明说的，念头无善无恶，属于至善。胡思乱想，属于恶念，会浪费生命能量。儒家修养静（净）心，有开发良知的用心，也有养生的用意。二是能够发现自己念头不善，或者说发现自己有缺点，属于进步。一般人粗心大意，往往注意不到自己念头的善恶；功夫浅的人能够发觉大的恶念，细微的恶念发现不了。

王阳明开出了药方：立志。如果是立志一次跑完一万米，这个目标很明确，这样的志不难立。立志做圣贤，目标抽象，无处下手。王阳明给克彰爷爷进一步明确了立志的目标。王阳明说，恶念就是习气，是客人，是没有根的粉尘；善念才是本性，是主人，是根本。恶念为什么反客为主？为什么鸠占鹊巢？根本原因是主人没有立志当家做主。病因查明了，就要对症下药，对症扎针。恶念一出现，就痛责自己没有立志，痛责自己志向不坚定。怎么痛责？如果真用针扎，那才是真痛责。

王阳明鼓励小爷爷说，立定志向，学问已经成功一半了。

正德八年（1513）、九年（1514），王阳明在滁州和南京工作时，经常教弟子立诚与立志。

【故事链接】

对土匪不讲诚信的圣贤

霍韬（1487~1540）在自己的著作《石头录》中说，大家普遍认为，谁如果既拥有魏校（1483~1543）的诚，又具有王阳明的才，那就是德才兼备的全能人物。这话传到王阳明的耳朵里，他反问道：霍韬说我不诚，不知道我哪里不诚了？

霍韬是南海县石头乡（今广东佛山石湾区）人，正德九年（1514）会试第一名，做过礼部尚书，应该很有见识。他是王阳明终生道友湛若水（1466~1560）的弟子，也是王阳明的好朋友。

魏校是江苏昆山人，弘治十七年（1504）中南直隶乡试解元，做过国子监祭酒，有学问，有功夫，著作等身。

王阳明在《〈大学〉古本序》中说，《大学》的核心是"诚意"。他非常强调这个"诚"字。他说，诚就是圣。他一辈子学圣贤，做圣贤，自己做诚的功夫，教导弟子做诚的功夫。结果，霍韬认为他欠缺一个"诚"字。

王阳明的不诚表现在哪里？《石头录》中没有说。但是同时代的人说了，比如：

1. 正德十二年（1517）春，在漳南剿匪战役中，作为战役最高指挥官的王阳明，明里发布命令撤兵，说是等秋天再来剿匪，暗地里却出其不意、攻其不备，突然发动进攻，一举剿灭了詹师富和温火烧土匪集团。

2. 正德十二年（1517）冬，先后两次设谋用计。第一次是在进剿左溪土匪老巢时，张设疑兵，燃放鞭炮，迷惑土匪；第二次是在进剿桶冈土匪老巢时，双方代表正在谈判，王阳明却命令官军提前进剿。

3. 正德十二年（1517）冬，正式邀请浰头叛乱酋长池仲容到巡抚衙门做客，后来却变成了诱骗土匪头子池仲容，进而诱杀了池仲容。

4. 正德十四年（1519）夏，在平定朱宸濠叛乱中，连续发送密信，散布虚假消息，迷惑朱宸濠，阻留叛军出击。

5. 嘉靖七年（1528）春，采取昼伏夜行的方式，迷惑土匪，实施突然袭击，进剿八寨和断藤峡两大土匪集团。

以上所列都是事实，王阳明作为军事统帅，不得不如此，因为兵不厌诈，军事本来就是虚虚实实、神出鬼没的事业。作为圣贤，在指挥打仗时，他对土匪、叛军，不诚实，无诚信。从土匪角度来说，王阳明是一个不诚实、无诚信的圣贤。

书石川①卷

正德九年（1514）

先儒之学，得有浅深，则其为言亦不能无同异。学者惟当反之于心，不必苟求其同，亦不必故求其异，要在于是而已。今学者于先儒之说苟有未合，不妨致思。思之而终有不同，固亦未为甚害，但不当因此而遂加非毁，则其为罪大矣。同志中往往似有此病，故特及之。程先生云："贤且学他是处，未须论他不是处。"此言最可以自警。见贤思齐焉，见不贤而内自省，则不至于责人已甚，而自治严矣。

议论好胜，亦是今时学者大病。今学者于道，如管中窥天，少有所见，即自足自是，傲然居之不疑。与人言论，不待其辞之终而已先怀轻忽非笑之意，訑訑②之声音颜色，拒人于千里之外。不知有道者从旁视之，方为之竦息汗颜③，若无所容；而彼悍然不顾，略无省觉，斯亦可哀也已！近时同辈中往往亦有是病者，相见时可出此以警励之。

某之于道，虽亦略有所见，未敢尽以为是也；其于后儒之说，虽亦时有异同，未敢尽以为非也。朋友之来问者，皆相爱者也，何

---

① 石川：王克彰，号石川，是王阳明同宗爷爷。
② 訑（dàn）訑：洋洋自得的样子。
③ 竦（sǒng）息汗颜：因恐惧而屏住呼吸，因羞愧而脸上出汗。竦，通"悚"，恐惧。

敢以不尽吾所见！正期体之于心，务期真有所见，其孰是孰非而身发明之，庶有益于斯道也。若徒入耳出口，互相标立门户，以为能学，则非某之初心，其所以见罪之者至矣。近闻同志中亦有类此者，切须戒勉，乃为无负！孔子云："默而识之，学而不厌。"① 斯乃深望于同志者也。

【古文今话】

过去的儒者学问心得有深有浅，因此他们的言论既有相同之处，也有不同之处。修学者必须要做的是应当回归自心，既不必追求与别人一模一样，更不必故意标新立异，重要的是要正确理解。今天的修学者如果与过去的儒学学者见解不一致，也不妨碍自己进行谨慎的思考。经过谨慎思考后，最后发现仍然与过去的儒学学者见解不一样，这本来也没有大的害处，但是不能因此就肆意非议、毁谤过去的儒者。非议、毁谤过去的儒者这就是大错误了。同道中人经常有这种错误倾向，因此特意说到这一点。程先生说："对待贤者，就学习他的长处，不必计较他的短处。"这句话最适合用来警策自己。见到贤能的人就以他为榜样，见到有缺点的人就对照自己进行反省和检讨，这样就不至于苛责别人，而是严格地自修自律。

议论时争强好胜，这也是今天修学者的大毛病。今天的学者在修道方面，就像透过管子窥测天空，多少有那么一点见识就自我满足，自以为是，骄傲自大，还对自己的见识深信不疑。与人说话讨论，不等别人把话说完，早就心生轻视、疏忽、非议、嘲笑的念头，这样洋洋自得的态度通过面色和声音，拒人于千里之外。他们不知道见识高明的旁观者，正在替他们感到恐惧而叹息、汗颜，正在替他们羞愧得无地自容；而他们不管不

---

①默而识之，学而不厌：出自《论语》："默而识之，学而不厌，诲人不倦，何有于我哉！"

顾，竟然没有一点醒悟和察觉，这也太悲哀了！近来同辈人中也经常有犯这种错误的，见面时要把这个意思说出来，用来警醒他们，勉励他们。

我学道修道，虽然有些心得体会，却不敢自认完全正确；对孔孟之后那些儒学学者的见解，虽然我有时候与他们见解一致，有时候体会不同，却不敢全盘否定他们。朋友中来向我问学的人，都是互相友爱的，我哪里敢不说出我的全部见解！我正盼着用心体会（彼此的观点），定然期望能真有所得，亲身探明哪一种见识正确，哪一种说法错误，并且亲自把正确的观点发扬光大，这才有益于我们道的传承与弘扬。如果仅仅追求听一听、说一说这种口耳之学，与别的学者互相标榜门户之见，就以此为学问之道，就不是我讲学传道的本心，这也是我被人怪罪的最主要原因。近来听说同道之中确实有这样的人，这是必须要诚勉改过的，只有这样才算不负初心。孔子说："要默默地用心用功，勤奋而不厌倦地学习。"这也是我对同志者的深切期望。

【阳明智慧】

此言最可以自警

这篇文章的写作有一个大背景和一个小背景。

大背景是，王阳明龙场悟道后对《大学》的解读与当时的主流意见不一样。当时的读书人尊崇南宋学者朱熹对《大学》的解读。王阳明对《大学》的解读与朱熹有两点不同。他的解读属于新说法，就连他的弟子也是经过三番五次辩论，才接受。正德九年（1514），王阳明到南京做官，在弟子徐爱的组织下，广收弟子，公开讲学。南京官员多，学生多，他受到了广泛质疑和攻击。这促使他进一步深思和反省。

小背景是，王克彰接受了王阳明的新说法，批判朱熹的旧说法，并在家乡宣传这一新思想。他宣传新思想时，遭到伙伴们的反对，忍不住与人争论起来，结果却分不出胜负。他写成文字给王阳明汇报这些情况。

王克彰与人争论，弟子们与人争论，争论时遭受讽刺。对王阳明师生来说，这是一个普遍现象。问题的根源是王阳明的新说法与朱熹的旧思想不一致。

怎么解决这个问题？王阳明给出三点意见：

第一，对待先贤，学他的好思想，不合适的思想不学就行了，不要四处宣扬和批判。每个人都有自己的时代局限性，每个人的思想也有自身的局限性，人无完人，如果求全责备，世上没有一个人可以做我们的榜样。

第二，尽量不要争论，不得已要争论的话，以辨明是非为目标，不要以争气、争强、争胜为目的。为什么要这样呢？自己有一点进步，不一定有资格与别人争论，说不定别人比我们见识还高呢。这样争论，难免让人笑话。自己太弱，别人太强，争不过别人，何必白费力气！如果自己强大，别人很弱的话，根本不用争论，胜负自然分明。势均力敌的话，更不需要争论，争不出一个名堂。圣贤身心学问是修自己的身心，不是修理别人。

第三，自己闷着头好好用功，不要急着宣传门户之见。圣贤身心学问要靠自己下功夫实修实证，不以见多识广和能说会道论高低。王阳明说出自己反思后的观点，他说，自己与前贤观点不一样，这并不意味着，自己就是对的，前贤就是错的。为避免节外生枝，王阳明没有直接说出朱熹的名字。王阳明意识到，自己学问还不成熟，社会地位还不足以支撑自己开宗立派，所以他建议克彰小爷爷，不要急着树立王门心学门户。

这三点意见可以归结为一点：对前贤的思想，学习他对的，不争论他错的。这是宋代前贤二程的话。王阳明强调这句话，希望王克彰和同学们用来警策自己。

这时候，王阳明没敢自立门户，他搬出来二程和孔子语录，来加强说服力。后来，他的学问经过剿匪平叛战争的检验，他确信无疑后，才终于确立了自己的致良知学。

【故事链接】

阳明心学核心思想：大学问与万物一体

"大学问"这个词是王阳明师生一起组合创造出来的，全称应该是"《大学》问答"，再具体一点是"王阳明师徒《大学》问答"。

一、"大学问"的由来

《大学》疑为秦汉之际荀子后学作，一说是乐正氏之儒的典籍，属于孟子学派，作于战国。传说《大学》第一章是记录孔子的话。宋代学者把《大学》从儒家经典《礼记》中单列出来，与《论语》《孟子》《中庸》合称四书。《大学》《中庸》本来是两篇文章，和《论语》《孟子》相比内容单薄，从体量上说是没法与《论语》《孟子》并列的。宋代学者认为，《论语》《孟子》鸿篇大论，内容比较散，缺少一个简明扼要的纲领和修学次序。《大学》《中庸》正好弥补了这个不足，两本书的第一章就简单明了地列出了儒家学问的纲领和修学次序。

《大学》《中庸》凸显出纲领作用，儒家文化的体系才显得完备。王阳明生活的明代，《大学》《中庸》是科举考试的必考内容。《大学》是明代读书人的必修课。

王阳明的致良知学创新发展了《大学》第一章，"良知"一词是从《孟子》中借用过来的。晚年，王阳明的学问成熟后，许多学生慕名而来。对新来的学生，王阳明安排他们从学习《大学》《中庸》第一章入手。学生太多，经常有几百人聚集在绍兴，王阳明一个人忙不过来，他挑选了四个助手。四个助手是浙江绍兴的王畿、余姚的钱德洪和江西于都的黄弘纲、何廷仁。这四个弟子被同学们称为"教授师"。

嘉靖六年（1527）九月，王阳明要去广西上任，四个教授师代表同学们请王阳明把《大学》第一章的讲义固定下来，好让同学们有一个规范的课本。《大学》和《中庸》相比，纲领更明确，修学次序更明晰，内容更接地气；《中庸》开门见山就说到"天命"，把人道和天命挂上了钩。当年，孔子的弟子子贡抱怨听不到师父说天命，孔子的孙子子思创作《中庸》，补上了《论语》中的这个空白。显然，对新入学的学生，《大学》第一章比《中庸》第一章更容易入门。

在出发前的八月份，王阳明完整地讲述了《大学》第一章。弟子钱德洪等人当堂记录，以问答形式整理成文，名为《大学问》。

二、大学之道与万物一体

《大学》开宗明义，第一句就说"大学之道"。南宋学者朱熹说，大学，即"大人"的学问。这意味着，《大学》是成就"大人"的学问，换句话说，是成就"大人"的道路和方法。同时还意味着，"大人"也要按照这个道路和方法做人做事。

"大人"什么样呢？什么样的人是"大人"呢？同为儒家经典的《周易》给出了四个标准。很可惜，这四个标准太高、太玄、太妙，一般人理解不了。一般人理解不了，就失去了普遍意义。大家都不理解，与大家也就没有多大的关系。儒，从组字结构看，意味着人人需要。儒家学问是日常世俗人人需要遵循的礼仪规范。太高玄的道理失去了日常意义。

过去，出外，见到当官的要尊称"大人"；在家，举办隆重的礼仪，对父母、祖父母等长辈也要敬称"大人"。"大人"，这个称呼，很日常，很普遍。怎么通俗地解释和定义"大人"呢？

北宋程颢给出了一个简单的标准，就四个字："万物一体"。字确实很少，也很简单，识字的人都认识。但是，认识是认识，只是认识这四个字，四个字代表的内涵还是不认识。实际上，孔子给出的标准更简单，就一个字"仁"。孟子对"仁"做了补充解释，他说"仁者爱人"。但孟子给出的这个标准还是太笼统，爱人有深浅程度的不一样，有格局大小的不一致。因为缺少一个明确的标准，古往今来能够真正认识"仁"、理解"仁"和践行"仁"的人也就屈指可数。

王阳明浓缩了"万物一体"四字，扩展了"仁"一字，把"爱人"的格局最大化，把"大人"的标准命名为"致良知"三个字。但是，良知还是显得太玄妙。比如，王阳明说，良知是是非之心，能够明断是非。这个好理解。他又说，良知是造化的精灵，生天生地，成鬼成帝。这又难理解了。

儒学是日常的学问，必须世俗化，必须通俗化，又不能失去崇高的人生意义。王阳明到了晚年，摸索了几十年，借用程颢提出的"万物一体"这个概念，通过对《大学》第一章的讲解，给"大人"制定出了一个通俗化的标准。这个标准通俗易懂："大人"把天地万物看作自己的身体，把整个天下看作自己的大家庭，把每个人都看作自己。这个"看作"不是刻意而为，不是虚情假意，而是内心真实的感受和体验。王阳明讲《大学》第一章，整个内容都是在讲解"大人"的境界和成长为"大人"的方法。他说清楚了《大学》是培养"大人"的学问，《大学》是"大人"做人做事的学问。

在短短的《大学问》中，王阳明还揭露了一个千古不传的秘籍，那就是，每个人本来都是"大人"，"小人"只是自己把自己看小了。照他这样说，"小人"是自作自受，本来可以做"大人"，自己放弃了，有些冤枉。

《大学问》中真有大学问，从此，"大人"和万物一体都有了明确的标准。

又与克彰太叔

正德十五年(1520)

　　日来德业想益进修,但当兹末俗①,其于规切警励②,恐亦未免有群雌孤雄③之叹,如何?印弟④凡劣,极知有劳心力,闻其近来稍有转移,亦有足喜。所贵乎师者,涵育薰陶,不言而喻,盖不诚未有能动者也。于此亦可以验己德。因便布此,言不尽意。

　　正月廿六日得旨,令守仁与总兵各官解囚⑤至留都⑥。行及芜湖⑦,复得旨回江西抚定军民。皆圣意有在,无他足虑也。家中凡百安心,不宜为人摇惑,但当严缉家众,扫除门庭,清静俭朴以自守,谦虚卑下以待人,尽其在我而已,此外无庸虑也。正宪辈狂稚⑧,望以此意晓谕之。

　　近得书闻老父稍失调,心极忧苦。老年之人,只宜以宴乐戏游

---

①末俗:末世的习俗,低下的习俗。
②规切警励:规劝、谏正、告诫、勉励。
③群雌孤雄:比喻同时代的人都为名利奔忙,在致良知修学的道路上,缺乏知音,缺少同行者。
④印弟:王守章,字伯印。
⑤解囚:从南昌押解朱宸濠叛党到南京。
⑥留都:南京。正德十四年(1519),朱宸濠叛乱,正德皇帝朱厚照御驾亲征,驻扎在南京,命令王阳明押解部分囚犯到南京。
⑦芜湖:今安徽芜湖,明时属于南直隶。奸臣为了夺取平叛军功,诬陷王阳明是叛党。王阳明押解囚犯行到芜湖,被奸臣堵截,不让他面见皇帝申冤。
⑧狂稚:年少轻狂。

为事，一切家务皆当屏置①，亦望时时以此开劝，家门之幸也。至祝至祝！事稍定，即当先报归期。家中凡百，全仗训饬②照管，不一。

老父疮疾，不能归侍，日夜苦切，真所谓欲济无梁，欲飞无翼。近来诚到，知渐平复，始得稍慰。早晚更望太叔宽解怡悦其心。闻此时尚居丧次③，令人惊骇忧惶。衰年之人，妻孥子孙日夜侍奉承直④，尚恐居处或有未宁，岂有复堪孤疾劳苦如此之理！就使悉遵先王礼制，则七十者亦惟衰麻⑤在身，饮酒食肉处于内，宴饮从于游可也。况今七十五岁之人，乃尚尔茕茕⑥独苦若此，妻孥子孙何以自安乎？若使祖母在冥冥之中知得如此哀毁⑦，如此孤苦，将何如为心？老年之人，独不为子孙爱念乎？况于礼制亦自过甚，使人不可以继，在贤知者亦当俯就⑧，切望恳恳劝解，必须入内安歇，使下人亦好早晚服事。时尝游嬉宴乐，快适性情，以调养天和。此便自为子孙造无穷之福。此等言语，为子者不敢直致，惟望太叔为我委曲⑨开譬，要在必从而后已，千万千万！至恳至恳！

正宪读书，一切举业功名等事皆非所望，但惟教之以孝弟而已。来诚还，草草不尽。

---

①屏置：犹舍弃。

②训饬：教训诫勉。

③丧次：停灵治丧的地方。王阳明年近百岁的奶奶岑氏于正德十三年（1518）十月去世。明代儿子为父母守孝三年。这封信写于正德十五年（1520）二月。父亲王华已经在停灵的地方守了一年又四个月。

④承直：侍候。承，担当。直，通"值"，轮班。

⑤衰（cuī）麻：丧服。

⑥茕茕（qióng）：孤苦。

⑦哀毁：因居丧悲伤异常而毁坏身体。

⑧俯就：长辈接受晚辈的请求建议。

⑨委曲：委婉。

【古文今话】

这些日子，您的德业应该有所进步。但是我们这个时代习俗低下，谁如果劝诫、警醒和激励人们向善，谁就会有种孤家寡人的感觉。您是不是有这种感觉？我十分清楚，教育印弟这种资质平庸的学生，是非常耗费心力的。听说他近来有了一些好的转变，这也是令人欣喜的。当老师最重要的是以身作则，通过自身的一举一动来涵养化育，来熏陶学生。如果老师自己没有诚心，恐怕是打动不了学生的。能否做到这一点，也正好可以检验自己的道德学问。以上这些，是顺便说说，并不能充分表达我的意思。

正月二十六得到圣旨，要我和总兵等各位官佐一起把囚犯押送到南京。走到芜湖，又得到新圣旨，要我回江西安抚稳定全省军民。不管是押送囚犯去南京，还是回江西安抚稳定军民，这都取决于皇上的意思，没有什么值得忧虑的。请家中老老少少尽管放心，不要被人迷惑动摇。应当严格管好家中众人，打扫门户，我们低调、俭朴、本分，待人恭敬谦虚，做好我们自己，此外不必忧虑。正宪他们年轻人有些轻狂，希望您把这个意思明白地告诉他们。

最近收到家信，知道老父亲身体有些欠安，我心里很忧愁很痛苦。老年人每天吃得高兴，玩得尽兴，这是最合适的，所有的家务事都不要再操心了。也希望您经常开导劝解老父亲。如果能这样，将是家门大幸。这是我最美好的愿望！等事情稍微安定后，我马上报告我回家的日子。家中大小事务，全仰仗您教训、整顿、照顾和管理，具体的就不再一一赘述。

老父亲身上生了疮，我这做儿子的却不能回家侍候汤药，只能每日每夜地痛苦，真是想过河却没有桥，想飞却没有翅膀。最近来诚送信来了，由此知道父亲的疮渐渐好了，我心里这才稍稍得到些安慰。我还是希望太叔您早晚多宽慰宽慰老父亲，能让老父亲整天高高兴兴。听说老父亲这个时候还在服孝，竟然还住在停灵治丧的地方，这真是让我震惊，让我忧心。年老体弱的人，妻子儿孙日夜守着侍候着，还担心住不好睡不好，哪里还能再让这样年老又有病的人孤苦地住在停灵治丧的地方守孝！即便要一丝不苟地遵守先前的礼仪制度，先前的礼仪制度规定，70岁的人虽然孝服在身，却可以在内室里吃肉喝酒，出游时也可以带着好吃好喝的。何况老父亲已经75岁，竟然还这样孤独劳苦地守孝，这让妻子儿孙们怎么能够安心？假如老奶奶在天之灵知道了他的儿子这样哀伤，毁坏了身子，老奶奶能安心吗？老年人就不能考虑考虑儿孙们的感受吗？况且这样守孝，比照礼制，也太过了，根本没办法长久下去，即便贤明多智的人也应当听从劝解。所以殷切地盼望您好好地劝解老父亲，一定要让老父亲到内室去休息，这样晚辈们也好日夜照顾。老人家随着自己的性情，经常出外游玩宴饮，畅快舒适，把身体调养好，这才是为子孙后代造福。作为儿子，这些话我是不敢直接说的，只请太叔替我把这个意思委婉地说明白，必须说服老父亲听从才算罢休。恳求您一定要办到！

关于正宪读书走科举这条路考取功名等事，这根本不是我期望的，只要教他知道孝敬尊长、兄弟友爱就行了。来诚要回去了，匆忙写这些，言犹未尽。

【阳明智慧】

名师指导进步大

这封家书写于正德十五年（1520）春。我们先介绍这封家书写作的两个背景，然后赏析家书的三个内容。

第一个背景是受人诬陷。

正德十四年（1519），蓄谋已久的宁亲王朱宸濠在南昌汇集十万大军，反叛朝廷。出差路过南昌地界的王阳明出于忠义，在没有朝廷授权的情况下，没有兵没有粮，冒着生命危险，举起大旗，临时召集义军，设谋用计，仅用43天就平定叛乱。但是，年轻的皇帝贪玩战争游戏，卑鄙的宠臣贪求战功，明知王阳明已经平定叛乱，他们仍然率军南下，要在江西鄱阳湖大战朱宸濠。权势熏天的宠臣阴谋夺取王阳明的军功，诬陷他是朱宸濠的同党。皇帝召见王阳明，宠臣阻挡，不让王阳明见皇帝。为了让皇帝怀疑王阳明，宠臣三番五次制造事端。

这些消息都会传到家乡绍兴，影响到王阳明的大家庭。

第二个背景是父亲守孝。正德十三年（1518）王阳明奶奶去世，父亲王华要守孝三年。

三个内容为教育子弟、严守门户、劝慰孝子。

克彰在王阳明的指导下，用心学习，道德学问进步很大，成了王家的私塾老师和管家。从《寄诸弟书》内容看，正德十一年（1516）克彰就被王家聘请为私塾先生，弟弟守俭、守文、守章，儿子正宪等子弟天天跟着克彰学习。

守章很平庸，不聪明，经过克彰几年的教育，有了明显的进步。为此，王阳明表扬了克彰，又提醒他两点：第一要坚定志向，做圣贤身心学问固然难免与世俗格格不入，但也不要因此同流合污；第二做老师一定要真诚，不真诚就不能感动学生，更不能教化学生。真诚不真诚，是检验老师自身道德的试金石。

王阳明虽然心中清楚自己遭受宠臣诬陷，也担心受到皇帝怀疑，他还是安慰克彰说一切正常。中国人报喜不报忧，报喜的话，自己吃苦，家人总可以心安；报忧的话，自己吃苦，还连累家人忧心。

无论叛贼还是叛党，都是十恶不赦，是要杀头的。面对要命的诬陷，他自己良知做主，以静制动。为了避免给恶人留下把柄，避免恶人趁火打劫，避免恶人落井下石，他要求克彰严守绍兴门户，严管家人，要家人谦虚谨慎，安分守己，低调低调再低调。他尤其提到儿子正宪等人，他们年纪尚小，不知道深浅，更要注意。

这年，父亲75岁，为奶奶守孝进入第二个年头，还要再守一年。父亲守孝时严格遵守丧礼礼制，严格程度远远超过规定。礼制规定，孝子每天要穿不舒服的粗麻衣服，每顿饭要吃营养不良的粗茶淡饭，每晚要睡地铺，枕土块，天天要悲痛万分。三年守孝，天天如此，对75岁老人的生命是一个严峻的考验。

孔子对守孝有圣训，他说，悲伤以不毁坏身体健康为原则。忠孝大义，儿孙也不好劝长辈。王阳明拜托克彰爷爷劝慰、劝阻父亲。克彰比王华高一辈，萝卜不大，长的是地方，辈分高，方便说话。在大家族里，不论官衔和年龄，论辈分。

弟子克彰，被王阳明委托了教育子弟、严守门户和劝慰父亲的重任。

这封家书从内容看，应该是两封。第一封家书最后一句是："家中凡百，全仗训饬照管，不一。"为什么混到了一起？可能是后世收藏家把两封家书装裱到了一起。这只是怀疑，没有确凿证据，只好照旧。

【故事链接】

守孝三年

嘉靖元年（1522）二月十二日，父亲王华去世。从嘉靖元年（1522）三月到嘉靖三年（1524）四月，王阳明为父守孝三年。

周公制礼作乐，其中的礼就包括丧礼。中国文化以孝道为根本，从汉代开始，朝廷推行以孝治国。朝廷对丧礼有明确而详细的规定，丧礼表达的是对亲人恩情的回忆和怀念，对亲人去世的痛惜和哀伤。父母亲再也不能吃香的喝辣的了，再也不能穿戴绫罗绸缎了，再也不能享福了，守孝期间，孝子要穿粗布麻衣，要吃粗茶淡饭，要睡在草席上，要枕在砖头土块上，等等。

弘治三年（1490），70岁的爷爷王伦去世，在翰林院工作的父亲王华回家奔丧，守孝三年。守孝期间，在坟前临时盖间房子，晚上就住在坟地。正德十三年（1518）十月，奶奶岑老夫人去世，父亲王华已经退休，守孝时间充裕，守孝规矩严格。到正德十五年（1520）二月，他还穿着粗麻布缝制的丧服，不吃肉，不喝酒，不睡卧室。守孝三年，意思是要守够三个年头，从去世第二个月守起，其中遇到闰月不能计算入内，合计起来必须到27个月。王华守孝应该守到正德十五年（1520）十一月。这一年，他75岁。守孝三年，对这位古稀老人的健康是一个极大的考验。他病了，身上长了疮。守孝结束一年又两个月，他就追随母亲而去了。

王华年轻时选五经之一的《礼记》作为主修经典，当过礼部侍郎，一辈子讲究遵守礼仪。嘉靖元年（1522）二月临终时，听说朝廷派来的慰问使者到家了，嘱咐王阳明兄弟出去迎接。他说，虽然仓促，也要安排好接待朝廷使者的礼仪。直到迎接仪式顺利结束，才放心地死去。

王阳明和父亲一样，年轻时选《礼记》为主修经典。他为父守孝时51岁。他本来就有病，守孝期间，病得更厉害了。

查看明代人物传记，有几位官员因为守孝劳累，死在了守孝期间。

孔圣人先知先觉，早就告诫孝子，父母去世，哀伤是自然的，但是不要毁坏身体。曾子也在《孝经》中提醒孝子，哀伤时间不要超过三年。

皇帝是唯一的，没人替他值班，他有特权把自己的守孝期浓缩为三天。

过去农耕社会，人们日子清闲，能够守三年；现在信息化时代，长年忙碌的人们只好请家中的门框代劳守孝三年。长辈去世，在家中的门框上，蓝底白字的春联要贴三年。

六 写给妻弟、妻侄

寄诸用明①

正德六年（1511）

得书，足知迩来学力②之长，甚喜！君子惟患学业之不修，科第迟速，所不论也。况吾平日所望于贤弟，固有大于此者，不识亦尝有意于此否耶？便中时报知之。

阶、阳诸侄，闻去岁皆出投试，非不喜其年少有志，然私心切不以为然。不幸遂志于得志，岂不误却此生耶！凡后生美质，须令晦养厚积③。天道不翕聚④，则不能发散，况人乎？花之千叶者无实，为其华美太发露耳。诸贤侄不以吾言为迂，便当有进步处矣。

书来劝吾仕，吾亦非洁身者，所以汲汲于是，非独以时当敛晦，亦以吾学未成。岁月不待，再过数年，精神益弊，虽欲勉进而有所不能，则将终于无成。皆吾所以势有不容已也。但老祖⑤而下，意皆不悦，今亦岂能决然行之？徒付之浩叹⑥而已！

---

① 诸用明：王阳明妻弟，名经，字用明。王阳明岳父诸让（1439~1495），字养和，号介庵，浙江余姚人，成化十一年（1475）进士，官至江西参议。诸经有两个儿子，长子诸阶，次子诸阳。
② 学力：学问的工夫造诣。
③ 晦养厚积：默默修身养性，丰富储备知识技能。
④ 翕（xī）聚：会聚。
⑤ 老祖：老祖宗。指王阳明的祖母。
⑥ 浩叹：感慨深长而大声叹息。

【古文今话】

收到了你的信，从信上可以清楚地看出来最近你的学问进步很大，我很高兴。君子只忧虑自己是不是没有修好身心学问，对于考取功名的早晚是不会刻意计较的。何况我一直以来对贤弟的期望本来就远远高于一场科举的成败，不知道贤弟是否也曾经有意于身心学问？方便的时候写信告诉我。

阶、阳几个侄子，听说去年都出去参加了科举考试，我不是不喜欢他们年轻人有志气，只是我个人不赞同年轻人这么早地去博取功名。一旦不幸得志，怎么会不耽误他们一辈子呢？凡是这些聪明伶俐的年轻人，必须磨挫他们的浮心傲气，让他们充分地涵养德能。天地不积聚、蕴藏能量，就没有充足的能量发散，何况人呢？一棵树如果花朵开得过分茂盛，它结的果实一定很贫乏，因为过分茂盛的花朵消耗了过多的能量。几位贤侄儿如不把我这些话看作迂腐的话，学业上一定会有进步的。

贤弟在信上劝我继续做官，我也不是洁身自好者，之所以一直追求辞官回乡，不仅仅是因为时局紊乱而应该退隐，也因为我的身心学问还没有成就。岁月不等人，再过几年，精神越来越衰弱，虽然想努力进步也会力不从心，可能一辈子也成就不了什么。这也是我觉得不得已的苦衷。但是从老奶奶到全家人，都不高兴我辞官，现在我又怎么敢贸然辞官？无奈我只有对天长叹了。

【阳明智慧】

少年得志是不幸

圣贤毕竟是圣贤，与凡人的想法不一样。

不仅民国时代的女作家张爱玲追求"出名要趁早"，宋代方仲永的家长也追求出名要趁早，明代王阳明的妻弟诸用明也希望儿子出名要趁早。

近说张爱玲，一个富家千金，她奶奶是清末大佬李鸿章的女儿，她爷爷张佩纶是清末名臣。她倒是出名比较早，12岁就能挣稿费，但是她的人生一团糟，中年潦倒，老无依靠，死在家里没人知道。

远说宋代的方仲永。北宋名臣王安石跟随父亲回金溪探亲，在舅舅家遇见了小方。小方五岁时无师自通，突然就会写诗。现在的家长也一样，当五岁的儿子会作出"金鱼被水淹死了"这样的诗句时，会很兴奋，很期待，很膨胀。家长领着小方四处表演，挣些银子。到了十二三岁，作诗的才能已经退化。到二十岁，归于平庸。

王安石对此的评价是，小方天生聪明，家长却忽视了后天教育。

现在的家长接受了方仲永家长的教训，非常重视对孩子后天的教育。几十年来，为什么一些小明星长大后星光黯淡呢？星光黯淡还不是最坏的，有的品行变坏了，甚至成了恶人，因为作恶进了监狱。

我们的先辈早就明白其中的道理，也曾耳提面命地告诫过我们，只是我们心性不定，被利益遮蔽住了双眼。诸用明是读书人，他也有迷糊的时候。诸用明父亲是进士出身，自己没能中举，觉得是辱没了门风，自己失意，想在两个儿子身上得到补偿，就督促儿子早早地走上科举考场。科举考场一旦中举，就有官做，就有权用。做官用权，有名有利，有责任有诱惑。才能是否承担得起责任？道德是否禁得住诱惑？王阳明果断地下了定论：少年得志是不幸。

他建议妻侄儿诸阳、诸阶这两个优秀少年，潜下心来，修养身心，稳定德性，踏踏实实，好好准备，要做到厚积薄发。王阳明是文学大家，他说出了金句"花之千叶者无实，为其华美太发露耳"，为什么？把劲儿都使到做表面文章上去了。

古人说，厚德载物，这里的"物"即是名和利。名和利需要道德的涵养和承载。

王阳明自己做着官，却劝妻弟别急着让儿子出来做官，会不会让人觉得他这是站着说话不腰痛？不是的，他正要辞官呢。听说他要辞官，奶奶不同意，爹爹不同意，最不同意的是他的夫人诸氏。明代妇女不能出来做官光宗耀祖，不能出来做生意发家致富，能做的只是相夫教子，做好贤内助，指望着夫贵妻荣、母凭子贵。诸氏担心自己说不上话，搬来弟弟做说客。弟弟没想到，不仅没劝住姐夫，还因为儿子被姐夫上了一课。

王阳明辞官的理由，一是皇帝胡闹、太监专权、天下混乱，做官干不出个名堂；二是龙场悟道后，虽然悟道了还没得道，换句话说，龙场悟道后虽然致良知了，还没全面地、彻底地、时时处处地致良知。

王阳明同时希望，妻弟自己也不要一心盯住科举考试，也要修一修身心学问。

【故事链接】

门当户对的姻亲关系

婚姻关系最佳的融合剂是什么？一致或者相近的世界观、人生观和价值观。一个人的三观来自哪里？来自家庭教育和社会教育。社会教育指社会大环境主流意识形态的熏染，特别是学校教育。古代结婚早，学校少，女性基本上是不上学的文盲。女性的三观主要来自家庭教育。因此，相同的家庭背景才能培育出相同或者相近的三观。门当户对，是古代缔结婚姻关系的重要基础。王家几代人的姻亲关系明显地体现了这一点。

王阳明的曾祖王杰是一个穷书生，穷到几乎是吃了上顿没下顿。因为穷，他娘督促，甚至是逼迫他出去做官。他学问好，品德好，被举荐到国子监读书，有资格做官。不过他恪守祖宗的遗训，宁愿受穷，也不去做官。留给两个儿子的遗产是几箱图书。

祖父王伦是穷二代，娶媳妇只能限于同阶层的家庭。王伦又是书二代，这让他岳父家还能隐约看到女婿提升阶层的希望。媳妇岑氏娘家是余姚大姓大族，在元代曾经阔过。岑氏高祖的弟弟娶了当朝宰相郑清的女儿。岑氏娘家同族弟弟岑鼎（1434～1526）是个老秀才，嘉靖五年（1526）曾到伯爵府做客。

王伦做了一辈子私塾先生，没有秀才功名，没有发家致富。儿子王华娶了余姚城北胜归山上小山村的一个村姑郑氏。他如果晚婚的话，等到进入县学当秀才后，再找媳妇，那就不一样了。

王华成化十七年（1481）进士及第，成了状元，进了翰林院。王家一夜之间，实现了阶层逆袭，进入了社会精英阶层盘踞的顶层。他找儿媳妇就开始讲究了。成化十八年（1482），王华同乡好友诸让以南京吏部员外郎身份，到北京参加会试监考和评卷工作，利用闲暇时间，拜访王华。他见到了11岁的王阳明，早早认定了这个小女婿。

王阳明两个儿子，大儿子正宪是他44岁时过继来的，二儿子正亿是他55岁时亲生的。正宪的岳父胡东皋，是余姚同乡，弘治十八年（1505）进士，做过南直隶宁国府知府和四川按察司按察使，巡抚过宁夏，提督过郧阳（郧阳府是为处置鄂、豫、陕三省流民而建的，治所在今湖北十堰郧阳区）。胡东皋是余姚有名的清廉官员。

正亿的岳父黄绾，是黄岩（今浙江台州市黄岩区）人，其爷爷当过南京工部侍郎。他不是进士出身，却好学上进，拜过名师，在山中读书十几年，很有学问。他本人做到南京礼部尚书兼翰林学士。

王华社会身份的提升，带动了整个家族的阶层提升。闻人是个复姓，在余姚是个大姓大族。王华发现一个姓闻人的秀才是个好青年，就介绍同族妹妹嫁给他。这个妹妹命运好坏参半，不好的是丈夫一心读书，不会经营家业，日子穷，丈夫去世又早；好的是，嫁给了读书明理的秀才，更好的是儿子闻人诠争气，考中了进士，做到了正四品的湖广按察司副使。闻人诠死后入祀乡贤祠。

王华又发现一个叫牧相的秀才好学上进，就介绍又一位同族妹妹嫁作秀才娘子。这个牧相很争气，弘治十二年（1499），和王阳明一起考中进士。后来做到正四品的广西布政司参议。

总结一下：要结好姻亲，需要提升自身素质，提升自家的阶层。姻亲关系的缔结，婚姻关系的经营，门当户对的观念，现在也有一定的现实意义。

书诸阳伯①卷

正德十三年（1518）

诸阳伯俛从予而问学，将别，请言。予曰："相与数月而未尝有所论，别而后言也，不既晚乎？"曰："数月而未敢有所问，知夫子之无隐于我，而冀②或有所得也。别而后请言，已自知其无所得，而虑夫子之或隐于我也。"予曰："吾何所隐哉？道若日星然，子惟不用目力焉耳，无弗睹者也。子又何求乎？道在迩而求诸远，事在易而求诸难，天下之通患也。子归而立子之志，竭子之目力，若是而有所弗睹，则吾为隐于子矣！"

【古文今话】

诸阳跟着我学习，临别时请我说几句话。我说："我们在一起几个月也没有讨论什么，你就要走了这才来求教，不是为时已晚吗？"诸阳说："这几个月没敢请教，是因为我知道老师应该不会对我隐瞒什么，因此希望有所收获。离别时才请教学问，是因为我自己觉得竟然没有什么收获，因而担心是老师可能对我隐瞒了什么。"我说："我哪有什么隐瞒啊？大道就像天上的日月星辰，是你自己不睁眼看看，所以竟然什么也没有看

---

①诸阳伯：也称诸阳，王阳明妻侄儿，字伯偁（chēng），又字伯复，号见心。曾先后到南京、赣州、绍兴向姑父求学。嘉靖元年（1522）中举，曾做南直隶宁国府推官和太平府通判。

②冀：期望。

见。你这又是追求什么呢？大道近在方寸，你却往远处找，事情本来简单容易，你却追求复杂繁难，这也是天下人的通病呀。你就要走了，要树立心中的远大志向，睁大你的眼睛，如果这样还是什么也没有看见，那就是我对你隐瞒了什么啊！"

【阳明智慧】

老师在哪里

这篇文章写于正德十三年（1518），妻侄儿诸阳在江西跟着姑父王阳明学习了几个月，要离开江西回浙江余姚家乡。从上封家书我们知道，诸阳在正德五年（1510）已经开始参加科举考试。十年时间，竟然还不开窍，真是让我们旁观者焦急叹息。

诸阳跟着学识渊博、道德高尚、才智卓越、智慧超群的王阳明学习几个月，竟然啥也没学到，没学到科举考试知识，没学到做人做事的智慧，当然更学不到天地之道。

他对学习理解得很狭隘，只有听到"同学们，我们现在开始上课"时，才认为是学习的开始。没有听到这句话，他就一直等着学习；没有听到这句话，他就一直寻找老师在哪里。

王阳明没有教师编制，他不知道王阳明是老师，只是听父亲诸用明的话，才被派来跟着姑父学习。不用说，姑姑、姑父不仅不收学费，还要免费安排吃住，甚至还要赏几个零花钱。这一趟江西之行，是诸阳的一趟免费观光旅行。稍微有点智慧的人，都会把旅游提升到游学的高度，何况诸阳是专程来学习的。

"贤侄儿，我们现在开始上课。"几个月时间，王阳明为什么不对诸阳说这句话，因为他随时随地都在给诸阳上课，没有下课的时候。可惜，诸阳有眼看不到，有耳听不到。

判断是不是老师，不能只依据有没有教师资格证、有没有教师编制和在不在学校教学这三个标准。这些人当然是老师，除此之外，还有几类老师。第一类，比自己学识渊博的人，学习他的学识。第二类，道德比自己高尚的人，学习他的道德。第三类，学识不如自己的人，学习他的优点。第四类，道德有缺陷的人，把他的缺点引以为戒。第五类，国家法律制度，单位规章制度，家训家规，它们很严格。第六类，经典图书，是人类智慧的结晶，经过了历史的检验。第七类，古今圣贤，他们代表着人类最纯粹的道德和最高的人格。第八类，世界万物，大如高山，小如微尘，包括一草一木，一砖一瓦，这是最高级、最全面的老师，它随时随地都在讲课，有时候用声音，有时候用图片，有时候用沉默，有时候……春天为什么开花？夏天为什么出汗？秋天为什么结果？冬天为什么下雪？亿万年来，它一直不停地讲课、讲学、讲道。第九类，良知为师。

龙场悟道后的王阳明，经过十年的生命实践，一个人可以代表以上几类老师。王阳明组织出版了古本《大学》，并亲自写了序言；组织刻印了《传习录》；写了《修道说》。这些经典，代表着王阳明的生命智慧，可以是诸阳的文字老师。

各地好学上进的求学者来到江西南昌和赣州，听王阳明讲学。诸阳有着充分的条件，可以听讲。

王阳明是一个本色演员，他在用生命真实地表现着圣贤的学识和品格。圣贤如何听人说话？如何走路？如何吃饭？如何教育儿子？如何和老婆说话？如何和下属学说？如何和弟子说话？如何和路人说话？圣贤眼神为什么这么清澈而深邃？气质为什么这么清净而纯粹？步履为什么这么轻盈而矫健？气场为什么这么清凉而祥和？圣贤一举一动为什么是这样而不是那样？诸阳免费观看实景演出，因为免费而不心痛机会，进而浪费了几个月的大好时光。

许多人,有钱的骑马坐船,没钱的两脚步行,奔波成百上千里地,千辛万苦,花路费、交学费,从家乡来到江西南昌和赣州学习,一分辛苦,一分收获。

诸阳呀!诸阳!唉……

【故事链接】

为妻弟写《为善最乐》

嘉靖六年(1527)八月,妻弟诸用明从余姚来绍兴,给要远赴广西工作的姐夫送行,顺便请姐夫写篇文章,纪念一件发生在他家的既有趣又有意义的事。

诸用明说:"姐夫,最近家里发生了一件奇事,我想请您这大手笔把它记下来,奇人记奇事、写奇文,才能更好地勉励我们家族的甚至全乡的年轻人,为善去恶、积德行善。"

王阳明说:"好呀,贤弟,你说来听听。不过,我一贯喜欢用小字笔,正人记正事、写正文。呵呵!"

诸用明说:"我就佩服姐夫这一点,大人物做大事,心量大能量大,又很谦虚。姐夫,惭愧得很,我说起来也是读书人,既不能像姐夫一样管理一府一省,又不能像姐夫一样指挥千军万马、剿匪平叛。读书人总要做读书人的事,这些年,我在庭院里办起了读书会,邀请志同道合的大人,召集好学上进的青年人,一起读书。读书累了,一起为乡邻乡亲做一些善事。举办读书会的场所是一座轩房,为了表明读书会的宗旨,我们刻了一块匾挂在轩房门额上。匾上刻了四个大字'为善最乐'。"

王阳明笑着说:"这是正事!这太好了!积善之家必有余庆,看看,应验了！两个孩子都进了学，成了秀才，诸阳中了举，做了官。"

诸用明开心地笑笑，接着说："前几天，佣人整理花园，在土里刨出来一枚铜镜，交给了我。我刮去铜镜的土垢，发现铜镜背面有四个铭文。姐夫，您说神奇不神奇，这四个字正是'为善最乐'！"

王阳明笑着说："既是奇事，又是正事。事情神奇，意义积极。这是对贤弟为善去恶的见证，是对积善之家的证明。"

诸用明说："姐夫，请您把它记下来！我要用您的文章教育家族子孙甚至是乡里的年轻人。"

王阳明说："好，我把它记下来！我们要让人知道，君子的快乐在于得到仁义之道，小人的快乐在于满足自己的欲望。但是，在满足了自己欲望的小人身上，我们发现，他们仍然活在困苦中。小人奔走钻营，追逐名利，斤斤计较，患得患失，担惊受怕一辈子，费尽心机却越来越粗俗笨拙，于是他们的私欲越来越放纵，罪恶越积越厚重，一辈子不知不觉就完了。难道他们这样过得快乐吗？君子正好相反，积德行善，上无愧于天，下无愧于地；白天不受人们非议，夜晚不遭鬼神责难；无忧无虑，心胸坦然，不费心机反而越过越好；宗亲家族里夸赞他们孝敬，乡邻乡亲间夸赞他们友爱；说话没有人不相信的，做事没有不令人高兴的。这种快乐，还有什么别的快乐比得了吗！贤弟，你这是真快乐呀！"

诸用明说："是呀，姐夫！为善最乐，自得其乐。"

王阳明说："古时候，成汤在洗澡盆上刻字，用来每天激励自己，为善去恶做圣贤；今天，贤弟用铜镜刻字，用来每天激励自己，知行合一致良知。这篇文章，就命名为《为善最乐》。"

书诸阳伯卷

嘉靖三年（1524）

妻侄诸阳伯复请学，既告之以格物致知①之说矣。他日，复请曰："致知者，致吾心之良知也，是既闻教矣。然天下事物之理无穷，果惟致吾之良知而可尽乎？抑尚有所求于其外也乎？"复告之曰："心之体，性也，性即理也。天下宁有心外之性？宁有性外之理乎？宁有理外之心乎？外心以求理，此告子②'义外'③之说也。理也者，心之条理也。是理也，发之于亲则为孝，发之于君则为忠，发之于朋友则为信。千变万化，至不可穷竭，而莫非发于吾之一心。故谓端庄静一为养心，而以学问思辩为穷理者，析心与理而为二矣。若吾之说，则端庄静一亦所以穷理，而学问思辩④亦所以养心，非谓养心之时无有所谓理，而穷理之时无有所谓心也。此古人之学所以知行并进而收合一之功，后世之学所以分知行为先后，

---

①格物致知：出自《大学》。在王阳明之前，一般解释为：穷究事物原理，从而获得知识。王阳明解释为：正念头，致良知。
②告子：东周战国时期思想家。
③义外：出自《孟子》："告子曰：'食、色，性也。仁，内也，非外也。义，外也，非内也。'"意为：食欲、性欲，是人的天性。仁，生自内心，不是外因引起的。义，是外因引起的，不是生自内心的。
④学问思辩（辨）：出自《中庸》："博学之，审问之，慎思之，明辨之，笃行之。"意为：广泛地学习，审慎地询问，慎重地思考，明确地辨析，切实地履行。

而不免于支离①之病者也。"曰:"然则朱子②所谓如何而为'温清之节',如何而为'奉养之宜'者,非致知之功乎?"曰:"是所谓知矣,而未可以为致知也。知其如何而为温清之节,则必实致其温清之功,而后吾之知始至;知其如何而为奉养之宜,则必实致其奉养之力,而后吾之知始至。如是乃可以为致知耳。若但空然知之为如何温清奉养,而遂谓之致知,则孰非致知者耶?《易》曰:'知至,至之。'③ 知至者,知也;至之者,致知也。此孔门不易之教,'百世以俟圣人而不惑'④ 者也。"

【古文今话】

内侄儿诸阳(伯复)向我请教学问,我给他介绍了自己对"格物致知"的理解。又一天,他又请教学问,说:"致知,是求我心中的良知,这个我已经听您教过了。然而天下万事万物的理无穷无尽,如果只求我心中的良知,怎么能求得尽天下万事万物的理呢?是不是还应该向心外追求呢?"我再次告诉他说:"心的本体,就是性;性,就是理。天下难道还有心外的性吗?难道还有性外的理吗?难道还有理外的心吗?离开心去追求理,这是告子'义是外因引起的,不是生自内心'的观点。理,是心的条理。这个理,作用到双亲身上就是孝;作用到君上身上就是忠;作用到朋友身上就是信。这个理千变万化,无穷无尽,但是根源都是我们的人

---

①支离:分散,残缺。
②朱子:南宋理学家朱熹(1130~1200)。
③"《易》曰"句:语出《周易·乾卦·文言传》,意为知道了目标,就去实现它。至,达到。
④百世以俟圣人而不惑:出自《中庸》。意为:等到百世以后,再有圣人出现,也不会对此感到困惑。

心。过去认为：用端正、庄重、安静和专一来调养身心，却把广泛地学习、反复地推敲、缜密地思考和明晰地分辨用来穷究天下万事万物的道理。这种观点把心和理一分为二。按我的观点，持守端正、庄重、安静和专一的心态，即是在养心，也是在穷究天下万事万物的道理；那么广泛地学习、反复地推敲、缜密地思考和明晰地分辨，也同时是在养心。不是说养心的时候就没有理了，也不是说穷理的时候就没有心了。古人做学问，把知和行齐头并进，可以收到知行合一的功效；后人做学问，把知和行区分了先后，这么一来学问就难免会变得分裂、破碎和烦琐。"

诸阳说："既然这样，那么朱（熹）老师说过的怎么怎么样，是'冬天让父母暖和，夏天让父母清凉'；怎么样怎么样，是'恰到好处地侍候和赡养父母'，这难道不是'致知'的功夫吗？"我说："这只是所谓的'知'，还不能认为是'致知'。知道怎么样'冬天让父母暖和，夏天让父母清凉'还不够，要真正地做到'冬天让父母暖和，夏天让父母清凉'，才算求得了自己的良知；知道怎么样'恰到好处地侍候和赡养父母'，也必须实际做到'恰到好处地侍候和赡养父母'，才算求得了自己的良知。这样才可以说是'致知'。如果没有真正的实践，而只是凭空知道怎么样'冬天让父母暖和，夏天让父母清凉'，把这样的凭空知道认为是'致知'，那么谁又不是'致知'者呢？《易经》说：'知至，至之。'知至，这是知道；至之，这才是致知，是致良知。这是儒家永远不变的做学问的方法，即使三千年后有圣人出现，这也是不会被怀疑的。"

【阳明智慧】

天理、伦理与物理

这篇文章写于嘉靖三年（1524）。嘉靖元年（1522），妻侄儿诸阳在浙江乡试中中举。新举人问了一个老问题：怎么理解《大学》中的"格物致知"。

为什么说"格物致知"是个老问题呢？正德三年（1508），王阳明在贵州龙场悟道，悟通的就是"格物致知"。此后的几十年，王阳明一直在践行和讲说这个"格物致知"，不管是东说还是西说，无论是横说还是竖说，说的都是它。说到最后，把它简化成了"致良知"。

这确实是一个问题。王阳明的弟子几乎都会问到这个问题。有记载最早问这个问题的是徐爱。这个问题被收录在《传习录》第三条。诸阳和其他弟子的问题一样。他问道："只在我心上致良知，心外的事事物物都不管了吗？"王阳明回答说："咋不管呢！……"

事实上，王阳明的回答确实存在问题。这就涉及如何解释"格物致知"。王阳明的解释是：端正自己的念头，把自己的人心合于天理，就致良知了。这里的良知等于天理。天理被运用到人间，变成了敬爱长辈、慈爱晚辈、兄弟友爱、夫妻恩爱、朋友互信、上下级有情有义等。天理变成了伦理。天理是形而上的道理，伦理是抽象的社会关系，与实实在在的物质有什么关系呢？他说的良知仅限于天理和伦理，与物理的关系没有说清楚。他根本没来得及说，就去世了。

物理，是形而下之理，指物质的构造之理等。王阳明为了回答类似问题，补充了一句话："致良知于事事物物。"怎么致良知于事事物物？能得到什么结果？他没有说。

致良知于事事物物，就是研究事事物物，研究事务的，属于社会科学范畴；研究物质的，属于自然科学范畴。

格物致知，根据研究对象不同，可以分为三门学科：心性科学、自然科学和社会科学。伦理学属于社会科学门类。

王阳明认为，不管是研究伦理还是研究物理，都是人心在研究，都可以划归心性科学范畴,都可以划归致良知学范畴。如果用良知之心来研究伦理和物理,就是致良知于事事物物。

明代和其他封建时代一样,儒家认为道德建设是根本,高于一切,其他比如文学艺术、科技发展都属于枝枝叶叶,简直不值得一提。如果专注于文学艺术和科技发展,就会玩物丧志。在前面的家书中,王阳明不希望子弟像柳宗元和韩愈一样,沉湎于文字的刻意雕琢。他希望,子弟安定心性,筑牢道德。他认为,这是最重要的。

这是儒家的历史局限,圣贤王阳明也不例外。道德建设确实是根本。说道德,一般人会理解成庸俗的道德。实际上,王阳明说的良知是根本的道德,是心灵的终极安顿。

致良知情况下的社会科学研究和自然科学研究,研究人员丢掉了对名利患得患失的干扰,纯粹出于热爱研究事业,出于造福人类的心愿,格局大,境界高,收获必将是巨大的,就像袁隆平和吴孟超他们一样。

如果不理解格物的分类,格物致知,现在仍然是一个问题。如果没有致良知的身心体验,它将永远是一个问题。

【故事链接】

阳明心学的创造性发展:致良知与致良知于事事物物

一、致良知学的特点

正德十五年(1520)秋,平定朱宸濠叛乱事件整整过去了一年,应皇帝朱厚照的要求,王阳明重新向朝廷上奏了平叛捷报。在重新上奏的捷报中,把贪功的皇帝和皇帝的宠臣都列入了平乱有功人员的名单中。在平乱中寸功未立的皇帝和几个宠臣心满意足,离开住了半年多的南京,踏上了回北京的路程。

一直担心皇帝安全又受困于这几个宠臣诬陷的王阳明，心中的石头终于落地了。回首往事，是谁引导他平安地走出了重重险境磨难？是龙场悟道后心中开启的这个"知"。这个"知"真是良师益友，是真知，是良知。他心中良知的概念形成了。正德十五年（1520）秋，在赣州通天岩讲学时，他口中的"致知"已经是"致良知"这个意思。据现有文献，"致良知"这个词组最早出现于正德十六年（1521）他写给弟子邹守益的信中。

致良知学，起步于正德三年（1508）他37岁时的龙场悟道，形成于正德十五年（1520）秋他49岁时的赣州讲学，及正德十六年（1521）春他50岁时的南昌讲学，成熟于晚年他在浙江绍兴讲学时，成熟的标志是"四句教"的出现。

四句教：无善无恶是心之体，有善有恶是意之动。知善知恶是良知，为善去恶是格物。

回顾致良知学的成熟过程，尤其是回顾龙场悟道，可以发现这样一些特点：

1. 致良知学科分类：心性生命科学。

2. 致良知的方向是回归内心，不能从身外事事物物上寻找。

3. 致良知的方法是恢复到心的本然状态。本然状态即《道德经》说的自然而然状态。自然状态，意味着一切的人为因素都是干扰。《道德经》说，致良知要一天天减少人为因素的干扰，最后是无所作为，回归自然。据此，致良知的特点可以总结为：无执着、无作为、无自我。

4. 致良知的意义是获得心灵的终极自由，获得道德的终极实现，获得人生的生死自由。

二、致良知学的局限

龙场悟道后，弟子徐爱等不少人都有疑问。他们问道："老师，您说回归内心，外面的事就不管了吗?"王阳明举孝敬父母做例子，他说，一个人孝敬不孝敬父母，全在于自己的心，孝心并不能出现在被孝敬的父母身上。弟子容易理解和信服致良知，朋友却不容易理解他的致良知。顾璘既是官员，又是著名诗人，他提出了类似疑问。嘉靖四年（1525），54岁的王阳明给顾璘写了一封万字长信，在信中提出了"致吾心之良知于事事物物"的说法。

王阳明最初提出致良知，是要致自己内心的良知。做到了致良知又怎么样呢？他说，做到了致良知也只是知道个天理。孔子被公认是圣人，圣人意味着已经致良知了。但是，孔子到鲁国的太庙，遇到什么事情，总是不时地请教太庙里的工作人员。弟子问孔子有关农业生产的知识，他让弟子去请教农民，因为他是一个四体不勤、五谷不分的圣人。

王阳明一生建立的不朽功勋主要体现在两方面，一是剿匪安民、平叛定国的军事功勋，二是记录有他致良知学的著作传世。他的军事智慧来自于他几十年来的勤奋学习和刻苦钻研，他的不朽著作来自于他一生的学习、实践和总结。这绝对不是他在贵州龙场坐几个月山洞就能悟得出来的。

他说的"心即理"，在中国传统文化中也被表述为"心物一元"。心物一元，是有前提的。比如，阳明心学中一个很有名的故事是"岩中花树"。故事内容是，一天，王阳明带着弟子到绍兴会稽山去游学，随行的还有他的朋友。这个朋友对由"心即理"推导出来的"心外无物"不理解，指着山中一棵开满了花朵的花树质问王阳明说："您说心外无物，但是这棵长在山中的花树，它的花朵每年开开落落，除了孤芳自赏，与我的心有什么关系呢？"

对体验到"心即理"的人来说，这样的疑问是不存在的。对没吃过天山雪莲的人，无论如何给他解释天山雪莲的滋味，他也难以明白真正的味道。王阳明怎么办？只能通过诡辩来给他解释。

致良知学是有局限的，它仅限于身心生命学层面，致的是自己内心的良知。王阳明说，这个良知是天理，是道，是生天生地、生鬼生神的那个万事万物的母亲。但是，我们认识一个人的母亲，不见得就认识这个人，更不见得就认识这个母亲的孙子和重孙子。

被顾璘质问后，王阳明有了"致良知于事事物物"的说法。

三、致良知于事事物物的特点和效果

致良知，从《大学》"格物致知"发展而来；致良知于事事物物，也从《大学》发展而来，是从"致知格物"转化而来。在四句教中，王阳明说，为善去恶是格物。王阳明创造性地解释、发展了儒家经典《大学》第一章的内容。但是，受时代的局限，受他寿命的局限，致良知学仍需继续创新性地发展。封建社会，把一切的科技发明视为奇技淫巧。作为圣贤的王阳明，晚年把军事智慧也视为阴谋诡计，对弟子避而不谈。

如何致良知于事事物物？王阳明没有说清楚。举一个最简单的例子，制造航天飞机，不对材料科学进行研究，只向内心使劲，很可能是南辕北辙和缘木求鱼。

还从格物致知说起。致良知学中的"格物"，研究的是内心，得到的是天理，获得的是心灵的解放。致良知于事事物物中的"格物"，研究的是事务，是物质，方向不同，方法不同，结果自然也不相同。它的特点如下：

1. 致良知于事事物物的学科分类是，研究事务的属于社会科学，研究物质的属于自然科学。

2. 研究对象是物质和事务，研究目的是获得物理和事理。借用《道德经》的说法，这样的研究需要天天用功，刻苦钻研，积累知识，提升见识，最后得出崭新的科学技术和社会发展规律。据此，致良知于事事物物的特点可以总结为：执着，有作为，有自我。这个"自我"不同于一般的自我，而是一个大格局的自我，是万物一体的自我，是人心纯粹得合于天理的自我。

3. 致良知于事事物物的意义是，推动科学技术发展，解放人类的身体，让人类走得更远、更快、更高，让人类活得更舒适；促进社会文明和进步，让人与人的关系更融洽、更和谐、更健康，让人类社会可持续发展，让世界更和谐、更文明、更长久。

4. 致良知于事事物物，意味着自然科学研究和社会科学研究是以致良知为前提，这样的研究没有个人的自私自利和患得患失干扰，用心更纯净，格局更高远，获得的成就也必将是伟大的。比如举国尊敬的袁隆平院士、吴孟超院士、钟南山院士等。

致良知属于道德科学或者说心性生命学，致良知于事事物物属于自然科学和社会科学。前者能够获得个体心灵的解放和身心最大限度的健康，促进社会精神文明的建设；后者推动科学技术发展和社会文明发展。两者像雄鹰的两个翅膀，缺一不可。

七 写给姑表弟

送闻人邦允序

正德七年（1512）

闻人言邦允者①，阳明子之表弟也，将之官闽之苍峡②而请言。阳明子谓之曰："重矣，勿以进非科第而自轻；荣矣，勿以官卑而自慢。夫进非科第，则人之待之也易以轻，从而自轻者有矣；官卑，则人之待之也易以慢，从而自慢者有矣。夫科第以致身③，而恃以为暴，是厉阶④也；高位以行道，而遽以媒利⑤，是盗资也，于吾何有哉？吾所谓重，吾有良贵⑥焉耳，非矜与敖⑦之谓也；吾所谓荣，吾职易举焉耳，非显与耀之谓也。夫以良贵为重，举职为荣，则夫人之轻与慢之也，亦于吾何有哉！行矣，吾何言！"

【古文今话】

闻人言，字邦允，是我的表弟，他要到福建苍峡去做官，来请我写几句话。我对表弟说："要庄重，不要因为自己的官职不是通过科举考试取

---

① 闻人言邦允者：复姓闻人，名言，字邦允。王阳明表弟的同宗兄弟。王阳明本家姑姑嫁给余姚一位闻人姓读书人，生了两个儿子闻人阊和闻人诠，他们都是秀才。
② 苍峡：在今福建南平东南。
③ 致身：出自《论语》："事君能致其身。"原意指献身，后指做官。
④ 厉阶：出自《诗经》："谁生厉阶？至今为梗。"厉阶，祸端。梗，阻塞，妨碍。
⑤ 媒利：谋利。媒，通"谋"。
⑥ 良贵：出自《孟子》："人之所贵者，非良贵也。"朱熹集注："良者，本然之善也。"
⑦ 敖：骄傲。敖，通"傲"。

得的，就自轻自贱；要爱惜自己的荣誉，不要因为自己的官职卑微，就懈怠敷衍。官职不是通过科举考试取得的，别人对待这样的官员容易产生轻视心理，因而自轻自贱的人有；官职卑微，别人可能会怠慢自己，因而自己变得散漫的人有。通过科举考试做官的，如果通过做官来干坏事，那么官职就成了惹祸的根源；官做大了本可以更好地行道义，却利用自己的官职牟取私利，那是盗用官职，这样做官对我有什么好处呢？我说的要庄重，是指我要凭良心自重自爱，不是说要端着架子自高自大；我说要爱惜自己的荣誉，是指我的职责虽然容易坚守，也要尽心尽责，不是说我要追求荣誉来向别人夸耀。做到了凭良心自重自爱就是庄重，做到了尽心尽责就是爱惜自己的荣誉，那么别人即便轻视我、怠慢我，又有什么关系呢？走马上任去吧，我没有别的话要说了！"

【阳明智慧】

经受住委屈的生命才能成长

姑表弟闻人言要去福建苍峡出任一个从九品的官职，他担心因官职卑微，自己会遭受轻视和怠慢，出发前来请教舅表兄怎么办。

王阳明出任过从九品的龙场驿丞，做驿丞时遭受过无端的羞辱。他结合自己的经验，给表弟出主意说，不要计较别人的轻视和怠慢，只要自己良知做主，尽职尽责，就是光荣的。

介绍两个背景：一、王阳明生活的明代中期，文官从科举考试中选任，必须是举人或进士出身。武官有世袭和军功两个途径。这是做官的正途。其他的做官途径，比如捐粮捐钱等，都被视为旁门左道。从九品，是明代官位等级中最低的一级。二、正德七年（1512），王阳明还没提出"致良知"，在文中借用孟子提出的"良贵"代替良知。

闻人言做最小的官，受委屈是避免不了的。他可能以为等官做大以后，就不会遭受委屈。这是没见识的见识。部长官很大，在总统面前照样可能受委屈。总统官最大，在大自然面前，照样受委屈。总统也做不到随心所欲，比如他正在草地上遛狗呢，突然遭遇一场暴雨，照样把他淋成落汤鸡。大自然威力无比，人类有时也不买它的账。要修高铁时，遇到山峰挡道，低山会被人类铲平，高山会被开膛破肚。

委屈，谁也躲不开，免不了。小一点的叫委屈，大一些的叫冤屈。

遭受委屈、蒙受冤屈，怎么办？遭受凌辱，怎么办？

韩信年轻时遭受过几个坏人的欺辱。几个坏人在路上堵住韩信，逼韩信像狗一样从他们的裤裆下钻过去。韩信打不过他们，又没有"买路钱"，只好从坏人的胯下钻过去。韩信遭受胯下之辱时是什么心态？委屈得眼噙热泪？还是眼神中充满坚毅？历史没有记载。

耻辱催人奋进。这次胯下之辱逼迫韩信不得不强大起来。他最终成了大将军，成了王者。他一定会感谢这次屈辱。

总结一下：遭受委屈，是自己不够强大，或者力量不够强大，或者见识不够高明，或者心灵不够强大。心灵强大，委屈就不再是委屈。有时候，心灵脆弱的人觉得很委屈的事，在心灵强大的人看来，简直是鸡毛蒜皮，不足挂齿。

什么力量最强大？致良知是一种最强大的力量。

【故事链接】

冯恩请到了《咏良知四首示诸生》

正德七年（1512），表弟闻人言"请言"，请到了一篇《送闻人邦允序》；嘉靖七年（1528），弟子冯恩请言，请到了《咏良知四首示诸生》。

嘉靖七年（1528）九月，冯恩（约1496~1576）来到广东省广州城，代表朝廷对王阳明进行表彰，表彰他和平解决思恩和田州事件，颁授了奖状，颁发了50两赏银、四匹锦缎等。冯恩代表朝廷居高临下地颁奖后，又下跪磕头拜了师。拜师后，向师父王阳明请训。

闻人言是亲戚，冯恩是弟子。冯恩向师父请教、请训，闻人言是请言、请益。请言、请益、请教、请训，含义大体一样，深浅程度不一样。对弟子会严一些，会直言不讳，不讲情面；对亲戚会宽容一些，会客气一些，顾及人情脸面。师徒如父子，亲戚血缘、姻缘有远近不同。

王阳明和孔子一样，圣人在教学上，对血亲、姻亲、路人，一视同仁。这是从理上说，但是具体到事上，一定有差别。这种差别表现在，血亲、姻亲、路人对老师的态度不一样，老师就需要因人、因态度进行教育。

王阳明《咏良知四首示诸生》作于嘉靖四年（1525），专门说良知的。正德七年（1512），他还没有明确提出"良知"和"致良知"这两个概念，所以在《送闻人邦允序》中，他说的是"良贵"。良贵也是孟子提出来的概念，是良知的同义词。

冯恩请言，请到了王阳明亲手书写的四首《咏良知》。是不是像有的人，请到了名人墨宝，挂到客厅里炫耀，或者藏到密室里欣赏，或者转手卖个好价钱？不是的，他请到的是王阳明的讲学内容，请到的是致良知的方法。冯恩把它悬挂在书房，或者摆放在书桌上，让它随时提醒自己，督促自己，在起心动念的时候，为善去恶做圣贤，知行合一致良知。他把《咏良知四首示诸生》尊崇为王阳明的化身，好比是随时有明师和严师站在自己眼前、身后，随时耳提面命，教训他。

冯恩父亲去世早，家里穷。但是他学习刻苦，嘉靖五年（1526）考中进士。当御史时，不怕报复，上奏弹劾权贵，被判入狱，遭严刑拷打后，被充军六年。在监狱里时，一个狱友照顾他。狱友死后，冯恩把这个狱友的孩子抚养大，像对待自家孩子一样，给他们买了地，盖了房。

冯恩一生凭良知做官做人，没有辜负王阳明的赠言和期望。

胡宗宪生在王阳明时代，还遗憾没有机会见到圣贤，生在圣贤身后五百年的我们，更会有人遗憾没有机会瞻仰圣贤的风采，请到圣贤的言语训导。弥补遗憾的方法是有的。因为《传习录》还在，《王阳明全集》还在，《王阳明家书家训》还在。

冯恩请到的《咏良知四首示诸生》还在：

一

个个人心有仲尼，自将闻见苦遮迷。

而今指与真头面，只是良知更莫疑。

二

问君何事日憧憧？烦恼场中错用功。

莫道圣门无口诀，良知两字是参同。

（参同：《周易参同契》的略称。）

三

人人自有定盘针，万化根原总在心。

却笑从前颠倒见，枝枝叶叶外头寻。

四

无声无臭独知时，此是乾坤万有基。

抛却自家无尽藏，沿门持钵效贫儿。

（无尽藏：佛学用语，指心是取之不尽、用之不竭的智慧宝藏。）

寄闻人邦英、邦正①一
正德十三年（1518）

　　昆季②敏而好学③，吾家两弟得以朝夕亲资磨励，闻之甚喜。得书，备见向往之诚，尤极浣慰④。家贫亲老，岂可不求禄仕⑤？求禄仕而不工举业，却是不尽人事而徒责天命，无是理矣。但能立志坚定，随事尽道，不以得失动念，则虽勉习举业，亦自无妨圣贤之学。若是原无求为圣贤之志，虽不业举，日谈道德，亦只成就得务外⑥好高之病而已。此昔人所以有"不患妨功，惟患夺志"⑦之说也。夫谓之夺志，则已有志可夺；若尚未有可夺之志，却又不可以不深思疑省而早图之。每念贤弟资质之美，未尝不切拳拳⑧。夫

---

① 闻人邦英、邦正：闻人阊和闻人诠兄弟，字邦英、邦正，均为王阳明姑表弟和弟子。兄弟俩事迹在《余姚县志》有记载。兄闻人阊是县学秀才。弟闻人诠，嘉靖五年（1526）进士，累官至湖广按察司副使，校补有《旧唐书》等著作。兄弟俩的父亲是县学秀才，英年早逝，母亲守寡。
② 昆季：兄弟。兄为昆，弟为季。
③ 敏而好学：出自《论语》："子曰：'敏而好学，不耻下问。'"意为：天资聪明又好学习，不以向地位和学识比自己低的人请教为耻。
④ 浣（huàn）慰：宽慰，快慰。
⑤ 禄仕：为食俸禄而居官。
⑥ 务外：研究学问，不求深入。也指一味追逐身外之物，不知道修身养性。
⑦ 不患妨功，惟患夺志：出自《二程外书》："故科举之事，不患妨功，惟患夺志。"意为：准备和参加科举考试，对于一个人追求和实现远大志向并没有什么大的妨碍，令人担心的是把考试看作唯一的目标而消磨了本来远大的志向。
⑧ 拳拳：眷恋的样子。

美质难得而易坏，至道①难闻而易失，盛年难遇而易过，习俗难革②而易流。昆玉③勉之！

【古文今话】

你们兄弟俩天资聪明又好学习，我家两个弟弟能够天天得到你们的帮助和磨炼，我听说后很高兴。接到你们的信，从信上明显地感觉到你们向往圣贤学问的诚心，我特别地快慰。家庭贫穷，母亲年高，怎么可以不追求通过做官来获得钱粮呢？要通过做官来获得钱粮，又不认真准备科举考试，这是自己没有尽心尽力，却一味地抱怨老天爷，没有这个道理呀。如果学习圣贤学问的志向坚定，干什么事都能够坚守道义，心中不存患得患失的念头，那么虽然努力地准备科举考试，也并不妨碍学习圣贤的身心学问。如果心中原就没有追求做圣贤的志向，即便没有准备科举考试，天天道德不离口，这也只是得了个一心追求身外之物又好高骛远的疾病罢了。因此古人才有了"不怕耽误圣贤学问，只怕被迫改变学做圣贤学问的志向"这个说法。这里说被迫改变志向，毕竟还有学做圣贤的志向可以改变；如果根本就没有树立起可能被迫改变的志向，那就不得不深刻思考了，就要质问自己，要反省自己，要早做打算。每想到二位贤弟美好的素质，我没有不深切思念的。优良的素质很难得到却容易损坏，根本的道理很难听到却容易丢弃，美好的年华很难遇到却轻易就过去了，不良的习俗很难革除，不知不觉就同流合污了。二位贤弟要努力呀！

---

①至道：最高的真理。
②革：消除，改变。
③昆玉：称人兄弟的敬辞。

【阳明智慧】

圣贤与英雄

王阳明的姑表弟闻人阊、闻人诠兄弟和一般人一样，分不清圣贤与英雄的区别。

两个表弟的父亲死得早，母亲早早守寡，家里穷。他们和其父亲一样，都是余姚县学里的秀才。明代制度规定，职业世袭。籍贯，这个词在明代有特殊意义，其中的"籍"代表一个人和这个人家庭的职业。祖父是做官的，这个家庭就是官籍；祖父是做工匠的，这个家庭就是匠籍。类似有民籍、军籍等。籍之下再细分，细分后的职业类别被称为"某某户"。比如"阴阳户"，意味着这家人代代都要做阴阳先生；比如"乐户"，意味着这家人代代要唱曲、说书等。

各种职业身份有不同的社会地位，排序是士、农、工、商。读书人身份最高，不愿意自降身份去做工从事技术工作，更不愿意经商去挣钱。闻人兄弟要赡养母亲，只有两条出路，一是做官拿俸禄，二是做教书先生挣工资。

在明代中期，社会崇尚"万般皆下品，唯有读书高""学好文武艺，货卖帝王家"。

做官，平台高，舞台大，对社会贡献大，体现的个人价值也大，收入高，名誉高等好处一大堆。闻人阊、闻人诠兄弟想去做官，他们父母可能也是这样教育的。想做官，就要认真准备科举考试。他们有顾虑，担心准备科举考试时会耽误圣贤身心学问的修学，担心做官妨碍做圣贤。

这封家书写于正德十三年（1518）四月，47岁的王阳明有资格回答这个问题。

他是过来人，准备过科举考试，参加过三次会试；经过龙场悟道，体验过圣人的身心境界；一年多剿灭了三大土匪集团，这是举世罕见的英雄事业；剿匪结束后，他以赣州为核心，在辖境内积极推广圣贤教育。他既是道德高尚的圣贤，又是剿匪安民的英雄。

结合自己的人生经验，王阳明给两位表弟建议如下：一、认真准备科举考试，努力通过会试（闻人诠为正德十一年（1516）举人）。二、出来做官，通过从事圣贤事业，既赡养母亲，又造福天下。三、这一切的前提是，立定圣贤志向。一旦立定圣贤志向，用圣贤心做人做事，不管是做什么事，哪怕是剿灭土匪，照样是圣贤事业。四、立志！立志！立志！立志要早，更要坚定。大道很难有机会听到，听到后又难以把握；聪明不可靠，青春难长久；习俗像温水煮青蛙一样最害人。

王阳明给表弟建议的核心是：立定圣贤志向。圣贤是个什么志向？一封短信，不可能面面俱到。我们综合《传习录》和《王阳明全集》内容，梳理一下：一、先明确一点：圣人，即彻底致良知的人。良知具有什么属性和特点，圣人就具有什么属性和特点。无私无我，这是圣人最典型的特点。良知，具有是非善恶的分辨能力，圣人同样具有是非善恶的分辨能力。二、贤人，公心大，私心小。小人相反，私心大，公心小。坏人，自私自利。恶人，损人利己，或者损人不利己。三、圣人的标准在于：一个人是否致良知，心是否合乎良知，不论他的才智是大是小。就像判断一块金子，是论它的纯度，不论它的大小多少。1000 克纯金是金子，10 克纯金也是金子。四、圣人凭道德，英雄论事业。圣人战胜的是自己，英雄打败的是别人。曹操是英雄，不是圣贤；王阳明既是英雄，又是圣贤。

闻人阊、闻人诠兄弟既是王阳明的表弟，又是其弟子。二人没辜负自己的姓，听进去了表兄的话。哥哥闻人阊去世早。闻人诠嘉靖五年（1526）顺利通过会试和殿试，获得进士出身。他先后做过知县、御史和按察司副使，为当地人民做过不少好事。在文化方面也有贡献，和钱德洪合编出版过《阳明夫子文录》，并有著作传世。

闻人诠做宝应（今江苏宝应）知县时，有一年大旱，运河水很浅。主管运河的御史为了保障运河船运，禁止开闸放水。闻人诠为了全县农民抗旱浇水，坚持放水浇田。这，既是英雄，又是圣贤。

【故事链接】

打蛇七寸的故事

嘉靖四年（1525）秋，王阳明弟子钱楩（pián）和魏良政分别摘取浙江省和江西省第一名举人的桂冠。

钱蒙笑着说："致良知学，真是打蛇七寸。我信阳明先生！我信致良知学！"

钱蒙这样赞叹，是有故事的。

嘉靖三年（1524）四月，王阳明三年守孝期结束，可以继续做官。朝廷大臣认为致良知学属于异端邪说，不愿意让他出来做官。王阳明把主要精力放到讲学上，他喜欢山水，把课堂开到了会稽山中。数百名来自江南各省的青年学子汇聚绍兴。钱蒙的两个儿子钱德洪和钱德周也来到会稽山。

正德十六年（1521）秋，钱德洪要拜师王阳明，钱蒙不同意。拜师第二年，钱德洪考中举人。钱蒙相信了致良知学。现在两个儿子都跟着王阳明在绍兴学习，他又有点不放心。尽管是盲人，他决定亲自到绍兴，要亲耳听一听，两个儿子在学啥干啥。

嘉靖三年（1524）秋，钱蒙从余姚来到绍兴。儿子的同学很热情。来自江西的魏良政、魏良器兄弟俩陪着钱蒙，在会稽山参观游览十来天。

会稽山中,埋葬着大禹,这里灵山秀水,百鸟争鸣,微风拂面,秋阳暖身,钱蒙流连忘返。自己玩痛快了,却担心耽误几个"导游"读书学习,要知道明年就是乡试的年份。钱蒙有些歉意,他说:"几位同学陪我十来天,耽误了你们不少功课吧?"

同学们说:"不耽误。我们时时刻刻在用功。"

钱蒙说:"我知道致良知学可以触类旁通,但是朱熹先生的书不能不看吧?"

同学们说:"用我们的致良知方法读朱熹先生的书,是打蛇七寸,事半功倍。您放心吧,陪您游玩,不耽误我们学习。"

钱蒙将信将疑,他来请教王阳明。

王阳明说:"钱先生,您这个问题,许多同学都问过,都担心过。正德三年,我在龙场悟通了这个问题。"

钱蒙既吃惊又兴奋地说:"阳明先生,那就请您讲讲龙场悟道好吗?"

见王阳明点头,钱蒙兴奋中充满了期待。

王阳明说:"我先打一个比喻。有一个穷人家,媒人上门说媒。为了取得媒人信任,主人求西家借东家,借来一屋子家具,把家里摆设得富丽堂皇。媒人眼见为实,误认为这是一个富人家,就给说了一个千金小姐。骗过媒人,一屋子家具都还给了别人。结果可以想象,千金小姐进门,发现家里很穷,发现被骗,受不了苦日子,只能一走了之。"

钱蒙点着头,心里疑惑,难道阳明先生龙场悟道,就悟通了这些?

王阳明觉察到钱蒙的疑惑,也不说破,继续说道:"又一个穷人家,儿子好好读书,做了官,领了工资,盖了新房,买了新家具。这一切既不是借的,更不是偷的,是他们自家的,今年是,明年是,以后还是。不用欺骗,就可以娶来千金小姐,而且也不会轻易离婚。"

钱蒙越听越迷糊,他心里嘀咕:这就是龙场悟道?

王阳明笑着说:"比喻,永远是近似,是仿佛,不可能是全部。这里涉及两个名词,一个是知识,一个是智慧。知识,是外来的,是我们耳朵听来的、眼睛看到的、鼻子闻来的、心里思考的等;智慧是内生的,是内心被彻底启发后的直觉。虽然两个意思用同一个字'知'来表示,但是必须区别清楚。在龙场悟道以前,我不清楚这一点,一直困惑了几十年。"

钱蒙三岁失明,箫吹得好,脑子不笨,他总觉得王阳明解答的,不是自己问的。

王阳明心思灵敏,察觉了钱蒙的心思,就说:"我们准备科举考试,学这个学那个,学的都是知识。这些知识堆放在大脑里,就像穷人家借来的满屋子家具,考试结束,知识不知不觉中就还给了人家。我们的致良知学,开发的是自心的智慧,开启的是自心的良知。智慧和良知,本来就是我们内心本有的,一旦开发出来,稳定下来,永远是我们内心的财富,永远也不需要还给人家。就像金子一样永不褪色。知识与智慧,好比是媳妇与儿子。钱先生,您看?"

钱蒙听明白了,笑盈盈地说道:"阳明先生,承教!承教!"

他嘴里说着"承教",心里狐疑。他对比喻很明白,对实际还有些怀疑。他是盲人,虽然可以耳听为真,不能眼见为实,又有些担心,这万一要是王阳明招生的广告呢?他不信广告,只信疗效。

钱楩和魏良政的乡试成绩,印证了王阳明的话,钱蒙被说服了。

寄闻人邦英、邦正二

正德十三年（1518）

得书，见昆季用志①之不凡，此固区区②所深望者，何幸何幸！

世俗之见，岂足与论！君子惟求其是而已。"仕非为贫也，而有时乎为贫"③，古之人皆用之，吾何为独不然？然谓举业与圣人之学相戾④者，非也。程子云："心苟不忘，则虽应接俗事，莫非实学，无非道也。"⑤而况于举业乎！谓举业与圣人之学不相戾者，亦非也。程子云："心苟忘之，则虽终身由之，只是俗事。"⑥而况于举业乎！忘与不忘之间，间不容发，要在深思默识⑦，所指谓不忘者果何事耶，知此则知学矣。贤弟精之熟之，不使有毫厘之差、千里之谬，可也。

---

①用志：用心，集中注意力。志为心之主。
②区区：微小。自谦用词。
③仕非为贫也，而有时乎为贫：出自《孟子》。意为：做官不是因为贫穷，但是有时候也是因为贫穷。
④戾（lì）：违背，违反。
⑤"心苟不忘"云云：意为：如果心中念念不忘（自己的志向），那么虽然每天应酬和接待的都是最世俗的事情，做这些世俗的事情却没有哪一件不是在做实实在在的学问，没有哪一件事情不合于道。此处有误，引文出自北宋张载《张子全书》，引文与实际文字有个别字的差异。朱熹和吕祖谦合编的《近思录》也收录了张载这条语录："心苟不忘，则虽接人事，即是实行，莫非道也；心若忘之，则终身由之，只是俗事。"
⑥"心苟忘之"云云：意为：如果心中忘记了自己学圣贤做圣贤的志向，那么虽然一辈子听讲、学习圣贤学问，一辈子也不过是在做世俗的事情。此处有误，引文出自张载。
⑦默识：心中体会，默默牢记。

【古文今话】

接到两位贤弟的信,知道两位贤弟志向不凡,这本来就是我对二位贤弟的深切期望。这是多么幸运呀!这是多么幸运呀!

世俗那些见识,怎么值得和他们争论!君子只追求那些值得追求的。"做官不是因为贫穷,可是有时候却也是因为贫穷",古人都这样做,为什么我们就不能这样做呢?但是说准备科举考试与圣贤学问互相冲突,是不对的。程夫子说过:"如果心中时刻不忘圣贤学问,那么即便接待的是俗人、经办的是俗事,这无不是经世致用的学问,这无不是道德学问。"更何况是准备科举考试!说准备科举考试与圣贤学问不互相冲突,也不对。程夫子说过:"心中如果丢弃了圣贤的存心,那么即便一辈子听圣贤学问、说圣贤学问,仍然只是干了一辈子俗事。"更何况是准备科举考试呢!不忘圣贤学问,与丢弃了圣贤的存心,这二者之间的差别很难用言语表达出来,必须深深地思考,默默地分辨,这里说不能忘记的圣贤学问究竟是什么内容,明白了圣贤学问的内容也就知道怎么学了。二位贤弟要精益求精,要熟能生巧,不要失之毫厘谬以千里,这样才行。

【阳明智慧】

不忘初心　坚定志向

这封家书与上一封是姊妹篇。上一封家书教导表弟要立志,这封家书鼓励表弟要志向坚定。

正德十三年(1518)四月二十二日,王阳明给余姚四位堂弟写了一封家书《与诸弟书》,在寄信包裹中夹带了七封家书,其中有给闻人䎖、闻人诠两个表弟的一封。可惜那封家书失传了。

两位表弟接到家书后，深入学习表兄的教诲，抓住了家书中的核心要点，即立志做圣贤，二人立即回信，在信中表示兄弟俩已经立下志向。

兄弟俩在与同学们的交流中得知，大家读的都是四书五经，目的却完全不同。许多同学读四书五经是为了升官发财，为了光宗耀祖。自己读书是为了修养身心做圣贤，与世俗格格不入，这可怎么办？自己天天与这帮世俗之人在一起混，很难超尘脱俗，很难做圣贤。这是第一个顾虑。第二个顾虑是，兄弟俩还是想做官挣俸禄，既养家糊口，又光宗耀祖，但是心里有道坎过不去。觉得自己是因为穷才出去做官，圣贤是为人民服务而去做官，出发点不一样，令人不安。

表弟们已经进步了。以前想做圣贤学问，找不到着力点和下手处。王阳明教他们立志。立志了，还是有顾虑。

王阳明一眼看到问题所在：两位表弟虽然立志了，不坚定，容易忘。不仅他二人这样，这是许多人的通病。几乎每个人都曾立下过大小不一的志向，几十年人生路，不少人走着走着就忘了当初的志向。有的被困难吓倒了，有的被世俗淹没了。王阳明也不例外，他至少三次被困难吓倒，而放弃过做圣贤的志向。

立志，确实不容易。嘴上说说容易，心上立定不容易，持之以恒难，做到更难。老祖宗很清楚这一点，这个"志"字从上下结构本身就充分反映出这一点。上"士"下"心"，意味着必须在心上立，必须有战士一样的斗志。战士有着什么样的斗志？一不怕死，二不怕苦。死，都不能怕！

王阳明是过来人，他有针对性地教导表弟要坚定志向。如何坚定？不忘。怎么不忘？念念不忘。这就是王阳明教育弟子致良知的方法。这种方法有个名字，叫"必有事焉"。"必有事焉"，有两层意思：一是必须有事情做，人们才能够安居乐业，没有事情做的闲人容易生歹心。二是没事情做时要念念不忘。不忘什么呢？不忘自己的志向是不是圣贤志向，不忘自己的心合乎不合乎良知。一般人只领会到第一层意思，这样的领会很肤浅。

王阳明非常强调这个"不忘"，短短的家书中出现了四个"忘"字。不忘什么？不忘当初在心中立下的圣贤志向，简称"不忘初心"。"初心"在《王阳明全集》中至少出现过八次，分别出现在《太白楼赋》等两篇赋、《龙冈新构》等诗中。"初心"，有两层意思，浅显的意思是最初的发心和志向；根本的意思是每个人与生俱来的良知。良知才是最初的和最原始的，没有天地之前它就在。

总结一下这封家书：坚定志向，不忘初心。

【故事链接】

格物致知的故事

格物致知，出自儒家经典《大学》。同一个成语，不同的人有不同的解读。因为解读不同，围绕着这个成语就发生了很多故事。这里只说发生在朱熹（1130~1200）和王阳明之间的故事。

在《大学章句》中，朱熹的解释是：格，是到达的意思；物，指事情；致，穷尽与透彻的意思；知，即识，合称知识。四个字合起来意思是：把事物的道理研究透彻，透彻到极致，得到全部的知识。今天研究透彻这个事物，明天研究透彻那个事物，后天研究透彻另一个事物，日积月累，直到有一天会豁然贯通，明白所有事物的道理。

朱熹是宋代大学者，他的《四书章句》被明代朝廷列为科举考试的标准答案。王阳明非常尊崇朱熹，读他的书，学习他的修学方法。他很痴迷，年轻时格了七天竹子，想把竹子探究透彻，进而成为像孔子一样的圣贤。格竹子失败后，他不敢怀疑权威，反而怀疑自己不是做圣贤的料。

正德三年（1508）龙场悟道后，他终于明白：第一，以前两眼向外，在身外的万事万物上寻觅圣人之道（良知），方向错了；第二，圣人之道（良知）就在自己心中，丝毫不缺。此后经过十几年的思索、磨砺，他提出了自己的学说"致良知"。致良知，是格物致良知的简称，从格物致知演化而来。

在《大学问》中，王阳明对格物致知的解释是：格，即正，意思是心念不正时把它纠正过来；物，即念头关注到的事物；致，即到达，具体说是启发和彰显；知，即良知。四字合起来意思是，纠正错误的念头，回复到心的良知状态。

在四句教中，他把"格物"明确为"为善去恶"。具体说是，在心中起念头时，作为善去恶的功夫，这就是格物。通过这样的格物，达到致良知的目的，合称格物致良知，简称致良知。

王阳明对格物致知的解读不同于朱熹，他们谁对谁错？当时很多人受历史的局限，认为朱熹是大家公认的圣贤，他的学说经受了历史的检验；王阳明的观点是新生的，是反对权威的，仅仅因为反对权威，就可以被判定为错。一些古人总认为今不如古，最好的时候就是尧舜禹时代。

王阳明反对朱熹对《大学》的注解，却尊重他的圣贤人格，两个人的分歧只是学术上的。两位圣贤对《大学》的注解，都受到了历史的局限。当时，学科没有细化，他们研究的内容是不一样的，却被同样的四个字"格物致知"简单化了。

朱熹研究的对象，包括自然物质和事务。按现在的学科划分，研究自然物质属于自然科学，研究事务属于社会科学。民国时代，中学有一门课，课本被命名为"格物"，就是现在的物理。

王阳明研究的对象是心性，研究的高度远远高于现在的心理学和精神病学，属于哲学（实际上心学与哲学有差异，但是本书属于通俗读物，不做深入解释）。心学虽然高于现在的心理学和精神病学，但是也包含心理学和精神病学。

这三门学科，研究的方向、方法、特点、效果不一样。单从效果上说，自然科学带来的是物质文明，社会科学带来的是社会文明，心学带来的最终极结果是心灵的彻底解放和彻底自由。

嘉靖四年（1525），王阳明在《答顾东桥书》中，提出了"致吾心之良知于事事物物"，用现在的说法即"致良知+"。加什么？即用一颗致良知的心来研究自然科学和社会科学。当时没有自然科学和社会科学这样的说法，他去世又早，没来得及研究清楚和具体说明。这是历史的局限性。

现在看，朱熹和王阳明两位前贤对"格物致知"的不同解读，扩充和丰富了《大学》的内涵。

寄闻人邦英、邦正三

正德十五年（1520）

书来，意思甚恳切，足慰远怀。持此不懈，即吾立志之说矣。"源泉混混，不舍昼夜，盈科而后进。放乎四海，有本者如是。"①立志者，其本也。有有志而无成者矣，未有无志而能有成者也。贤弟勉之！"色养"② 之暇，怡怡切切③，可想而知。交修罔怠，庶吾望之不孤矣。地方稍平，退休有日，预想山间讲习之乐，不觉先已欣然。

【古文今话】

信收到了，写得非常诚恳殷切，给身在远方的我带来了很大的安慰。持之以恒，不要懈怠，就是我说过的立志。"有源头的泉水滚滚奔流，日夜不息，注满洼地后继续前进，一直流到大海去。有本源的事物就是这样。"立志，就是根本。有人树立了志向却没有实现，但不存在有人本没有志向却能取得成功的案例。二位贤弟努力呀！好好侍奉父母之外有闲暇

---

① "源泉混混"五句：出自《孟子》，意为：有源头的泉水滚滚奔流，日夜不息，注满洼地后继续前进，一直流到大海去。有本源的事物就是这样。
② 色养：出自《论语》："子夏问孝。子曰：'色难。'"意为：子夏问孔子怎么样才算尽孝。孔子说："在侍奉父母时能和颜悦色，这是很难的。"
③ 怡怡切切：出自《论语》："朋友切切偲（sī）偲，兄弟怡怡。"意为：朋友之间互相切磋勉励，兄弟之间和顺愉悦。

时间，你们兄弟和和睦睦，这是可想而知的。学问上的交流和自修不要松懈，这样我的愿望就不再孤单了。辖境内基本上安定了，不久就可以退休，预先想象一下在山中讲学、研习带来的快乐，不由得已经很愉快了。

【阳明智慧】

纸短情长教立志

这封书信很短，只有117个字，却有四处提到"立志"。

为什么这么短？有两个原因。

一、事多心忙。书信写于正德十五年（1520）五月，他身兼二任，去年新任江西巡抚，还要巡抚南赣汀漳等处。正德十四年（1519）七月平定朱宸濠叛乱后，他被奸臣诬陷为叛党，受到皇帝怀疑。他见不到皇帝，没办法申辩，他心忙。他操心的事情还有：1. 正德十四年（1519）三月，江西大旱，土壤缺墒，青壮年投身平叛战争，田间缺劳动力，秋粮没有收成。2. 平叛战争后，江西北部受到战争破坏，全省库存的钱粮消耗殆尽。3. 正德十五年（1520），江西发生几十年未遇的洪涝灾害，很多地方受灾严重，庄稼被水淹，房屋倒塌。4. 百姓生活在水深火热中，缺吃少穿，朝廷却不停地催逼公粮和税银。5. 他担心驻扎在南京的皇帝被奸臣谋害，百忙之中，还在训练检阅军队。

他给两个表弟写信时没有太多时间，只能抓重点，重点要求表弟立定志向、持之以恒。怎么持之以恒？他举了一个例子。他说，江河的水从源头开始，就永不停歇、绵绵不断地前进，最终流到大海。这种绵绵不断的功夫非常细密，用刀也斩不断。

二、提示和引子。正德十三年（1518）的家书中说，两个表弟有段时间曾经天天和王阳明的两个弟弟在一起学习，这意味着表弟一定抄写过

《示弟立志说》。这封短短的家书只是一个引子和提示，提示和引导表弟深入学习和践行《示弟立志说》的精神。《示弟立志说》把"立志"说透了。从这个意义上说，这封书信没必要重复和啰唆。

《示弟立志说》，没有编入《传习录》，对只读《传习录》而不读《王阳明全集》的人来说，是一个很大的缺憾。

家书最后，王阳明向表弟预告自己退休的消息。这几年，他多次向家人和朋友预告自己的退休生活。

他一直要求退休或者休假，三番五次地上奏申请，一直得不到批准。剿匪结束后，正德十三年（1518）三月上奏申请，同年六月再次上奏申请。正德十四年（1519）正月，他又一次上奏申请。此后，分别在正德十四年（1519）六月和八月，正德十五年（1520）三月、五月、闰八月，坚持不懈地连续申请。

贵在坚持。正德十六年（1521）七月，他第九次上奏申请，终于被批准。朝廷批准了他的探亲假。

这也算有志者事竟成。

【故事链接】

阳明师徒话"立志"

郭庆，字善甫，湖北黄冈人。正德二年（1507）举人。

正德十年（1515），弟子郭庆要回家乡，向王阳明告别。他说："我从正德九年跟从老师学习，一年多来，承蒙老师教诲，学生已经明白，做学问，就是立志；立志，就是做学问。今天我就要回家，我们黄冈离南京太远，离老师太远，今后不能天天跟从老师，接受老师的耳提面命。我想请求老师赠我一句临别训示，好让我日夜记诵和践行。"

王阳明说:"君子修养身心,就像农民种田一样,第一步,多方比较,选择良种;第二步,深耕土壤,平整土地;第三步,育种插秧,一丝不苟;第四步,除去杂草,捕捉害虫;第五步,及时灌溉,滋润禾苗。这样白天劳动,晚上思考,天天操心种子出芽齐不齐,禾苗长势好不好。只有这样,才可能有一个好收成。"

郭庆学习很勤奋,喜欢读书,像一个书虫。有段时间,王阳明告诫他说:"你放下书本,静坐吧。"郭庆静坐了一个月,王阳明又告诫他说:"不要静坐了,你读书吧。"郭庆品行敦厚,换句话说,他心思不是非常灵敏。是继续静坐,还是继续读书,他不知道怎么办。他不敢质问老师为什么,就去请教同学薛侃。

在静坐和读书的选择上,王阳明不解释原因,目的是让学生自己体会。身心修养的学问,最看重身心的体会。有体会了,叫"自得",又叫"心得",意思是表现为概念、知识的文字,经过身心的体会,改变了身心的境界。比如,四句教中的"为善去恶",如果一个人在理上、在事上、在心上,真正践行了,并且坚持下来,经过三个月、半年、一年、三年,这个人的心性会越来越善良,越来越纯粹。根据《大学》"德润身"等儒家经典理论,这个人的气色、气质、气象就会发生根本的转化,身心会越来越健康、和谐。这就叫文化,通过文字中的智慧启发一个人内心的智慧,通过自身的智慧滋养自己的身心。王阳明多次强调,儒家的学问是要净化气质的,通过修学,要净化自己的气质。净化气质,从根上净化。根,就在于心。

现在他又不明白了。他家里有田,见过农民种田,知道农活的整个过程,但是种田与做学问有什么关系呢?

郭庆就要远行,一旦不能自悟,就会耽误他的成长。没办法,王阳明直接说道:"立志,需要思考清楚,辨析明白,踏实践行,才能最终立定志向,就像农民种田选种、耕地、锄草、浇水、施肥等,最终获得丰收。志向不端正,好比是农田里的杂草和病秧子,刚开始就不好。志向端正,却不坚持,三天打鱼两天晒网,五谷最后也不能成熟,仍然是病秧子。"

郭庆老实人,不懂含蓄,懂直白。这次,他听懂了。

王阳明继续说:"你就像农民一样,一直在寻找良种,找到了又不自信,经常怀疑,担心长出杂草或病秧子。你耕地、锄草、浇水很勤奋,却时常担忧没有好收成。种田讲究时令节气,春天播种,秋天丰收,不能错过农时。从立志开始,到志向确立,以种田比喻的话,好比是春天播种到夏天管理;从志向确立开始,到志向坚定,好比是夏天管理到秋天丰收。"

郭庆明白了,不住地点头。

王阳明说:"如果春天就要过去了,种子还没有选定,这不是很可怕吗?好年华快过去了,还没有立定志向,怎么办?别人努力一分,我就要努力一百分,就这样还不敢指望能够有成就。如果再三天打鱼两天晒网,这不是很悲哀吗?"

郭庆听懂了,脸上有些羞红。

王阳明说:"学生多,我说的也多。说来说去,都离不开立志。你就要走了,我还是老生常谈,强调立志。你不要再怀疑,就从立志用功开始吧。"

八 写给舅表侄

写给舅表侄儿郑邦瑞①一

嘉靖四年(1525)

修理圣龟山②庙时,我因外祖及二舅父分上,特舍③梁木,听社享④将我名字写在梁上。此庙既系社享香火所关,何不及早赴县陈告?直待项家承买了,然后来说,此是享人自失了事机⑤。我自来不曾替人作书入府县,此是人人所知,可多多上覆⑥。二舅母切莫见怪。此庙既不系废毁之数,社享自可具情告理,若享人肯备些价钱取赎,县中想亦未必不听也。汝大母⑦病势如旧,服药全不效。承二舅母挂念,遣人来看,多谢多谢!

阳明字寄宝一侄收看,社中享人亦可上覆也。

【古文今话】

修建圣龟山山神庙时,我因为外祖父和二舅父的情分特意捐赠了梁

---

① 郑邦瑞:王阳明的表侄儿,是王阳明二舅的孙子,小名宝一。
② 圣龟山:胜归山,在浙江余姚北。
③ 舍:施舍,捐赠。
④ 社享:团体或机构中从事祭祀的人。社,指祭祀神的场所,后来演变成了地方基层组织和民间团体。享,供祭品奉祀祖先、鬼神等。
⑤ 事机:行事的先机。
⑥ 上覆:禀告,汇报。
⑦ 大母:王阳明夫人诸氏(约1474~1525),从郑邦瑞论是表伯母。诸氏弘治二年(1489)嫁入王家,嘉靖四年(1525)正月病故。

木,并且同意村社管事的人把我的名字写在梁木上。这座庙既然成了村社烧香燃灯供神的地方,为什么不趁早到县里陈述告状呢?一直拖到项家出钱把山神庙买走了才来说这件事,这是村社管事的人自己错失了时机。我从来不往府县衙门写信替人说情,这是人人都知道的,你可以详细地禀告给二舅母。也请二舅母千万不要怪罪。这座庙既然没有被列入废毁的名单,村社管事的人可以自己写明情况,请求县里处理。如果管事的人愿意出钱赎买回来,估计县里也不见得不同意。你表伯母的病还是老样子,吃什么药都不见效。承蒙二舅母挂念,打发人来看望,非常感谢!

阳明写给宝一侄儿收看,也可以禀告给村社管事的人。

【阳明智慧】

看似无情却有情

这封家书写于嘉靖四年(1525)正月。

正德年间皇帝迷信佛教,正德五年(1510)自封"大庆法王"。嘉靖年间皇帝迷信道教,中晚年天天在皇宫里烧香磕头,请求和神仙交朋友。嘉靖初年,皇帝下诏取缔各地滥建的佛教寺院,勒令那些为了逃避徭役而出家、整天游手好闲的和尚,回归农业生产。余姚地方官员理解有误,把道教的庙观也列入了取缔的范围。

王阳明姥姥家在余姚城北的圣龟山,山上有座山神庙。当年建庙时,看在姥爷和二舅的份上,捐献了梁木。为了纪念王阳明的贡献,管理人员把王阳明的名字写在他捐献的梁木上。

山神庙要拆毁,庙里管事的没见识,不了解政策,看到庙里梁木上王阳明的名字,想请王阳明这个大领导给余姚的小领导写张纸条,下个指示。

明代很多读书人讲究气节，标榜清高。许多官员退休后，没有正事时不轻易去家乡衙门走动。王阳明是致良知的无私圣人，他直言不讳地告诉二舅妈，自己从来不替人往衙门写信说情。这是他做人的原则。

　　圣人不是不讲人情，而是不讲有害公平正义的私情。王阳明母亲去世早，他没来得及孝敬，很可能会把这种孝心转移到舅舅身上。弘治十八年（1505），他写信劝老舅，要有好心情。正德十三年（1518），他从赣州写信，大老远问候二舅。嘉靖四年（1525），二舅不在了，亲情还在。忙还是要帮的。即便不是二舅妈出面求情，社会上随便一个人在大街上拦轿喊冤，要咨询求助，圣贤也不会袖手旁观。

　　王阳明指出问题的实质：山神庙管事人员不明白政策，贻误了时机；余姚县把山神庙作为无主财产卖了。

　　他建议：山神庙管事人员到县里说明情况，出钱补偿买家，可以赎买回来。

　　夫人卧病在床，吃药扎针都不起作用。就在正月，夫人去世了。

【故事链接】

王阳明自律的故事

　　俗话说，一人为私，二人为公。所谓的俗话，只适用于俗人身上，对圣贤来说不适用。在下一封书信中提到，王阳明安排二舅妈的孙子宝一，替奶奶外出收回放出去的贷款和利息。他要求宝一和同去的人，按照账目，把款收好、包好。

　　两个人去收账，目的无外乎两个，一是互相监督，不侵占公款；二是两双拳头，相对安全。王阳明还不放心，又特意嘱咐，不要乱花奶奶的钱。书信最后，还不怕麻烦，特意写明，要求二舅妈的几个儿子和几个孙子一起看信。

为什么对宝一既监督又嘱咐呢？宝一不是圣贤，良知没有觉醒，需要用纪律来约束他。奶奶可能溺爱他，在他面前不一定说了算。王阳明不一样，德高望重，不怒自威。宝一会遵守纪律，既然遵守了纪律，就形成了道德。这种纪律叫他律，这种道德叫他律道德。

这封书信提到，王阳明从来不向衙门写信，替亲戚朋友求情，以权谋私，妨碍公平正义。他这样的行为不需要别人监督，完全是良知觉醒后的自律行为。圣人的心是廓然大公的，一个人时也没有私心。圣人能够做到儒家最看重的慎独。慎独，即良知的自觉和自律。良知也有纪律，它自己给自己规定纪律，这种纪律叫自律。自律下的道德叫自律道德。

王阳明自律的故事很多。

正德元年（1506）十月，南京21个纪检官员要被押送到北京用刑。王阳明担心，天寒地冻，囚车长途运输，会出人命。十一月，他上奏朝廷，请皇帝开恩，要么赦免他们，要么在南京当地稍微惩罚一下。当时，皇帝年少，不懂事，以刘瑾为首的八个大太监把持朝政，大批量地杖罚、关押、罢免正直官员。只要上奏皇帝，仅仅是劝谏就被定性为反对皇帝，是一定要受处罚的，轻则贬官，中则丢官，重则挨打坐监，再重则送命。明知道有这样的结果，王阳明仍然上奏劝谏。良知的自律性要求他这样做，他这种道德就叫自律道德。

正德十二年（1517），针对盘踞在江西、湖广、广东三省交界处的土匪集团，湖广省申请三省围剿，朝廷已经批准。王阳明受良知自律性的促使，上奏建议朝廷不要进行兴师动众、劳民伤财的三省围剿。这一地区的土匪主要集中在他管理的地界。他不怕麻烦，并且自己给自己加担子，主动向朝廷立下军令状。

嘉靖七年（1528），朝廷派他去两广处理思恩和田州的民乱，完成任务后,他自己给自己找活,借力使力,百日之内剿灭了八寨和断藤峡两大土匪集团。他本来就有病,忙完这些,累得病情加重,最终病死在任上。

总结一下:俗人的道德,需要监督,这种道德是他律道德;圣贤的道德,不需要监督,这种道德是自律道德。自律是良知的本有属性。

写给舅表侄儿郑邦瑞二

嘉靖四年（1525）

阳明字与郑宝一官贤侄：汝祖母所投①账目，可将文书逐一查出，与同去人照数讨完，封送祖母收贮，不得轻易使费。此汝祖母再三叮嘱之言，断不可违。汝祖母因此账目必欲回家，是我苦苦强留在此，汝可体悉此意，勿使我有误汝祖母之罪，乃可。家中凡百谨慎小心，女孙②不久还差人来取，到此同住也，先说与知之。

四月初三日，阳明字与列位贤弟、侄同看。

【古文今话】

阳明写给郑宝一贤侄儿：对于你祖母放出去的账款，你要把字据一份一份地整理清楚，与一同去的人按照账目把钱全部收回来，封存好之后送给你祖母收着，不准轻易动用这笔钱。这是你祖母反复叮咛的话，绝对不能违背。你祖母因为这笔账款一定要回家，是我费了很多口舌才勉强把她挽留在这里，你要体谅这份心意，不要让我因为不让你祖母回家而落个误了她事的罪名，这才可以。家里大事小事都要小心谨慎，我不久还要派人去接孙女来与你祖母一起住，先在信中说给你知道。

四月初三日，阳明写给各位贤表弟和表侄儿一起收看。

---

①投：投资，放债。
②女孙：孙女。明代习惯用法，称妹妹为"女弟"，称妹夫为"女弟夫"。

【阳明智慧】

圣人无私有亲情

这封书信写于嘉靖四年（1525）四月初三。

信里的祖母指的是王阳明的二舅妈。王阳明夫人诸氏嘉靖三年（1524）冬病重，二舅妈作为长辈，派晚辈从余姚来看望过外甥媳妇诸氏。嘉靖四年（1525）正月，诸氏去世，随后下葬。吊唁和送葬，其实晚辈到场就行。但是，二舅妈亲自来绍兴慰问外甥王阳明。

大约20年前的弘治十八年（1505），王阳明在写给二舅的诗中，称呼二舅"老舅"。现在二舅的孙子宝一已经可以外出收账了。二舅妈还有精力放债收息。综合这几条信息判断，二舅妈不年轻了，身体还健康。父母去世了，二舅去世了，看到二舅妈，自然会联想到母亲，联想到姥爷、姥姥。王阳明挽留二舅妈在伯爵府住一段时间，享享清福。伯爵府与二舅妈平民家庭的生活条件有着天壤之别。

二舅妈牵挂自己放出去的银子，到期了，要收回本金和利息。王阳明写信嘱咐宝一替奶奶跑腿收账。

这封书信透露了几个信息：一、明代中期余姚经济发达，老奶奶竟然活跃在金融工作中。二、一个老奶奶，哪里来的资本，很可能是外甥孝敬的，毕竟外甥漏漏手指头，二舅妈就花不完了。三、老奶奶都知道，钱会生钱。四、王阳明做事认真，为避免宝一粗心大意或者损公肥私，对宝一千叮咛万嘱咐。五、收账不是宝一一个人去，还有同伴，意思是两人为公，互相有个见证。

宝一顺利地完成了表叔交办的工作。也许是奶奶求情，也许是王阳明觉得宝一可靠，后来宝一来到伯爵府，参加了伯爵府的管理服务工作。

【故事链接】

明代的借贷

二舅妈是浙江省余姚县城郊的一个普通妇女，却做着放债收息的工作。这个工作是职业还是业余？不知道。这笔贷款发放给工业、农业、商业还是家庭消费？不知道。资本是奶奶一辈子劳动所得，还是儿孙孝敬，或者是有本事的外甥王阳明奉赠的？不知道。这笔贷款是不是高利贷？不知道。

我们只知道，外甥王阳明支持这件事。王阳明先后做过庐陵知县、南京太仆寺少卿等官，他自己也做过放贷工作。明代以农业为重，轻视工商业，官府放贷只面向农业和救灾。放贷的组织形式有预备仓、济农仓、义仓、社仓等。

弘治十六年（1503），绍兴新建一座预备仓，请王阳明写篇文章做纪念，他写了《新建预备仓记》。预备仓制度始于朱元璋，他出身贫苦，同情民间疾苦。平常年景，政府平价收购粮食，存放于仓库，预备两件事，一是赈灾救荒，以无偿、有偿、有息三种方式发放给灾民；二是组织生产，贷给缺少种子的农户。

济农仓是宣德年间（1426~1435）在苏州等地出现的借贷组织。预备仓由中央财政出资，济农仓由地方官府出资，或者向富户告借。济农仓的救济和放贷对象比较广泛。

嘉靖和万历年间（1522~1620），城镇出现了义仓，乡村建设有社仓。义仓和社仓，属于民间组织，自主管理。义仓和社仓的口号是"患难相救，有无相贷"。

预备仓、济农仓、义仓、社仓，体现的是政府的仁政爱民和民间社会的爱心助困。

明末,兵灾旱灾,频繁发生,民不聊生。全国各地兴起了被称为"同善会"的民间组织,由各地乡宦、乡绅组织管理,以救灾赈灾为主,以放贷助困为辅。其中,最著名的有退休刑部侍郎杨东明(1548~1624)在河南虞城建设的同善仓和同善会;乡宦陈龙正(1585~1645)在浙江嘉善组织的同善会;乡宦高攀龙(1562~1626)等人在江苏无锡组织的同善会。

二舅妈这类民间借贷,无偿的属于慈善事业,正常利息的属于互相扶助,高利贷与良心无关,只与贪婪有关。

明代,读书做官的人社会地位最高,商人挣了钱,要供养儿子读书,谋求科举功名。著名画家唐伯虎和著名书法家王宠两人的父亲都是小酒馆老板。著名官员顾宪成的父亲,经营过酒馆、豆腐店、糖果店和染布作坊。到晚明,读书人多,官位少,不少读书人投身商业大潮。明代中晚期,商品经济发达,借贷行业兴起。

王阳明不反对借贷,他支持商业。在南赣做官时,曾发布政令《禁约榷商官吏》,规范收税人员行为。他说,不管做什么事业,只要用圣贤心来做,即便是做生意,也是圣贤事业。圣贤什么样的心?圣人大公无私,贤人为别人考虑得多,圣贤有一颗把天下人都当作自己家人的心。

写给舅表侄儿郑邦瑞三

嘉靖四年（1525）

向曾遣人迎接二舅母，因病体未平复，遂不敢强①。今闻已尽安好，故特差人奉迎②。书到，即望将带孙女来此同住。其王处亲事，须到此商议停当，然后可许。一应事务，我自有处，不必劳心也，不一一。

阳明书致宝一侄收看。十月十六日。

【古文今话】

过去曾经派人去迎接二舅母，当时因为二舅母病没有好利索，也就没有勉强接过来。现在听说病彻底好了，就专门派人去迎接二舅母。接到信后，也希望把孙女带过来一起住。她与王家的婚事，需要到这里商量好了，才可以许配王家。一切事务，我都有处置的办法，不必费心。不再一一细说。

阳明写给宝一侄儿收看。十月十六日。

---

① 强：勉强。
② 奉迎：迎接。

【阳明智慧】

亲情与道义

这是一张便条，相当于一张简短的介绍信。

四月份，王阳明挽留二舅妈在伯爵府享享清福。伯爵府刚办完夫人的丧事，二舅妈可能挂念孙子收回来的银子，也可能觉得天热不方便，担心打扰外甥一家人，很可能没住几天就回家了。王阳明54岁，人老了，容易念旧。他想念二舅妈，就派人去余姚接。二舅妈有病卧床，来不了。

九月份，王阳明从绍兴回余姚上坟，祭拜爷爷、奶奶、父亲、母亲等先辈。他13岁时母亲去世，没有机会孝敬亲生母亲，这是他永远的痛。想到母亲，可能会想到二舅妈。二舅妈的家离余姚县城三里地，他一定会去拜望的。

十月份，王阳明再次派人去余姚接二舅妈来绍兴伯爵府享福。

过去医疗技术不发达，人的平均寿命不长。俗话说：七十不留宿，八十不留饭，九十不留坐。这句话结合"人活七十古来稀"就好理解了。老年人在自己家去世，这叫寿终正寝，在别人家去世，对自己家、对别人家都不好。王阳明要孝敬二舅妈，他不考虑、不顾虑这些。

伯爵府不缺侍候二舅妈的人手，王阳明还安排二舅妈的孙女一起跟着来伯爵府。他考虑周到，孙女照顾奶奶更方便、更熟悉。

这张便条与前两封家书一起，被郑邦瑞装裱成一卷，现在收藏于美国普林斯顿大学美术馆。家书前是一幅水墨白描的王阳明手执毛笔的画像，家书后是王阳明弟子黄绾、黄弘纲等人题写的跋。作为历史文物，题跋与这三封家书构成了一个有机的整体。题跋表达着一个相同的意思：王阳明的墨宝是宝贝，墨宝中表达的道义才是真正的珍宝。题跋的人希望，郑邦瑞要做一个真正认识宝贝、珍惜宝贝的人。

它的珍贵之处在于所表达的亲情和道义：孝敬长辈，爱敬老人。

【故事链接】

王阳明血统、学统和道统的传承

《新华字典》对"统"字的解释是：事物的连续关系。

血统可以理解为从祖先到子孙一代代连续不断的血缘传承关系，又叫血脉相连，又叫基因遗传，特点是不能间断。学统可以理解为从宗师到徒子徒孙一代代连续的学术传承，传承的是思想观点和学术体系。特点是对核心思想的认同、继承和发展；对文献资料的搜集、考证和挖掘；对优秀思想创造性地转化和创新性地发展等。可以隔代传承。道统可以理解为从祖师到弟子一代代生命智慧的传承。特点是通过生命实践和身心验证，最终达到与祖师一样的生命境界。可以隔代传承。

一、王阳明的血统传承

王氏起源于周灵王太子晋（前565~前546）。太子晋的陵墓在今河南洛阳。从始祖晋下传，从琅琊王氏到三槐堂，再到余姚秘图山，王阳明是第74代。

王阳明晚年得子正亿（1526~1577），一生只有一个亲生儿子。正亿4岁时，父亲去世。由岳父黄绾和王阳明弟子钱德洪、王畿、黄弘纲等抚育长大，后拜王阳明弟子胡膏为师。国子监生毕业，袭职锦衣卫副千户，袭爵新建伯。

正亿有五个儿子：承勋、承学、承恩、承式、承忠。承勋继承新建伯爵位。承勋的儿子先进没来得及继承爵位就去世，由承忠的儿子先通袭爵，先通传儿子业泰。新建伯王先通保卫北京时战死，最后一位新建伯王业泰为明朝殉节。新建伯爵位传了四世,明朝灭亡。最后两位新建伯都是忠烈。

清代有王阳明五世孙、六世孙、七世孙、八世孙、九世孙的简单资料。清末还有十六世孙王造周的零星资料。

现居住在贵州遵义的王正锡是王阳明第十五世后裔,先祖是王先通儿子王业泰。他介绍,王业泰后裔有一万人左右,分布在重庆、贵州、山东、北京等地。居住在浙江绍兴的王书铭是第十七世"书"字辈,也是王业泰后裔。王书铭的儿子王勇说,他们家祖祖辈辈都居住在绍兴伯爵府第原址内。绍兴市王阳明研究会与绍兴王氏后裔合作编制有《山阴光相桥王氏宗谱》。

王阳明的血脉前后一贯,传承有序。

二、王阳明的学脉传承

王阳明致良知学上承孔孟"仁义之道",远接尧舜禹"十六字心传",集心学大成,先汇编为《传习录》,再合编为《文录》,最后总编为《王文成公全书》。致良知学是王阳明和弟子一起建构的。隆庆二年（1568）首版《王文成公全书》,先后参与的编辑人员有徐爱、钱德洪、孙应奎、严中、薛侃、王畿、南大吉、邹守益、陈九川、欧阳德、唐尧臣。审校人员有罗洪先、胡松、吕光洵、沈启原。出版人是浙江道巡按御史谢廷杰,组织刻印的有周恪、林大黼（fǔ）和李爵。

邹建锋著《阳明夫子亲传弟子考》一书介绍有300多位亲传弟子。一代代弟子薪火相传,明代施邦曜编辑有《阳明先生集要》,并作了画龙点睛似的点评。清初黄宗羲在《明儒学案》中梳理点评了致良知学各派历代学者的特点。

学脉的传承有子孙,有弟子。

王阳明儿子正亿编辑三卷《阳明先生家乘》,被钱德洪改名为《世德纪》，收录进《王文成公全书》。清康熙年间，五世孙王贻乐编辑有十六卷《王阳明先生全集》。

薛侃、邹守益、欧阳德、陈九川、季本、黄宗明等广大弟子都有著作传世，这些著作以致良知为宗旨，以自身的生命实践为依据，从不同侧面发展和丰富了致良知学。再传、三传、四传弟子都为致良知学的传承做出了贡献。

学脉包含文脉。王阳明文章的最大特点是"文以载道"，他的诗文突出特点是对真善美的描写和赞美。真，体现在率性的流露和一颗诚心对世界的认知；善，反映在对善的歌颂和劝导；美，表现在论文的开宗明义和悟道后诗歌的通俗易懂等。

广大的阳明学者在传承着王阳明致良知学。近二十年来，王阳明致良知学书籍的出版丰富多彩、内容广泛、品种多样。

人们对良知的追求一直在延续，学脉一直在传承。

三、王阳明的道统传承

他的道统近承孔孟，远接尧舜禹。怎么承接的？圣贤精神的高度认同和统一。圣贤精神，即良知精神。良知精神，既上合天地之道，下合人文精神。有什么标准？经典四书五经就是标准。

他在龙场悟道，没有权威人士给他发悟道证明，他用四书五经来验证自己的身心修学成果。他发现，他与孔孟的心是一样的。

他提出"致良知"和"万物一体"，证明他的学问成熟，也意味着他的龙场悟道经受住了生命实践的检验。遗憾的是，他猝然去世，没有指定衣钵传人。弟子们众说纷纭，缺少一个活生生的标准和裁判。

钱德洪和罗洪先精心编制年谱，有统一师门思想的目的。钱德洪对罗洪先说，良知不是靠语言来传递和传承的，也不是靠语言来恢复和彰显的；圣人为老百姓讲学传道，说的都是日用家常话；喜欢谈玄说妙的人，一定未到圣人境界。两个人的共识是，即便父亲和儿子面对面，也很难传承良知，但是今天的人却可以与孔孟有同一样的心和同一样的良知。这叫上下一贯，千古同心。

徐阶在《王文成公全书序》中说，读书人用身心践行书中的道理，书与人就合二为一，这叫以书育人、以文化心，书中的道理感染、净化、同化了身心。

道统的传承，在精神，在生命智慧，一以贯之的是良知。

九 写给自己

四 箴①

正德十一年（1516）

呜呼小子，曾不知警！尧讵②未圣？犹日兢兢③。既坠于渊，犹恬④履薄；既折尔股⑤，犹迈奔蹶⑥；人之冥顽，则畴⑦与汝。不见肿壅，砭⑧乃斯愈？不见痿痹⑨，剂⑩乃斯起？人之毁诟⑪，皆汝砭剂。汝曾不知，反以为怒。匪怒伊色⑫，亦反其语。汝之冥（顽）⑬，则畴与比。

呜呼小子，告尔不一。既四十有五，而曾是不忆！顽！

---

①箴（zhēn）：古代以告诫规劝为内容、以韵文为特点的一种文体。
②讵（jù）：岂，怎。
③兢兢：小心谨慎的样子。
④恬：淡泊。
⑤股：大腿。
⑥蹶（jué）：跌倒。
⑦畴：类，同类的。
⑧砭（biān）：古代用石针扎皮肉治病，后用金属针以治病。
⑨痿痹（wěi bì）：中医病症名，肢体不能动作或丧失感觉。
⑩剂：配制的药物。
⑪毁诟（gòu）：诋毁，辱骂。
⑫匪怒伊色：不仅怒形于色。
⑬冥（顽）：括号内的"顽"字为后来补上的字。最初的《四箴》原件已经不存，现在存世的书法原件为正德十一年（1516）王阳明抄写给弟子白说的。当时王阳明巡抚南赣汀漳等处，在南京龙江码头写给送行的弟子白说。第一箴"汝之冥顽"中漏掉一个"顽"字，在第二箴后，补写了一个"顽"字。

呜呼小子，慎尔出话！懆①言维多，吉言维寡。多言何益？徒以取祸。德默而成，仁者言讱②。孰默而讥？孰讱而病？誉人之善，过情犹耻；言人之非，罪曷③有已？於戏④多言，亦惟汝心。汝心而存，将日钦钦⑤；岂遑⑥多言，上帝汝临。

呜呼小子，辞章之习，尔工⑦何为！不以钓誉，不以蛊愚⑧。佻⑨彼优伶⑩，尔视孔丑⑪；覆⑫盗其术，尔颜不厚？日月逾迈⑬，尔胡⑭不恤？弃尔天命，昵尔仇贼；昔皇多士⑮，亦胥⑯兹溺。尔犹不鉴，自抵伊亟⑰！

【古文今话】

悲哀呀阳明小子，竟还不知道警惕！

尧难道不是圣人？每天还小心谨慎。

---

①懆（cǎo）：忧虑不安。
②讱（rèn）：出言缓慢谨慎。
③曷（hé）：疑问词，怎么。
④於戏：语气词，同"呜呼"。
⑤钦钦：谨慎的样子。
⑥遑（huáng）：闲暇。
⑦工：追求精致。
⑧蛊（gǔ）愚：迷惑愚蠢的人。
⑨佻（tiāo）：轻浮。
⑩优伶：旧指戏曲演员。
⑪孔丑：特别丑陋。孔，很。
⑫覆：反过来，反而。
⑬逾（yú）迈：消逝，过去。
⑭胡：疑问词，怎么。
⑮昔皇多士：出自《诗经·文王》："思皇多士，生此王国。"意为：众多的贤良优秀人才在这个王国降生。皇，美盛。
⑯胥（xū）：都，皆。
⑰亟（jí）：急切。

身坠深渊踩薄冰，恬然自得不觉醒；
大腿骨头已折断，跌跌撞撞还狂奔；
顽固不化又愚蠢，小子你是这样人。
血管堵塞身臃肿，不扎银针能治病？
半身不遂没知觉，不吃汤药能起身？
诋毁责骂如针刺，逆耳忠言是良药。
不知好歹不感恩，恩将仇报心生嗔。
怒形于色还不算，反唇相讥出恶言。
顽固不化又愚蠢，小子你是这样人。

悲哀呀阳明小子，三番五次告诫你。
春秋已经四十五，竟然还是记不住！
真顽固！

悲哀呀阳明小子，话语出唇要三思！
信口开河废话多，金玉良言总太少。
喋喋不休很不好，言多必失把祸招。
养心要在默无言，有德之人话语缓。
有谁沉默被人嘲？有谁语缓被人笑？
善行需要多赞美，言过其实是谄媚；
说话少论人是非，自己难道没是非？
阳明小子废话多，根源就在心不敬。
存心养性多用功，每日谨言又慎行；
哪有闲暇说废话，良知彰显你心中。

悲哀呀阳明小子，

填词写诗作文章，华言丽语为什么？

既不沽名钓荣誉，又不诱惑俗人心，

戏子言行多轻薄，在你眼中很丑陋；

反而盗用表演术，你说脸皮厚不厚？

日往月来光阴去，不知珍惜为什么？

身心性命不照顾，却去亲近仇与寇；

过去多少贤良人，追求虚名累终身。

深刻教训不借鉴，亦步亦趋急追赶。

（顽固不化又愚蠢，小子你是这样人。）

【阳明智慧】

自我批评是致良知的法宝

这是一篇自我批评的座右铭。

为什么要自我批评？被很多人批评了，不得不自我批评。这件事发生在正德十一年（1516），王阳明时任南京鸿胪寺卿。

批评他的原因有两个：

一、质疑先贤，离经叛道。

正德三年（1508）龙场悟道后，他把《大学》中的"格物"解释为"正念头儿"，与南宋学者朱熹的解释不一样。朱熹是当时读书人尊重的泰斗级人物，他的解释被朝廷和民间奉为圣训和真理。

二、倡导静坐，类似禅宗。

他在贵州龙场做驿丞时，没啥事情可做，喜欢在山洞中静坐，而且身心很受益。从此，教学时习惯性地要求学生静坐，在湖广常德，在北京，在滁州，都是这样教学生。有的学生喜欢上了静坐，为了逃避人世的喧闹，要躲到深山里去。这样的儒士，已经分不清是和尚还是道士。

在南京，他是衙门一把手，有了自己说了算的地方。弟子徐爱善于组织，给他招来了学生，他开始定期讲学。南京有一套中央衙门，有南京国子监，官员多，学生多，读书人多。他的讲学受到广泛批评。

他自己心里明白，自己没有错，是批评的人不明真相，自己是被误解了，被诋毁了，被诬陷了。他觉得很委屈，很冤屈，于是怒不可遏，像大街上的人吵架一样，和他们对吵起来。一口难敌众口，一手难架百拳，他寡不敌众。这促使他反省：新观点、新见识，大家不理解，很正常；逃避人世到山里静坐，确实不是儒家的作为；自己没做到不动心，竟然发了脾气，竟然怒形于色，这才是修学人最大的耻辱。丢人！

不指责别人了，他开始了内心真正的深入的反省。弘治九年（1496），他第二次参加会试失利，他标榜自己落第不动心，实际上那只是自己的希望，根本没做到。正德三年（1508），在龙场悟道，做到了不动心，致了良知，但是并不彻底，以后的几年还是做不到时时刻刻不动心，做不到随时随地致良知。

哪些地方、哪些时候没做到？他开始细细地检讨。

一、良知没有时时刻刻地保持警惕，有松懈的时候。自己多次做过自我批评，还是没有彻底悔改。二、废话太多，恭维人的话太多，批评人的话太多。三、爱好虚名，具体表现为写文章追求字词华丽，做人不真诚，像演员一样，有刻意表演的成分。

把自己的心彻底揭开盖子，把里面尘封多年的垃圾翻晒翻晒，抖落抖落。这些垃圾冒着酸臭味，让人脸红！让人难堪！自己天天在外讲学，在外道貌岸然，在内也是一个伪君子。直面自己的丑陋，很难。一般人往内心看一眼，马上就扭过头去，不愿意看到自己丑陋的一面，不愿意看到自己的卑鄙猥琐。圣人，正是敢于直面自己的丑陋，敢于晾晒自己的卑鄙猥琐，敢于彻底割除自己的丑陋，纠正自己的卑鄙猥琐。

洗心革面，这是圣人的事业。王阳明彻底清醒了，他把别人的批评当成治病的苦药，把别人的诋毁当成治病的银针，对合理的批评坚决接受和改正，对于误解则不去辩解，而是用来警策和勉励自己。如别人没批评到，勇于自我批评。

圣人无私。一次、两次自我批评做不到心中无私，一天、两天自我批评做不到心中无私。自我批评，持之以恒，细密无间，铁杵磨绣针，水到渠成。王阳明的心廓然大公，定了，静了，安了，不动了。

九月，朝廷提拔他巡抚南赣汀漳等处，上任前回家探亲。在辞行宴上，好朋友王文辕对弟子季本说："王阳明这次上任，一定会建立不朽的功勋。"季本年轻，不明白怎么回事，他问道："您怎么知道？"王文辕说："无论我如何挑逗试验，他都不动心。"季本是王文辕的弟子，被他推荐给王阳明做弟子。

经过深入细致的自我批评，王阳明不仅做到自己不动心，还找出了解决问题的办法：教学时，不再刻意提倡静坐，而是要求同学们在事上磨炼身心。编辑《朱子晚年定论》，用朱熹的书信为自己的观点作证。

【故事链接】

自我批评的故事

改过，是王阳明一生教学的内容，也是他一生做人的内容。改过，有主动改过，有被动改过。被动改过，是因为自己的良知没有苏醒，不能警惕，不能察觉是非对错，要靠家长、老师、朋友提醒和纠正。主动改过要好一些。主动改过，需要自我觉醒和自我批评。

一、王阳明自我批评的一生

正德三年（1508），王阳明龙场悟道后，为龙冈书院制定的院训中就明确提出了"改过"。从此，改过，成了他的人生态度和信条。

在做官发布的公文中，他保持着这种态度。

正德五年（1510），在庐陵知县任内，七个月合计发布11份公告。其中的五份公告，表达了因不能更好地造福于人民而觉得羞愧的心情。

正德十二年（1517），他提督南赣汀漳等处军务时发布了《告谕各府父老子弟》等公文，继续表达着自己不能更好地为人民服务的惭愧心情。

这种心情反映在他的多首诗歌中。比如，正德十三年（1518）在剿匪结束胜利班师的路上，他受到老百姓欢迎。他觉得有愧，因为不能给人民创造更好的生活。同样的诗句，同样的心情，还出现在嘉靖六年（1527）他去广西上任路过南昌时，和嘉靖七年（1528）剿匪结束后路过横州和南宁时。

本书收录的《与诸弟书》和《寄诸弟》，写于正德十三年（1518）。一年多时间，他连续剿灭三大土匪集团，朝廷给他升了官、奖了银子。在这封给余姚四个堂弟的信中，他做了深刻的自我批评。第二封信，专门教导弟弟们做自我批评。他说，像孔子这样的圣贤不是没有过失，而是能随时察觉过失，随时改正过失。

他真正做到了自我批评，才好建议和要求亲戚、朋友、弟子、下属做自我批评。

二、深刻自我批评的故事

蔡宗兖（1474~1547）正德二年（1507）拜师时是个举人。他当举人时，为了养家糊口，到外地府学当教师。举人当教师，和驿站驿丞一样是从九品，在官场级别低，难免受到长官的轻视。正德七年（1512），他与领导闹矛盾，一气之下说走就走。王阳明写信告诫他，即便辞职，也要拖上两三个月,最好用生病做借口。这样说走就走,让对方下不来台,显得自己是君子,人家是小人。

正德十二年(1517),蔡宗兖中了进士,被选为庶吉士,作为重要储备干部,被安排进翰林院深造。为了就近孝养母亲,他辞去庶吉士,到福建兴化府(今福建莆田)府学当教授。进士当府学教授,属于高职低就。教授,毕竟是府学一把手。

正德十四年(1519)五月,蔡宗兖教授与领导闹矛盾,闹得很僵。蔡宗兖拜师十几年,做人谦虚,性情平和,对人情世事看得很淡,怎么会闹这么僵呢?原来是领导无端整人,给蔡宗兖穿小鞋。

王阳明建议:别人待我蛮横无理,作为君子首先要自我反省,反省是不是自己无礼在先。经过反省,发现自己并没有失礼的地方,就要继续反省,反省自己待人忠诚不忠诚。王阳明担心,蔡宗兖经过两次反省,还是觉得自己无辜。他马上提醒弟子,待人忠诚,不是轻易能做到的,即便像蔡宗兖这样修学圣贤学问十几年的人。

紧接着,王阳明带头做自我批评,说自己在贵州龙场时,经常遭受欺辱,这本来是一个难得的修身养性的好机会,可惜自己不懂得利用,而白白放过了。

三、父子自我批评解怨愁

乡下有对父子闹矛盾了,家里解决不了,族里解决不了,村里解决不了。他们争吵着来到城里,找王阳明评理。王阳明学问好,学生多;爵位高,求见的人多;家族大,事也多。身边的人不让他们见王阳明,怕耽误王阳明宝贵的时间。王阳明说:"不耽误时间,让他们进来吧。"

王阳明的一个弟子把这对父子领进客厅,自己退了出来。不大一会儿工夫,这对父子痛哭着走出了客厅。与来时不一样的是,儿子痛哭着搀扶着痛哭着的父亲。来的时候,两个人一个委屈,一个怨恨,连走路都离得远远的。

弟子很好奇，王阳明用了什么灵丹妙药，这么快就平息了父子之间的恩怨矛盾。他进来问道："先生说了什么话，这么快就让他们父子感到痛悔？"

王阳明说："我举了圣人大舜和父亲的故事。我说，圣人大舜总是觉得自己不够孝顺，所以才能做到孝顺。大舜的父亲总是觉得自己对儿子很慈爱，所以才对儿子很刻薄。大舜的父亲天天想的是，舜是我养大的，现在为什么总不能让我高兴。他不知道，自己的心已经被后妻蒙骗了，不辨是非了。他总是自以为很慈爱，所以做不到慈爱。圣人大舜天天想的是，自己小时候父亲对自己很慈爱，现在不爱自己，那一定是因为自己不够孝顺。他天天想的是自己不够孝顺，所以才更孝顺。后来，大舜的父亲恢复了对儿子的慈爱。于是，后世称赞大舜是大孝子，大舜的父亲也成了慈父。"

这个故事中包含着两个自我批评的故事。《孟子》记载，大舜的母亲去世后，父亲给他娶了个后娘。后娘生了个弟弟，名字叫象。后娘想害死舜，让亲生儿子独霸全部家产。父亲双目失明，听信后妻的谗言，三个人合伙要害死舜。舜，不仅孝顺，还聪明，多次化解了父亲、后娘和弟弟对自己的暗害。最后，大舜通过自己的孝心感化了父亲和弟弟，一家人恢复了和谐的幸福生活，也为天下所有的家庭树立了榜样。大舜从尧手里继承政权后，把弟弟分封到南方做诸侯。

王阳明为什么终生信守自我批评这个法宝？秘密就在他晚年确立的"四句教"里："无善无恶是心之体，有善有恶是意之动。知善知恶是良知，为善去恶是格物。"

十　写给弟子及其他

示弟立志说

正德九年（1514）

予弟守文来学，告之以立志。守文因请次①其语，使得时时观省②；且请浅近其辞，则易于通晓也。因书以与之。

夫学，莫先于立志。志之不立，犹不种其根而徒事培拥灌溉，劳苦无成矣。世之所以因循苟且③，随俗习非，而卒归于污下者，凡以志之弗立也。故程子④曰："有求为圣人之志，然后可与共学。"人苟诚有求为圣人之志，则必思圣人之所以为圣人者安在。非以其心之纯乎天理⑤而无人欲⑥之私欤？圣人之所以为圣人，惟以其心之纯乎天理而无人欲，则我之欲为圣人，亦惟在于此心之纯乎天理而无人欲耳。欲此心之纯乎天理而无人欲，则必去人欲而存天理。务去人欲而存天理，则必求所以去人欲而存天理之方。求所以去人欲而存天理之方，则必正⑦诸先觉⑧，考诸古训，而凡所谓

---

①次第：按顺序，分层次。
②观省：审视省察。
③因循苟且：沿袭旧习，敷衍草率，不思改革。
④程子：下引语出自北宋学者程颐。程颐（1033~1107），字正叔，人称"伊川先生"。与兄程颢并称"二程"，理学代表学者。
⑤天理：自然之理，自然法则。
⑥人欲：私心杂念。
⑦正：求证。
⑧先觉：较常人先觉悟的人，已经明白了人生和世界真理的人。

学问之功者，然后可得而讲，而亦有所不容已矣。

夫所谓正诸先觉者，既以其人为先觉而师之矣，则当专心致志，惟先觉之为听。言有不合，不得弃置，必从而思之；思之不得，又从而辩之，务求了释，不敢辄生疑惑。故《记》①曰："师严，然后道尊；道尊，然后民知敬学。"②苟无尊崇笃信之心，则必有轻忽慢易之意。言之而听之不审，犹不听也；听之而思之不慎，犹不思也；是则虽曰师之，犹不师也。

夫所谓考诸古训者，圣贤垂训③，莫非教人去人欲而存天理之方，若五经④、四书⑤是已。吾惟欲去吾之人欲，存吾之天理，而不得其方，是以求之于此。则其展卷⑥之际，真如饥者之于食，求饱而已；病者之于药，求愈而已；暗者之于灯，求照而已；跛者之于杖，求行而已。曾有徒事记诵讲说，以资口耳之弊哉！

夫立志亦不易矣。孔子，圣人也，犹曰："吾十有五而志于学，三十而立。"立者，志立也。虽至于"不逾矩"，亦志之不逾矩也。志岂可易而视哉！

夫志，气之帅也，人之命也，木之根也，水之源也。源不浚⑦则流息，根不植则木枯，命不续则人死，志不立则气昏。是以君子之学，无时无处而不以立志为事。正目而视之，无他见也；倾耳而

---

①《记》：《礼记》的简称。
②师严，然后道尊；道尊，然后民知敬学：老师严于律己，老师受到尊敬，然后道才会受到尊重；道受到尊重，然后老百姓才知道认真学习。
③垂训：流传下来的教导。垂，敬辞。
④五经：《诗经》《尚书》《礼记》《周易》《春秋》。
⑤四书：《论语》《孟子》《大学》《中庸》。
⑥展卷：本义为打开卷状物，文中借指读书。
⑦浚（jùn）：疏通。

听之,无他闻也。如猫捕鼠,如鸡覆卵,精神心思凝聚融结,而不复知有其他,然后此志常立,神气精明,义理昭著。一有私欲,即便知觉,自然容住不得矣。故凡一毫私欲之萌,只责此志不立,即私欲便退;听一毫客气①之动,只责此志不立,即客气便消除。或怠心生,责此志,即不怠;忽心生,责此志,即不忽;懆心生,责此志,即不懆;妒心生,责此志,即不妒;忿心生,责此志,即不忿;贪心生,责此志,即不贪;傲心生,责此志,即不傲;吝心生,责此志,即不吝。盖无一息而非立志责志之时,无一事而非立志责志之地。故责志之功,其于去人欲,有如烈火之燎毛,太阳一出,而魍魉②潜消也。

自古圣贤因时立教,虽若不同,其用功大指③无或少异④。《书》谓"惟精惟一"⑤,《易》谓"敬以直内,义以方外"⑥,孔子谓"格致诚正"⑦"博文约礼"⑧,曾子谓"忠恕"⑨,子思谓"尊

---

① 客气:虚伪之气,针对"真气"而说。中华传统文化尊崇"真善美",真气来自先天本有和本心真诚,客气出自后天造作。
② 魍(wǎng)魉(liǎng):古代传说中的妖魔鬼怪。
③ 大指:主要意思,同"大致""大旨"。
④ 无或少异:没有稍微的差别。无,没有。或,稍微。
⑤ 惟精惟一:体察道的精微,始终如一地遵守。惟,为句首语气词。精,精益求精,精纯无私。一,专心致志,人心合一于道心。
⑥ 敬以直内,义以方外:用恭敬态度使内心正直,用仁义道德使外在的行为规范。
⑦ 格致诚正:出自《大学》:"物格而后知至,知至而后意诚,意诚而后心正。"
⑧ 博文约礼:出自《论语》:"博学于文,约之以礼。"意为:广泛地学习文化,用礼法约束自己。
⑨ 忠恕:出自《论语》:"曾子曰:'夫子之道,忠恕而已矣。'"忠,尽心待人。恕,推己及人。

德性而道问学"①，孟子谓"集义"②"养气"③"求其放心"④，虽若人自为说，有不可强同者，而求其要领归宿，合若符契⑤。何者？夫道一而已⑥。道同则心同，心同则学同。其卒不同者，皆邪说也。

后世大患，尤在无志。故今以立志为说。中间字字句句，莫非立志。盖终身问学之功，只是立得志而已。若以是说而合精一⑦，则字字句句皆精一之功；以是说而合敬义⑧，则字字句句皆敬义之功。其诸"格致"⑨"博约"⑩"忠恕"等说，无不吻合。但能实心体之，然后信予言之非妄也。

【古文今话】

我弟弟守文来学习，我告诉他做学问要立志。守文因此请我把关于立志的话有条理地写出来，以方便他随时对照和反省；并且请我写的时候用词浅显一些，这样便于他理解。因此我就写出来给了他。

---

①尊德性而道问学：出自《中庸》："君子尊德性而道问学。"意为：既要遵守本心与生俱来的良知，又要勤学好问。南宋学者朱熹侧重于道问学，陆九渊侧重于尊德性，两位学者因此发生了争论。王阳明认为，尊德性和道问学是一个问题的两面。

②集义：出自《孟子》："是集义所生者。"王阳明认为："集义是复其心之本体。"

③养气：出自《孟子》："我善养吾浩然之气。"意为：我善于培养我的浩然之气。浩然之气，即与生俱来的元气，也叫真气。

④求其放心：出自《孟子》："学问之道无他，求其放心而已矣。"意为：学问之道没有别的，就是找回那个放逸出去的本心。

⑤符契：符节与契约。符节，古代朝廷传达命令、调动军队的凭证，一分为二，各执一件，以二者合二为一作为验证。契约，即合同，一式两份，内容一样。

⑥道一而已：出自《孟子》："夫道一而已矣。"意为：道只有一个。

⑦精一："惟精惟一"的略称。

⑧敬义："敬以直内，义以方外"的略称。

⑨格致："格致诚正"的略称。

⑩博约："博学于文，约之以礼"的略称。

做学问，最要紧的是先立志。志向不立起来，就像给一棵没有根的树培土浇水，辛辛苦苦一场也不会有什么收获。世上一些人为什么会因循守旧、苟且度日，被习俗牵着鼻子跑，不干正事儿，一辈子变得平庸下流，就是因为没有立起来一个志向。所以程夫子说："一个人有了追求做圣贤的志向，这样的人才值得和他一同学习。"一个人如果真的有了追求做圣贤的志向，那么他一定会思考，圣贤之所以成为圣贤，关键的因素是什么？圣贤的心是否和天理一样纯粹而没有了私心杂念？圣贤之所以成为圣贤，仅仅是因为圣贤的心和天理一样纯粹，纯粹得没有了私心杂念，那么我想做圣贤，我也只有克治自己心中的私心杂念，把自己的心纯粹得和天理一样。要把自己的心净化得没有私心杂念，净化得和天理一样纯粹，方法只有克制心中的私心杂念，没有了私心杂念的心就是天理。要克治私心杂念，要心存天理，就需要找到一个克治私心杂念和心存天理的方法。找到这个克制私心杂念和心存天理的方法后，要把这个方法与已经觉悟过的圣贤使用过的方法进行对比校正，对比校正的方法是考证圣贤留下来的经典。运用这种经过对比校正和考证的方法做学问，做出成绩，这才是做学问做出了心得，这才有资格讲自己有了学问。这种学问容不得任何私心私意。

前面提到同已经觉悟过的圣贤使用过的方法进行对比校正，是因为圣贤是已经觉悟的人，我们要以觉悟了的圣贤为老师。既然把圣贤作为老师，对老师就要一心一意，做学问的方法就听圣贤的。如果所言和圣贤说的不同，不要放弃，必须按照圣贤说的，认真思考；深思熟虑后还弄不明白，就要多方求证，进行辨别，一定要弄明白，不能动不动就怀疑圣贤留下来的经典。所以《礼记·学记》上说："师严，然后道尊；道尊，然后民知敬学。"如果对老师没有一颗尊崇和坚信的心，对老师就会产生轻视、忽略和怠慢的心思。老师说的话，虽然也听了却不仔细思考、不反复分析，那也等于没听；听了也思考了，却漫不经心，那还等于没有思考；这样，虽然名义上把先觉悟的人当老师，其实等于根本没有把他们当老师。

所谓考证圣贤留下来的经典，圣贤传流下来的教导，无非是教人克治私心杂念和心存天理的方法，四书五经就是这样的经典。我要克治我心中的私心杂念，要留存心中的天理，却找不到方法，那就到四书五经中找方法。一翻开四书五经，就像饥肠辘辘的人翻找果腹的食物一样，只要能吃饱就行；就像疾病缠身的人寻求药物一样，只要能治好病就行；就像走在漆黑夜晚的人渴求灯光一样，只要能照亮眼前的路就行；就像跟跟跄跄走路不稳的瘸子想要一根手杖一样，只要能拄着走稳路就行。曾有人对待四书五经，竟然只是听听、记记、背背、说说，满足自己的嘴巴和耳朵，当成聊天的话题。

确立志向也不容易呀。孔子是圣人，他还说："我15岁立志于做学问，直到30岁才把志向确立起来。"立，就是立志向。孔圣人到70岁虽然做到了"不逾矩"，这也是说的志向不越出规矩。哪能把志向的确立看得那么容易！

心中的志，是人身上气的统领，简直是人的生命，树的根，河流的源泉。源头不疏通，河水就会断流；树根栽不好，树就会枯萎；人的生命不能继续，人就会死亡；心中的志向确立不起来，人身上处于统领地位的气就会昏昧和散乱。所以说，一个人要学做君子，随时随地没有不把确立志向作为头等大事的。聚精会神地看的，除了与立志做君子有关的，看不到别的；倾耳仔细地听的，除了与立志做君子有关的，听不到别的。立志就像猫逮老鼠，一心一意都在逮老鼠上；立志就像母鸡抱窝孵小鸡，所有心思都在抱窝孵小鸡上。除了逮老鼠和抱窝孵小鸡，猫和母鸡不会再操心别的事儿。这样做以后，心中的志向就被确立起来，而且生生不息，这个时候人就会变得心明气清，对四书五经阐述的道理一下子明明白白。这个时候，心中一旦出现什么私心杂念，就能够马上觉知到，觉知后私心杂念就没有了存身之处。所以说，心中哪怕出现一丝毫的杂念，只要自责自己心中的志向没有确立，这一丝毫的杂念便会知趣地撤退；如果觉知到心中哪怕出现一丝毫的虚伪、偏激等念头，只要自责自己心中的志向没有确立，这一丝毫的虚伪、偏激等念头就会自消自灭。有的时候心里有了松懈和轻慢，只要自责自己心中的志向没有确立，心马上就不再松懈和轻慢；有的时候心里有了疏忽，只要自责自己心中的志向没有确立，心马上就不再疏忽了；有的时候心里有了忧郁不安，只要自责自己心中的志向没有确立，心马上就不再忧郁不安了；有的时候心里有了嫉妒，只要自责自己心中的志向没有确立，心马上就不再嫉妒了；有的时候心里有了愤怒，只要自责自己心中的志向没有确立，心马上就不再愤怒了；有的时候心里有了贪念，只要自责自己心中的志向没有确立，心马上就不再贪了；有的时候心里有了骄傲的念头，只要自责自己心中的志向没有确立，心马上就不再骄傲了；有的时候心里有了吝啬的念头，只要自责自己心中的志向没有确立，心马上就不再吝啬了。一个人做圣贤学问，没有哪一瞬间不是确立志向和反省志向的时刻，没有哪一件事儿不是确立志向和反省志向的机会。所以说，随时检讨和反省心中的志向，对于克治心中的私心杂念，就像烈火燎毫毛一样，就像太阳一出阴晦邪气不知不觉地消散一样。

　　自古以来，圣贤根据不同时期的具体情况进行教化。虽然教化的方法好像不同，圣贤教化用功却基本上没有差异，比如《尚书》说"惟精惟一"，《易经》说"敬以直内，义以方外"，孔子说"格致诚正""博文约礼"，曾子说"忠恕"，子思说"尊德性而道问学"，孟子说"集义""养气""求其放心"。虽然圣贤好像是各说各的话，不能勉强说他们的话都是一个意思，但是找一找先贤这些说法的中心思想和目的，却又像一份公文的正本和副本一样。为什么会这样呢？因为天地间的大道是同一个。大道是同一个，从大道中生化出来的人心也是相同的；既然人心相同，这相同的人心做出来的学问也应该是相同的。如果做出来的学问不相同，那一定是歪理邪说。

后世人让人忧心的大毛病就在于心中没有远大的志向。所以，今天我这篇文字就专门说立志。一句句一字字，说的无非立志。大体说来，即便做一辈子的大学问，也只是立志罢了。如果以这个说法来比照"惟精惟一"，那这篇文字中一句句一字字说的都是"惟精惟一"的方法；如果以这个说法比照"敬以直内，义以方外"，那这篇文字中一句句一字字说的都是"敬以直内，义以方外"的方法。再比照"格致诚正""博文约礼""忠恕"等圣贤的说法，无不吻合。但是，只有真实地下功夫去用心体会与践行，而后你就会相信我说的这个方法绝对不是信口胡说的。

【阳明智慧】

志不立，天下无可成之事

这篇家训，也可以称为师训，在《王阳明全集》中地位突出，非常重要。立志，像王阳明的口头禅，几乎贯穿了他的一生。他随时随地念念不忘，对自己锲而不舍地念叨，对子弟反反复复地叮嘱，对弟子苦口婆心地教诲。

他终身受益于立志。早年，他立志学圣贤、做圣贤，人生有了明确的方向和目标。虽然屡遭打击和挫折，犹豫过，但是坚定的志向最终引导他走向人生的成功和辉煌。王阳明认为，致良知的过程，自始至终，是立志的过程。

正德三年（1508）龙场悟道后，他成立了简陋的龙冈书院，为书院制定了八字箴言的院训："立志、勤学、改过、责善。"八个字说了四件事，第一件事就是"立志"。他对八字院训做了解释，第一句是"志不立，天下无可成之事"。他说，三百六十行，要熟练掌握一门技术，没有坚定的志向也不行。他说，一个人一辈子一事无成，是因为缺少志向。一旦立定志向，立志成为贤人，就可能成为贤人；立志成为圣人，就可能成为圣人。

立志、勤学、改过、责善，有着前后的逻辑关系。八字箴言，成了他一生讲学传道的纲领和内容。

正德六年（1511），他为弟子林以吉写了一篇《赠林以吉归省序》，内容是说立志。他说，志向立定了，学问就成功了一半。正德十年（1515），他写的《赠郭善甫归省序》一文，专门说立志。他把立志比喻为播下种子。嘉靖三年（1524），他写的《书朱守谐卷》一文也专门说立志。他说，做学问就是立志，立志就是做学问。他说的学问特指圣贤身心学问，就是致良知的学问。书某某卷，是一种文体，内容是点评学生文章的批语。

他在许多文章中经常提到立志，但是只有这篇写给守文的《示弟立志说》是长篇大论，说得最透彻。这篇文章立论精准，针针见血，照此立志，不愁志向不坚定。

这篇家训看似写给弟弟守文一个人，实际上是写给大家庭所有子弟。他布置弟弟守俭、守章抄写一遍，作为自己的座右铭。他嘱咐侄儿正思、正心、正惠等抄写一遍，作为座右铭。这仅是从现存的家书中发现有这样的布置和嘱咐。

他教诲妹夫徐爱、妻侄儿诸阳和同宗爷爷克彰立志。嘉靖六年（1527），给儿子正宪写扇面诗，还在叮嘱立志。

王阳明对弟弟期望高，盼望弟弟做圣贤。实际上立志有不同的层次，有不同的目标。努力一年，熟练掌握理发、美发技术，这是立志。努力三年，拿到大学录取通知书，这是立志。努力两个月，戒掉睡懒觉的习惯，这也是立志。奋斗终身，成为造福于家庭和社会的有用人才，这也是立志。

立志，有小志，有大志；有长期，有短期。大小和长短都是相对的。一个残障青年，立志实现自食其力，已经是非常大的志向。

立大志，需要大气派。

《示弟立志说》，标题中的"弟"既可以狭隘地理解成王阳明的弟弟王守文，也可以理解成王家大家庭的子弟，还可以理解成弟子。王阳明认为，人心是没有时空限制的。如果我们心胸足够宽广，我们可以把自己看作王阳明的弟子甚至是子弟……

那样的话，这篇《示弟立志说》就是写给我们自己的。

【故事链接】

龙冈书院八字院训

正德三年（1508），王阳明悟道后，在偏僻的龙场，在低矮的龙冈山丘上，办起了简陋的龙冈书院。他为书院制定了"立志、勤学、改过、责善"八字院训，并作了《教条示龙场诸生》一文，来解说这八个字。

八字院训简明扼要，解说文章意义重大。

龙场悟道，是王阳明一生的分水岭，此前36年，他问道、求道和学道，此后20余年，他修道、行道和传道。他一生讲学，悟道前是纯粹的讲学，悟道后既讲学又讲道，讲学就是讲道，讲道也是讲学。此前，没有悟道，讲不了道；悟道后，才是讲道和传道。

八字院训蕴含着既浅显又深刻的道理。

浅显，表现为简明扼要。南宋朱熹为白鹿洞书院制定了院训《白鹿洞书院揭示》，内容分门别类，有做学问的科目、做学问的次序、修身的要点、做事的要点、做人的要点等。制定得很详细。这些内容摘录自儒家经典，权威可信，但是不通俗易懂，又显得琐碎。

八字院训简单而明白，道理却很深奥。就像王阳明的致良知学一样，"致良知"三个字可以总括他一生的学问，"四句教"可以阐释他一生的学问。

立志。王阳明说，致良知的过程，就是立志的过程，立志成功，也就致良知了。

勤学。王阳明说，做圣贤的志向坚定，自然会勤奋学习；如果学习不勤奋，那是志向不坚定。

改过。王阳明说，大贤也会犯错，但是他能改错，正是因为能改错，才成为大贤。所以，能改错最可贵。弟子董沄记录过王阳明一条语录："知过是贤人，改过是圣人。"王阳明还说过，一念改错，心上纯净无私，这纯净无私时，就是圣贤。

责善。书院是一个集体场所，同学之间要互相劝善。劝善需要智慧，要把握时机，要掌握态度和语气等。

悟道的人说的都是家常话，解说文章通俗易懂。对应八字四项内容，文章分四段，每段都有金句。这些金句已经成了格言。

八字院训，成了他一生讲道的核心和纲领。从此，立志成了他的口头禅。正德八年（1513），他在滁州当南京太仆寺少卿时，给弟子黄宗明写临别赠言，文章很短，开头就说，立志两个字，最近说得太多，说的人烦，听的人也觉得絮叨，但是对知己又不得不说。在赠言最后，他嘱咐弟子说，千万不要忘了"立志"。正德十年（1515），他在南京当鸿胪寺卿，给弟弟守文写《示弟立志说》，把多年来对立志的思考，像竹筒倒豆子一样，说得透透彻彻、明明白白。

龙冈书院八字院训是《示弟立志说》的提纲，其中"立志"是它的精髓，甚至是致良知学的金钥匙。

客座私祝①

嘉靖六年（1527）

但愿温恭直谅之友来此讲学论道，示以孝友谦和之行；德业相劝，过失相规，以教训我子弟，使毋②陷于非僻。不愿狂燥惰慢之徒来此博弈饮酒，长傲饰非，导以骄奢淫荡之事，诱以贪财黩货③之谋；冥顽无耻，扇惑鼓动，以益我子弟④之不肖。

呜呼！由前之说，是谓良士；由后之说，是谓凶人。我子弟苟远良士而近凶人，是谓逆子，戒之戒之！

嘉靖丁亥⑤八月，将有两广之行，书此以戒我子弟，并以告夫士友之辱临⑥于斯者，请一览教之。

【古文今话】

只希望温良、恭谨、正直和诚信的朋友来这里讲学论道，示以孝敬师长、友爱兄弟、谦和待人的行为；道德和功业共同进步，发现过失要互相规劝和指正，用这样的言行来教育训练我家子弟，以免我家子弟走上邪

---

①客座私祝：客厅中对来客的告示。客座，家中招待客人的房间。私祝，私嘱。
②毋：不要。
③黩（dú）货：贪财。
④子弟：本义是儿子和弟弟，后来泛指子侄等晚辈。
⑤丁亥：嘉靖六年（1527）。
⑥辱临：敬称他人的来临。

路。不希望狂躁不安和懈怠涣散的人来这里赌博饮酒，滋长骄傲和掩饰过错，诱导我家子弟干些放纵奢侈和荒淫无度的荒唐事，哄骗我家子弟学些唯利是图的阴谋诡计；这样愚昧无耻、诱惑鼓动他人的人，只会助长我家子弟的不良品行。

呜呼！像我前面说的，就是贤人；像我后面说的，就是恶人。我家子弟如果疏远贤人、亲近恶人，那就是不孝子弟。我家子弟一定要小心再小心！

嘉靖六年（1527）八月，我要去两广上任，出发前写这些话用来约束我家子弟，并且敬告光临舍下的各位朋友，请尊驾看一遍后来教育我家子弟。

【阳明智慧】

提醒来客　告诫子弟

嘉靖六年（1527）九月，王阳明离开绍兴，去往两广上任。在出发前的八月，写了这篇《客座私祝》。

"客座私祝"，换用现代的说法，可以叫作"客厅告示"或者"来客须知"。这篇告示，目标是来客，目的是提醒、规劝、警告。这样做显得不太礼貌，却是必需的。

王阳明龙场悟道，道德感召半个天下。他功勋卓著，闻名天下。他学问好，从正德十六年（1521）到嘉靖六年（1527），六年时间，他在绍兴和余姚开坛讲学。这吸引着五湖四海的好学青年汇聚到浙江绍兴，以至于有段时间绍兴城内外的寺院、道观住满了各地求学的人。他有一次讲课，课堂挤了300多人。

慕名来绍兴的人，并非都是来求学的，有求名的，有求财的，有拉关系的，有找门路的，有看稀罕的，也一定有怀揣阴谋的。这些人鱼龙混杂，不少动机不良的人混入其中。王阳明喜欢结交朋友，朋友多，弟子众。朋友和弟子介绍来的人也不好不让进门。

王阳明安排魏廷豹总管伯爵府家政，千叮咛万嘱咐儿子正宪看好门户，又担心魏廷豹和正宪两个人的权威不够，就留下多份"手谕"。这份《客座私祝》是其中一份。

客人进客厅落座，一眼就会看到这份告示，看着告示不由得审视自己、对照自己。正派的客人马上会端正身心，像面对圣贤一样，小心谨慎。怀揣阴谋的人，内心一惊，担心自己阴谋败露，会马上装模作样，不得不暂时扫除内心的阴暗。

这样，《客座私祝》就具有了教学、教化的功能。

看似针对客人的内容多，最终目的还是告诫教育自家子弟。子弟包括三个弟弟守俭、守文、守章，儿子正宪、正亿，弟弟的儿子正感等。这是写给大家庭的，当然也包括兄弟媳妇、儿媳妇和自己几个正值妙龄的如夫人。上门的亲戚一样有好人和坏人。告诫教育的对象还包括伯爵府的众多佣人、仆人。

告诫教育的内容有：不赌博，不醉酒，不骄傲，不掩饰错误，不花言巧语，不铺张浪费，不贪财，不懒惰，不暴躁，不乱搞男女关系，不顽固不化等。客人做到这些，就受到欢迎，子弟就亲近这样的善人。做不到这些，就不受欢迎，子弟要远离这些坏人。子弟如果不分善恶，亲近坏人，王阳明明确认定，这样的子弟是王家的不肖子弟，是逆子。

朋友圈很重要，常和卖花的交往，日熏月染，一身清香；常和卖鱼的相处，三五天相处，一身鱼腥。

青少年不容易分辨是非善恶，需要家长把关。好在，现在的家庭单位很小，便于管理，类似的《客座私祝》无须张挂客厅，惹客人不自在。但家长心里，还是需要张贴一幅。

【故事链接】

小皇帝朱厚照与老太监刘瑾

明朝第 10 位皇帝朱厚照（1491~1521）一生短暂，却干尽了荒唐事。在朱厚照宠信的太监"八虎"中，刘瑾（1451~1510）是头虎。这个恶虎比朱厚照大 40 岁，他带坏了朱厚照。

朱厚照是独生子，两岁被立为太子，15 岁做皇帝。他父亲临终，把他托付给三位正直的内阁大学士刘健、谢迁和李东阳。

三位大学士给他起了正德的年号。正德元年（1506），朱厚照提拔太监八虎中的刘瑾掌管司礼监（最有权的太监衙门）；提拔太监丘聚、谷大用掌管特务机关东厂和西厂；提拔太监张永、魏彬分别统率京师精锐部队。人以群分，他亲近坏人，自然讨厌好人。他撵走了刘健和谢迁，命令锦衣卫监督朝廷的纪检监察官员，对他们实行每天早晚点名制度。

正德二年（1507）闰正月，在北京午门外，杖罚南京 21 名纪检监察官员。二月，在午门外杖罚北京纪检监察官员。三月，把上奏劝谏的 53 位官员集中宣布为奸党，其中有刘健、谢迁、王阳明。五月，卖了四万份和尚、道士出家许可证（他收了一点银子，国家服役的人少了，参加生产劳动的人少了）。把修建边防城墙的经费挪用于皇城豹房的建造。豹房，实质是一个附带动物园的吃喝玩乐综合体。

正德三年（1508）四月，卖正四品以下武官官职。六月，满朝文武被罚跪在奉天门外，其中 300 多人被关进锦衣卫监狱。七月，海选音乐人才进京。八月，刘瑾在东厂和西厂外组织第三个特务机关内厂。

以上仅是从《明史》中摘录的一点荒唐事，是朱厚照 16 年皇帝生涯中的冰山一角。他自认天下老子第一，无法无天，做出的荒唐事超出常人的想象。

他一个小青年，住在紫禁城里，见不到外面的世界，看不到诲淫诲盗的"非法出版物"，一些坏的想法和做法，没人教唆他，他连知道也不会知道。谁是这个教唆犯？刘瑾！

刘瑾祖籍陕西兴平，本来姓谈，6岁时投靠太监刘顺，认了干爹，改姓刘，做了太监。正人君子，行不改名，坐不改姓。刘瑾为了权势，连姓都不要了。

刘瑾当太监时犯了死罪，被赦免。免死后，被安排到皇太子朱厚照的东宫。朱祐樘就这么一个儿子，在为儿子、为储君挑选近身服务人员时，作为家长，作为皇帝，政审工作做得不扎实。用了坏人，不坏事是侥幸，坏了事是必然。有其因必有其果。

刘瑾以前朝太监王振为榜样，渴望像王振那样让皇帝对其言听计从。他以坏人为榜样，立下坏的志向，天天引诱朱厚照吃喝玩乐，胡作非为。小孩子是非不分，很容易把任情任性、荒唐胡闹当成正常行为。刘瑾有野心，有能力，组织了"八虎帮"，他们八虎狼狈为奸，利用皇帝，狐假虎威，以权谋私。

小太子与"八虎"成了密不可分的朋友，当皇帝后把"八虎"带进皇宫。刘瑾施展手段，逐渐成了"刘皇帝""立皇帝"。

正德五年（1510），杨一清和张永用计说服朱厚照，把恶贯满盈的刘瑾凌迟处死。他死了，恶果还在，最主要的恶果是，朱厚照打下了坏底子。

附录

王阳明年谱

王阳明成化八年（1472）九月三十日出生于浙江余姚。

成化十九年（1483），12岁。在私塾读书时，问塾师："何为第一等事？"塾师说："惟读书登第耳。"他疑问道："登第恐未为第一等事，或读书学圣贤耳。"

成化二十年（1484），13岁。母亲郑氏去世。

成化二十二年（1486），15岁。出游塞外，考察边境，骑马射箭，胸怀保境安民的抱负。

弘治二年（1489），18岁。与诸氏完婚于江西南昌。携妻从江西回浙江路过上饶时，大儒娄谅告诉王阳明："圣人必可学而至。"

弘治五年（1492），21岁。考中举人。进京准备次年的会试期间，格竹子七天致病。次年会试名落孙山。

弘治十年（1497），26岁。在京师，苦学诸家兵法。

弘治十二年（1499），28岁。中进士，观政工部。

弘治十四年（1501），30岁。游九华山，出入佛寺和道观。

弘治十五年（1502），31岁。休病假，在绍兴宛委山阳明洞天静修。

弘治十七年（1504），33岁。秋季主考山东乡试。之后到兵部任职。

正德元年（1506），35岁。入狱，出狱后谪贵州龙场驿驿丞。

正德三年（1508），37岁。在龙场，悟通"格物致知"。

正德四年（1509），38岁。在贵阳文明书院开讲"知行合一"。

正德五年（1510），39岁。在江西省吉安府庐陵县做知县。

正德六年（1511），40岁。在京师，调任吏部验封清吏司主事。是年二月，任会试同考官。

正德七年至正德八年（1512~1513）。历升至南京太仆寺少卿。八年十月在滁州教学生静坐。

正德九年（1514），43岁。升南京鸿胪寺卿。在南京教学生在事上省察克治。

正德十一年（1516），45岁，升都察院左佥都御史，巡抚南赣汀漳等处。

正德十二年至正德十三年（1517~1518）。在江西赣州，刻古本《大学》和《传习录》。修书院，办社学，立乡约。

正德十四年（1519），48岁。六月，出差途经丰城，闻宁亲王朱宸濠反叛，立即返吉安，起义兵。43天平定10万叛军。

正德十六年（1521），50岁。在江西提出致良知学说。在白鹿洞书院讲学。六月升南京兵部尚书。封新建伯。

嘉靖元年（1522），51岁。在家为父守孝。

嘉靖三年至嘉靖六年（1524~1527），因朝中大臣反对致良知学，阻止起用。在绍兴讲学，门生半天下。门人刻《文录》和《传习录》。确定"四句教"。

嘉靖七年（1528），57岁。抚平思田之乱，剿灭为恶数十年的八寨、断藤峡强贼集团。

十一月二十九日辰时（1529年1月9日8时）许，病逝于江西南安府大庾县（今赣州大余）青龙铺码头。

家风传承

槐里先生传

戚澜①

先生姓王，名杰②，字世杰，居秘图湖③之后。其先世尝植三槐④于门，自号槐里子⑤，学者因称曰槐里先生。始祖为晋右将军羲之⑥。曾祖纲性常⑦与其弟秉常、敬常俱以文学显名国初，而性

---

① 戚澜：字文澜，浙江余姚人。明景泰二年（1451）进士，选庶吉士，授翰林院编修。
② 王杰（1399~?）：王阳明的曾祖。王杰弟兄三人，兄世英，弟世昌。两个儿子，长子王伦，次子王璨。因孙王华，被赠礼部右侍郎荣誉官爵；因曾孙王阳明，被赠兵部尚书、新建伯荣誉官爵。
③ 秘图湖：浙江余姚城内龙泉山东有小山，传说山上藏有大禹治水的地图，唐代开始称"秘图山"。山不高，多岩石。秘图山南麓有小湖，称秘图湖，湖北建有雩（yú）咏亭，曾是文人雅士品酒吟诗的聚会地。山间小溪与湖相通。山上曾有高风亭、舜庙、神禹秘图碑、严公堂、翰墨堂等景观。王阳明祖先在元代迁居于秘图湖畔。
④ 三槐：北宋初年，王祐（924~987）在大名（今河北大名）做官时，曾用自家上百口人的性命做担保，为人申冤，积有阴德。他在自家院子里种植三棵槐树，预言说："吾之后世必有为三公者。"王祐儿子王旦（957~1017）在宋真宗朝受到皇帝信赖，享誉天下。后代人才辈出，成为北宋望族，形成了三槐王氏家族世系。三槐王氏家族立唐代卫州黎阳（今河南浚县）县令王言（869~930）为始祖。中华王氏宗族世系中，三槐系是人数最多、影响最大的一支。
⑤ 槐里子：王杰自号槐里子，提醒自己不忘祖宗的遗训。王旦留有家训。
⑥ 羲之：王羲之（303~361），东晋名臣，书法家。累官至右军将军，史称"王右军"。据现代学者考证，王羲之不是王阳明的直系祖先。
⑦ 性常：王阳明六世祖王纲（1302~1373），字性常，死于广东参议任上。

常以广东参议死于苗之难。祖秘湖渔隐彦达①，父遁石翁与准②，皆以德学为世隐儒。

先生自为童子，即有志圣贤之学。年十四，尽通四书五经及宋诸大儒之说。时朝廷方督有司求遗逸③，部使者闻遁石翁之名，及门迫起之，不可得。见先生，奇焉，谓遁石翁曰："足下不屑就，罪且及身，宁能以子代行乎？"不得已，乃遣先生备邑庠④弟子员⑤。时教谕程晶负才倨傲，奴视诸生，见先生，辄敬服，语人曰："此今之黄叔度⑥也。"岁当大比⑦，邑有司首以先生应荐。比入试，众皆散发袒衣⑧，先生叹曰："吾宁曳履衡门⑨矣。"遂归，不复应试。

---

① 彦达（1340~1406）：王彦达，他随着做广东参议的父亲王纲到广东。父亲被海匪杀害后，用羊皮裹着父亲的遗体，背回余姚安葬。朝廷为了表彰这对父子的忠孝，在增城为王纲立庙，并起用王彦达。王彦达拒不受官，自号"秘湖渔隐"。
② 遁石翁：王阳明高祖王与准（1370~1439），字公度。研学《礼记》《周易》，著有《易微》。祖父王纲死于国事，父亲王彦达终身不仕，受此影响，王与准有学问却不愿做官。朝廷得知王与准有学问，就征召他做官，并派人找他。王与准躲到山里去。官府把王与准三个儿子拘押作为人质，押着三个儿子进山寻找。王与准躲进深山，坠落悬崖，摔伤了脚，被人找到。因为脚受伤，免于做官，作为交换条件，儿子王杰到余姚县学就读。王与准因为摔伤了脚，进而避免做官之苦，从此自号"遁石翁"。
③ 遗逸：民间贤良人士。明代政府以科举制度选拔人才之外，担心遗漏优秀人才，诏令各地举荐编制外的人才，俗称"举遗贤"。
④ 邑庠：县学，又称县儒学。邑，县，城市。庠，学校。
⑤ 弟子员：明代府学、县学的学生，又叫"生员"，俗称"秀才"。
⑥ 黄叔度：黄宪（109~156），字叔度，东汉著名贤士。出身贫贱，学识渊博，德行高尚。
⑦ 大比：明清两代每隔三年举行一次乡试，称大比。
⑧ 散发袒（tǎn）衣：披散头发，脱去上衣，露出身体的一部分。科举考试进考场前，监考人员让考生"散发袒衣"，便于检查是否夹带作弊物品。
⑨ 曳（yè）履衡门：拖拉着鞋，住在简陋的茅屋中，过着隐居的清贫生活。曳，拖拉。横木为门，指房屋简陋，借指清贫的隐居生活。

宣德间①,诏中外举异才堪风宪②者,破常调任使之。时先生次当贡③,邑令黄维雅重④先生,为之具行李⑤,戒仆从,强之应诏。先生固以亲老辞,乃让其友汪生叔昂⑥。既而遁石翁殁⑦,又当贡,复以母老辞,让其友李生文昭。而躬耕受⑧徒,以养其母,饔飧⑨不继,休如⑩也。母且殁,谓先生曰:"尔贫日益甚,吾死,尔必仕。毋忘吾言!"已终丧,先生乃应贡,入南雍⑪。祭酒⑫陈公敬宗⑬闻先生至,待以友礼,使毋就弟子列。明年,荐先生于朝。未报,而先生殁。

---

①宣德间:明宣宗朱瞻基在位期间年号为宣德,从1426年至1435年。
②风宪:掌管风纪法度的官员。
③当贡:府学、州学、县学的学生向上进步的途径有:1.被学校推荐参加乡试考试,脱颖而出的人成为举人;2.根据成绩和资历向中央学校国子监推荐,由国子监接纳后入监读书,称为贡生,经培训后被派往各地任县学教谕、训导等职,或者成为地方衙门最基层的官员。贡,意为贡献、举荐。在礼部举办的会试考试中顺利过关的举人也被称为"贡士"。
④雅重:重视。雅,敬辞。
⑤具行李:准备行李。明代科举考试制度,有资格参加科举考试的学生由官府发给路费等费用。
⑥汪生叔昂:学生汪叔昂。明代礼仪习惯,老师称学生某生某某;平辈相称某君某某,或者某子某某;晚辈称尊长某公某某,或者自谦、敬人时称某公某某,比如下文的陈公敬宗。
⑦殁(mò):死。
⑧受:通"授"。
⑨饔飧(yōng sūn):饭食。饔,早饭。飧,晚饭
⑩休如:悠闲从容。出自《尚书·秦誓》:"其心休休焉,其如有容。"意为:他心地宽厚,能够容人容物。
⑪南雍:南京国子监,简称"南雍"。雍,辟雍的简称。辟雍,古代天子设立的太学。
⑫祭酒:国子监祭酒,相当于国子监校长。
⑬陈公敬宗(1377~1459):陈敬宗,字光世,浙江慈溪人。明代名臣,学者。永乐二年(1404)进士,选庶吉士,参编《永乐大典》。他在前后17年的南京国子监祭酒任上,树立师道,制定教规,革除陋习,道德文章誉满天下。《明史》评价他是明代最优秀的两个祭酒之一。

先生仪观①玉立，秀目修髯②，望之以为神人。无贤愚戚疏，皆知敬而爱之。言行一以古圣贤为法。尝谓其门人曰："学者能见得曾点③意思，将洒然④无入而不自得⑤，爵禄⑥之无动于中，不足言也。"

先生与先君泠川⑦先生友，先君每称先生所著《易》《春秋说》《周礼考正》，以为近世儒者皆所不及；与人论人物，必以先生为称首。澜⑧时为童子，窃志之。然从先君宦游⑨于外，无因及门⑩也。今兹之归，先生殁已久矣。就其家求所著述，仅存《槐里杂稿》数卷；而所谓《易》《春秋说》《周礼考正》者，则先生之殁于南雍，其二子皆不在侍，为其同舍生所取，已尽亡之矣，呜呼惜哉！先君幼时，尝闻乡父老相传，谓王氏自东晋来盛江左⑪，中微⑫且百数年，元时有隐士善筮⑬者，与其先世游，尝言其后当有大儒名世者出，意其在先生。而先生亦竟不及用，岂尚在其子孙耶？

---

①仪观：仪表，容貌。
②髯（rán）：胡子。
③曾点：字皙，春秋时期人。孔门七十二贤之一。儿子曾参，父子俩都是孔子的弟子。曾点追求自然、率真、洒脱、无拘无束的生活。孔子很赞赏曾点的追求。
④洒然：洒脱貌。
⑤无入而不自得：出自《中庸》："君子无入而不自得焉。"意为：（君子）在任何环境里都能安守本分、自得其乐。入，处于某种环境中。
⑥爵禄：官爵和俸禄，借指名利。
⑦先君泠川：去世的父亲泠川先生。先君，自己尊称去世的父亲。称先君，讳名，讳字，只称号。
⑧澜：戚澜。明代人习惯自称名。
⑨宦游：在外地做官。
⑩及门：正式登门拜师受业的学生，此指拜师入门当弟子。
⑪江左：长江从江西九江到江苏南京呈西南向东北流向，背北面南定方位，长江以东区域被称为江左。
⑫中微：中间衰落。
⑬隐士善筮（shì）：元末明初终南山道士赵缘督游历到浙江余姚，投宿到王阳明六世祖王纲家中，教授王纲卜筮的方法，并给王家后世发展做了预测。

【内容大意】

先生姓王，名杰，字世杰，家住秘图湖后。先生因祖上曾在庭院里种植三棵槐树，自号槐里子，学者因此称他槐里先生。始祖是在东晋时被封为右军将军的王羲之。曾祖性常与弟弟秉常、敬常在大明开国的时候都是著名的文学之士，性常在广东参议任上参加平定苗民叛乱的行动，以身殉职。祖父彦达号秘湖渔隐，父亲与准号遁石翁，父子俩有道德，有学问，隐居于世，没有出来做官。

槐里先生从小就立志修学圣贤学问。14岁时，已经通读熟悉了四书五经和宋代各位大儒的著作学说。当时朝廷督令相关衙门的官员征召民间有道德、有学问的人出来做官，朝廷派出的使者知道了遁石翁的情况，上门逼迫他出来做官，没有达到目的。见到槐里先生，很惊奇，对遁石翁说："您不屑于出去做官，抗拒政府的法令是犯罪行为，难道不能让您儿子代替您出来为朝廷做事吗？"遁石翁没办法，只好派槐里先生到县学就读。当时的县学教谕程晶有才学，很傲慢，把学生看作奴才一样，但是一见到槐里先生，态度马上变得很佩服、很尊敬。程晶向人夸赞槐里先生说："这是汉代著名贤士黄叔度再生到当今呀！"这一年正赶上科举考试，在推荐参加科举考试学员名单上，县里官员把槐里先生列为第一名。在进入考场时，考生把头发披散开来，解开衣服，袒胸露怀（接受监考人员检查）。槐里先生（见到这种情景），感叹地说："（与其这样没有尊严）我宁愿拖拉着鞋，住茅棚。"于是，他就回去了，再也不参加科举考试。

宣德年间，朝廷下诏让各地衙门举荐自律严谨、才能突出、可以胜任监察百官政风政纪工作的人才，要破格选调，安排官职。槐里先生按规定得到了举荐资格。知县黄维很看重槐里先生，安排为他准备行李，训示随行的仆从，以此强迫槐里先生响应朝廷诏令。槐里先生借口双亲年老体弱需要照顾，坚决推辞。最后把这次机会让给了同学汪叔昂。没多久，父亲遁石翁去世，又赶上县学举荐学生的机会。这次，槐里先生又借口母亲年事已高需要照顾，推辞了，而把出去做官的机会让给了同学李文昭。他自己一边种田，一边教书，以此奉养母亲。有时候粮食接济不上，他也能坦然自在，从容应对。母亲临终时，对槐里先生说："你日子过得一天比一天贫困，我死后，你一定要出去做官。千万不要忘了我的话。"安葬好母亲后，槐里先生接受学校推荐，进入南京国子监。国子监祭酒陈敬宗先生得知槐里先生入校，按朋友相处的平等礼节对待他，不让槐里先生和其他监生一起向自己行弟子拜师礼。入校第二年，国子监把槐里先生举荐给朝廷。结果还没下来，槐里先生就去世了。

槐里先生仪表堂堂，身材挺拔，眉清目秀，胡子修长，看着像神仙一样。人们不论是贤良还是愚笨，不论关系亲近与否，都知道敬爱他。槐里先生一言一行都以古代圣贤为榜样。他曾对自己的弟子说："修学身心学问，如果能体会到曾点的志趣，无论处于任何境况都能做到笑对生活，从从容容，名和利都不能打动他内心的平静，别的都微不足道。"

槐里先生与我去世的父亲泠川先生友善，我父亲经常称赞槐里先生著作的《易》《春秋说》《周礼考证》。我父亲认为近世以来儒学学者的著作，都达不到槐里先生著作的水平；父亲与人议论、评判人物时，一定会把槐里先生列为第一等人物。我从小就暗暗地记住了父亲的这些话。但是我父亲在各地做官，我跟着父亲游走各地，没有机会拜入先生门下。这次回到家乡，槐里先生已经去世很久了。我到先生家，求借先生的著作，先生的著作只保存了几卷《槐里杂稿》。先生在南京国子监去世，当时两个儿子不在身边，他的著作《易》《春秋说》和《周礼考证》被同学拿走了，现在都找不到了。唉，真是可惜！我父亲小时候曾经听父老乡亲互相传说，槐里先生王氏先祖东晋时来到江左地区，家世兴盛，后来衰落了几百年。他们说，元代有个精通卜筮预测的隐士，与槐里先生祖上交好，曾经预言王氏后代将有闻名天下的大儒出现，大家以为会应验在槐里先生身上。但是先生竟然没有等到一展雄才，难道是应验在槐里先生的子孙身上？

竹轩先生传

魏瀚①

先生名伦②，字天叙，以字行。性爱竹，所居轩外环植之，日啸咏③其间。视纷华势利④，泊如⑤也。客有造⑥竹所者，辄指告之曰："此吾直谅多闻⑦之友，何可一日相舍耶？"学者因称曰竹轩先生。

早承厥考⑧槐里先生庭训⑨，德业夙成。甫⑩冠⑪，浙东西大家

---

①魏瀚：字九渊，又字孔源，号尝斋。浙江余姚人。景泰五年（1454）进士，授御史，累官至江西省布政司右参政。著有《尝斋稿》《江湖倡和集》。弘治九年（1496），王阳明第二次会试落第后，回到余姚，在龙泉山寺组织诗社，同年退休的魏瀚成为诗社的社员。魏瀚父亲魏瑶做过浚县县丞，儿子魏朝端是王阳明的同年举人。

②王伦（1421~1490）：王阳明的祖父。三个儿子，长子荣，次子华，三子衮。因为儿子王华，去世后被赠礼部右侍郎荣誉官爵；因为孙子王阳明，被赠兵部尚书、新建伯荣誉官爵。

③啸咏：犹歌咏。

④纷华势利：繁华富丽，权势财富。

⑤泊如：恬淡无欲的样子。

⑥造：造访，拜访。

⑦直谅多闻：出自《论语》："友直，友谅，友多闻，益矣。"意为：与正直的人交朋友，与守信义的人交朋友，与见闻广博的人交朋友，是有益的。谅：诚信。

⑧厥考：他去世的父亲。厥，其。

⑨庭训：父亲的教诲。典出《论语》："尝独立，鲤趋而过庭。曰：'学诗乎？'……"意为："父亲曾一个人站在庭院中，我快步地走过。父亲问：'学诗没有？'……"

⑩甫（fǔ）：刚刚。

⑪冠：冠礼的简称。古代男子二十岁时举办的一种礼仪，表示已经成人。

争延聘为子弟师。凡及门经指授者，德业①率多可观。槐里先生蚤世②，环堵萧然③，所遗惟书史数箧④。先生每启箧，辄挥涕曰："此吾先世之所殖也，我后人不殖，则将落矣。"乃穷年口诵心惟⑤，于书无所不读，而尤好观《仪礼》、《左氏传》、司马迁《史》。雅善鼓琴，每风月清朗，则焚香操弄数曲。弄罢，复歌古诗词，而使子弟和之。识者谓其胸次洒落，方之陶靖节⑥、林和靖⑦，无不及焉。

居贫，躬授徒以养母。母性素严重，而于外家⑧诸孤弟妹，怜爱甚切至。先生每先意承志⑨，解衣推食⑩，惟恐弗及；而于妻孥⑪之寒馁⑫，弗遑恤焉。弟粲⑬幼孤，为母所钟爱。先生少则教之于家塾，长则挈之游江湖，有无欣戚⑭，罔不与居。逮⑮子华官翰林，请于朝，分禄以为先生养。先生复推其半以赡弟。乡人有萁豆相

---

①德业：品德与学业。
②蚤世：过早去世。蚤，通"早"。
③环堵萧然：房屋四面墙内没有什么物件，极端贫穷。
④箧（qiè）：小箱子。
⑤口诵心惟：口中朗诵的同时，心中思考，心口专一。
⑥陶靖节：陶渊明（约365~427），名潜，字元亮，别号五柳先生，世号靖节先生，东晋诗人。
⑦林和靖：林逋（bū）（967~1028），字君复，钱塘（今浙江杭州）人。北宋著名隐逸诗人。隐居西湖孤山，二十年不入城市。终身不做官，不娶妻，与梅花、仙鹤做伴，故有"梅妻鹤子"之称，卒谥和靖先生。
⑧外家：外祖父母家。
⑨先意承志：孝子不等父母开口就能顺应父母的心意去做。
⑩解衣推食：把身上的衣服脱给别人穿，把正吃着的饭食给别人吃。典出《史记·淮阴侯列传》："解衣衣我，推食食我。"
⑪妻孥（nú）：妻子和儿女。
⑫寒馁（něi）：寒冷与饥饿。
⑬弟粲（càn）：弟弟在家谱中名为"粲"。
⑭欣戚：喜乐和忧戚。
⑮逮（dài）：等到。

煎①者，闻先生风，多愧悔，更为敦睦之行。

先生容貌环伟②，细目美髯。与人交际，和乐之气蔼然可掬。而对门人弟子，则矩范③严肃，凛乎不可犯。为文章好简古④，而厌浮靡⑤，赋诗援笔立就，若不介意，而亦未尝逸于法律之外。所著有《竹轩稿》及《江湖杂稿》若干卷，藏于家。

先生与先君菊庄翁订盟吟社，有莫逆好。瀚自致政⑥归，每月旦亦获陪先生杖屦⑦游。且辱知⑧于先生仲子⑨龙山学士⑩。学士之子守仁，又与吾儿朝端同举于乡。累世通家⑪，知先生之深者，固莫如瀚，因节其行之大者于此，以备太史氏之采择焉。

【内容大意】

先生名伦，字天叙，他的字比名更通用。先生喜爱竹子，把居住的轩房四周种满了竹子，每天在竹林内歌咏。对世事繁华富丽和权势利益看得很淡薄。每当客人造访他位于竹林内的住所时，他就指着竹林给客人说："这是我正直、诚实、博闻多识的朋友，怎么可以离开它哪怕一天呢？"

---

①萁豆相煎：比喻骨肉相残。典出三国魏曹植《七步诗》。
②环伟：或系"瑰伟"之讹，谓状貌魁梧美好。
③矩范：容貌举止可为典范。
④简古：简朴。
⑤浮靡：浮华。
⑥致政：为官一任任期结束。此处不同于"致仕"，致仕是退休。
⑦杖屦：老者所用的手杖和鞋子，引申为对老者和尊者的敬称。
⑧辱知：谦辞。谓受人赏识或提拔。
⑨仲子：二儿子。
⑩龙山学士：指王华，字德辉，号实庵，晚号海日翁。曾读书龙泉山中，又称龙山先生。曾为翰林学士，又称龙山学士。翰林学士，明代翰林院的最高长官，主管文翰，并备皇帝咨询，称翰林院掌院。
⑪累世通家：世代友谊深厚。

修学的人因此称他竹轩先生。

竹轩先生从小受到父亲槐里先生的教诲，品德和学业早成。年仅20岁时，浙东、浙西的大家世族争着聘请他担当自家子弟的老师。只要正式拜师入门、经过竹轩先生的指导和教授，学生的品德和学业大多都很优秀。父亲槐里先生去世早，家里穷得几乎一无所有，只遗留下几小箱子图书。竹轩先生每次打开书箱时，总是挥洒着眼泪鼻涕说："这些书是我去世的父亲置办的。我们子孙不好好保管，会毁坏的。"于是，先生常年诵读思考，读完了这几箱子书。先生特别喜欢其中的《仪礼》《春秋左氏传》和司马迁的《史记》。竹轩先生擅长弹琴，每当月明风清的夜晚，总要焚上香，弹奏几支曲子。弹罢几支曲子，再吟几首诗词。吟诗时，让子弟唱和。熟悉竹轩先生的人都说先生活得潇洒自在，把他比作陶靖节和林和靖两位高洁的隐士，绝非过誉。

过穷日子的时候，先生自己收徒教学，用收到的学费奉养母亲。母亲生性严肃庄重，对自己娘家失去父亲的几个弟弟妹妹，怜爱、关切。先生总是不等母亲开口，就能按照母亲的心意照顾他们，（甚至）脱下自己的衣服给他们穿，节省下自己的口粮给他们吃，只担心不能满足母亲的心愿；而对于自己妻子和儿子能不能吃饱，能不能穿暖，却顾不上。弟弟王粲从小就没了父亲，受到母亲的特别疼爱。弟弟小的时候，先生在自己办的私塾中教他读书；弟弟长大后，先生到各地游历都要带上他，不管有钱没钱、快乐忧伤，先生总是与弟弟同甘共苦。儿子王华到翰林院做官后，请求朝廷分一部分俸禄（在余姚老家发放），用以奉养先生。先生又分出一半，用来帮助弟弟。乡里有互相争斗的兄弟听说竹轩先生的高风亮节后，多半是又惭愧又后悔，跟自己兄弟恢复了亲善和睦的关系。

先生相貌奇伟，双眼细长，胡须漂亮。与人交往时，满面春风，和蔼可亲。对待弟子学生，则庄重肃穆，充满威仪，严厉得令人肃然起敬。先生写文章喜欢简朴，不喜欢辞藻华丽，写诗时提笔很快就能写成，好像没有刻意构思，却又从不违反诗词格律。先生著作《竹轩稿》和《江湖杂稿》多卷，都收藏在家里。

竹轩先生与我父亲菊庄翁志同道合，在世时曾经结盟成立了吟诗社。我做官一任任满回乡时，每月初一也获得过陪侍竹轩先生出游的机会。我还承蒙先生二儿子龙山学士赏识，与之为友。龙山学士儿子守仁，又与我儿子朝端在乡试中一起中举。我们两家是世交，其他人一定不如我了解竹轩先生，因此我把先生一生最突出的德行编排在一起，供史官选用。

易直①先生墓志②
弘治十五年（1502）

易直先生卒，乡之人相与哀思不已，从而纂述其行以诔③之曰：

呜呼！先生之道，谅易平直。内笃于孝友④，外孚⑤于忠实；不戚戚于穷⑥，不欣欣于得⑦。蓢彻厓⑧幅，于物无抵⑨；于于施

---

①易直：王阳明叔父王衮（1449~1498），字德章。易直，是乡人为他取的谥号。
②墓志：放入墓中刻有死者生平事迹的石刻。
③诔（lěi）：哀悼死者的文章，即悼词。
④孝友：孝顺父母，友爱兄弟姐妹。
⑤孚（fú）：为人所信服。
⑥戚戚于穷：为贫贱而忧愁。
⑦欣欣于得：为获得了名利而沾沾自喜。
⑧厓：同"崖"，边际。
⑨于物无抵：不与人发生冲突，不计较生活待遇。

施①，率意任真，而亦不干于礼②。艺学积行③，将施于邦④；六举于乡⑤，竟弗一获以死，呜呼伤哉！

自先生之没，乡之子弟无所式⑥，为善者无所倚，谈经究道者莫与考论，含章秘迹⑦，林栖而泽遁⑧者，莫与遨游以处。天胡⑨夺吾先生之速耶！

先生姓王，名衮，字德章。古者贤士死则有以易其号，今先生没且三年，而犹袭其常称，其谓乡人何！盍⑩相与私谥⑪之曰"易直"。于是先生之侄守仁闻而泣曰："叔父有善，吾子侄弗能纪述，而以辱吾之乡老，亦奚为于子侄？请得志诸墓。"

呜呼！吾宗江左⑫以来，世不乏贤。自吾祖竹轩府君⑬以上，凡积德累仁者数世，而始发于吾父龙山先生。叔父生而勤修砥砺⑭，能协成吾父之志。人谓相继而兴以昌王氏者，必在叔父；而又竟止于此，天意果安在哉！

---

①于于施施：形容从容自得。
②不干于礼：不违背礼仪。干，冒犯。
③艺学积行：好学积德。
④将施于邦：将要施展才能，服务于国家。
⑤举于乡：被推荐参加乡试。
⑥所式：参照的榜样。式，样式，范式，规矩，法度。
⑦含章秘迹：做人做事含蓄内敛。章，彰显。迹，行迹。
⑧林栖而泽遁：栖息于山林，隐藏于水泽中，代指隐士。
⑨胡：疑问代词，为什么。
⑩盍：合，聚合，聚会。
⑪私谥：古代士大夫死后由亲属、朋友或门人给予的谥号。私，是相对于朝廷赠予的谥号而言。
⑫江左：江东。
⑬府君：旧时对已故者的敬称。此指王阳明去世的祖父王伦，世称"竹轩先生"。
⑭砥砺：磨炼。

叔母叶孺人，先叔父十有三年卒，生二子，守礼、守信。继孺人方氏，生一子守恭。叔父之生，以正统己巳①十月戊午，得寿四十有九，而以弘治戊午②之八月廿三卒。

卒之岁，太夫人岑氏③方就养④于京，泣曰："须吾归，视其柩⑤。"于是壬戌⑥正月，太夫人自京归，始克以十月甲子葬叔父于邑东穴湖山之阳，南去竹轩府君之墓十武⑦而近，去叶孺人之墓十武而遥。未合葬，盖有所俟⑧也。

【内容大意】

易直先生去世后，家乡人时常在一起表达沉痛的思念之情，然后记录下他的品德操行，表示悼念。悼词如下：

呜呼！易直先生一生奉行诚实守信、平易近人、公正率真的做人之道。在家族中他切实做到了孝顺长辈、友爱兄弟姐妹，在社会上因为做人忠诚，做事踏实而受到信服；他从不为日子贫穷而忧愁，也从不为生活富足就沾沾自喜。他生活俭朴，从不与人发生冲突，从不计较生活待遇；做人从容，待人随和，赤诚坦荡，真情实意，却又不违背礼俗。他勤学技能，勤修品德，准备着服务于国家；六次被推荐参加乡试，竟然没有成功就去世了，呜呼，实在令人痛心！

---

① 正统己巳：明英宗朱祁镇正统十四年（1449）。
② 弘治戊午：明孝宗朱祐樘弘治十一年（1498）。
③ 岑氏：王阳明奶奶。
④ 就养：去接受奉养。
⑤ 柩（jiù）：棺材。
⑥ 壬戌：弘治十五年（1502）。
⑦ 武：半步。
⑧ 俟（sì）：等待。

先生去世后，家乡子弟失去了榜样，为善者没有了依靠，讨论经典、研究道学的人失去了相互探讨的良师益友。内敛低调、隐藏行迹的世人，和栖息山林、逃遁水泊的隐士，失去了遨游天地间的旅伴。苍天为什么这么急着夺走我们的易直先生啊！

先生姓王，名衮，字德章。古代的贤士去世后，有获得谥号代替生前名号的传统，如今先生去世已经三年了，而人们仍然用其生前的常用称谓进行称呼，这让人们怎么看我们家乡人！大家聚在一起互相商量后，赠先生谥号为"易直"。先生的侄子守仁得知后哭着说："叔父有善行，我们做子侄的不能记录下来，会给我们家乡父老带来耻辱，我们还怎么做子侄？请让我记下来，安放到叔父的墓中。"

呜呼！我们宗族自从迁居到江左地区以来，世代不缺贤良之士。从我爷爷竹轩先生往上数，几代人修养仁义、积德行善，直到我父亲龙山先生才开始发迹。叔父从小勤奋努力，修身养性，磨炼学问，能够协助我父亲实现志向。人们说，在我父亲之后还能发迹来兴旺我们王氏宗族的人一定是我叔父；叔父竟然在这时停下脚步，难道这就是天意吗！

婶母叶氏，比叔父早13年去世，生养守礼和守信两个儿子。继婶母方氏，生养守恭一个儿子。叔父生于正统十四年十月戊午日，死于弘治十一年八月二十三日，享年49岁。

叔父去世那一年，太夫人岑氏被接到北京奉养，她哭着说："必须等着我回去，我要看看他的棺材。"于是，等到弘治十五年正月，太夫人从北京回来，才决定在十月甲子日，把叔父安葬在城东穴湖山山南，墓南面与竹轩先生的坟墓相距十半步，与婶母叶氏的坟墓相距十半步。没有与婶母叶氏合葬，因为有需要等待的事情。

十大弟子

王阳明只有两个儿子，亲生儿子还没顾得上教育，就去世了。他培养的弟子成百上千。他是万民敬仰、天下祭祀的大宗师。

他去世后，给他送葬哭丧的弟子上千人。弟子钱德洪和王畿给他守孝六年，对他比对自己亲爹还孝敬。许多弟子定期祭拜他，还有许多弟子和再传弟子在家里摆设他的牌位，祭拜他。远在河南洛阳的再传弟子尤时熙（1503~1580）、三传弟子孟化鲤（1545~1597），两个人退休后，在家乡讲学。他们就各自在家里摆设王阳明牌位，每天早晨祭拜。

师父、父师，亦师亦父；弟子，子弟，亦子亦弟。每一个虔诚的弟子都是他的忠孝子弟。再传弟子徐阶没有见过王阳明，他在江西做官时给王阳明建祠堂，跪在王阳明画像前，表达敬慕心情。

许多弟子、再传弟子、三传弟子建书院，不管叫不叫阳明书院，书院里都要张挂王阳明的画像，摆设牌位，定期举办祭祀仪式。

万历二年（1574），王阳明被供奉进孔庙，享受天下祭祀。

早在正德十二年（1517）底，他剿灭江西南安府境内的土匪后，崇义、南康、大余、上犹各县的民众就开始在家摆设他的牌位，四季祭祀。他在自己的行政实践中，注重自我批评，注重政令教化和学校教育。人民感恩于他，当地的祭祀习俗延续到了20世纪中期。

王阳明圣贤情怀,他把中国看作一家,把天下人都看作自己,把年轻后辈都看作自己的子弟。心学弟子心胸宽广,超越时空,也会把他视为自己的父兄和师长。

这里介绍王门十大弟子:徐爱、冀元亨、陆澄、薛侃、邹守益、欧阳德、王艮、王畿、钱德洪、南大吉。人物入选的标准综合考虑,侧重于对心学形成、发展和传播的贡献以及个人的成长成就。广泛地征求了浙江、贵州、江西、广东、北京等地的阳明学者的意见。

一、王门首席弟子徐爱

徐爱(1487~1517)既是王阳明弟子,又是其妹夫。在成长过程中,王阳明对他关心比较早,比较多。他成长得也快。

徐爱并不是王阳明最早的弟子。弘治十四年(1501)秋,王阳明在刑部工作时,到南直隶出差,来到庐州府无为州。无为州有个米公祠。当年的秋祭由御史王璟主持。王阳明因病没有出席,王璟派人把祭祀用过的部分肉品、果品送到王阳明住处。王阳明派两个弟子越榛、邹木送去了感谢信。根据现存文献,这两位是他最早的弟子。

弘治十六年(1503),王华选择秀才徐爱做女婿,徐爱才认识王阳明。弘治十七年(1504)秋,王阳明主考山东乡试,名义上收了这一届中举的75人为弟子。弘治十八年(1505),他开始正式收弟子。正德二年(1507)秋,徐爱在浙江省乡试中中举,正式拜师入门。

龙场悟道前,王阳明自己还处于探索阶段,学识不精,师生关系并不牢固。

正德三年（1508），22岁的徐爱中进士，先后出任北直隶祁州（今河北安国）知州、南京兵部员外郎和南京工部郎中，在岗位上忠于职守，受到群众称赞。

徐爱对师门学问的形成和传播有两大贡献，没有人能够替代。

第一个贡献是在初期的组织作用。正德九年（1514），王阳明和徐爱都在南京工作，徐爱有亲和力，他大力宣传王阳明的新学说，热情组织自己的同年进士、朋友和在南京的老乡，参加学习。当时，王阳明的新学说受到质疑、嘲笑和攻击，徐爱的组织作用就显得特别重要。这需要信任、勇气和担当。

第二个贡献是发起《传习录》的记录。《传习录》是中华民族核心的经典文献。徐爱是最初的发起人，有了他的发起，才有王阳明弟子陆澄、薛侃等人的接力记录。王阳明最初不赞成这种记录，他认为，圣贤的思想和生命一样是鲜活的，一变成语言就会受到各种的局限。不少话都是因时、因地、因人、因事而说，对这个人合适，对那个人不一定合适。可以说没有徐爱的发起，可能就不会有《传习录》传世。

孔门十大弟子，颜回排名第一。王门十大弟子，徐爱高居榜首。徐爱与颜回有惊人的相似之处。两人都聪明好学，德性纯粹。孔子曾打算培养颜回做衣钵传人，王阳明也曾打算把徐爱栽培成阳明心学第二代掌门。可惜，两个人生命短暂，都只活了31岁。两个弟子都比自己的师父死得早。

徐爱是王阳明最早的知己。王阳明说，颜回虽然只活了31岁，他的精神却是长存的。我们是否可以说，徐爱虽然只活了31岁，因为《传习录》的传世，他的贡献被世人永记？

二、杀身成仁的弟子冀元亨

冀元亨（1482~1521）一生只取得了举人功名，没有做官经历，按世俗的看法，在众多弟子中，毫不起眼。他为什么在弟子排行榜中位列第二？有三个原因：拜师入门早、勤奋好学和忠诚勇敢。尤其是在忠诚勇敢方面表现出众，非常人能够做到。仅此一项，足以彪炳史册，《明史》有冀元亨的小传。

正德三年（1508），王阳明去贵州上任龙场驿丞，路过湖广省常德府，武陵县秀才冀元亨有缘结识了王阳明。后来，冀元亨等人追随到贵州龙场。有了冀元亨他们，龙场龙冈书院才有了学生，才得以成立。正德五年（1510），王阳明从贵州前往江西上任庐陵知县，冀元亨追随到庐陵。就这样，冀元亨先后追随王阳明到安徽滁州、江西赣州学习。正德十一年（1516），冀元亨在湖广省乡试中中举。在第二年的会试中，因为答题内容过于新颖，不合常规，主考官出于保守考虑，没敢录取他。当时，王阳明的心学思想还不被社会广泛接受。

王阳明很器重他，在赣州时，给他安排了两项工作，一是做正宪的家庭教师，二是做濂溪书院的主讲老师。驻藩南昌的宁亲王朱宸濠为了拉拢王阳明，派人到赣州求教。朱宸濠蓄谋造反，江西官场人人心知肚明。正德十三年（1518）十二月，王阳明为了摸清朱宸濠的底细，也出于教育、劝阻和挽救的目的，派冀元亨到南昌宁王府讲学。冀元亨在王府讲张载的《西铭》，不合朱宸濠的胃口。冀元亨回到赣州，告诉王阳明说，朱宸濠一定会造反。

出于安全考虑，王阳明安排冀元亨躲回常德武陵老家。第二年，听说王阳明组织平叛，冀元亨又赶回江西，要给师父做帮手。

平叛后，为了诬陷王阳明是叛党，奸臣逮捕了冀元亨。为了撬开冀元亨的嘴，奸臣对冀元亨使用了炮烙的酷刑。

炮烙，是残暴的商纣王发明的刑罚。具体做法有两个说法，一是罚犯人在烧红的铜柱子上行走，二是罚犯人抱住烧红的铜柱子。总之，奸臣对冀元亨用尽了酷刑。冀元亨一直牙关紧咬，忍受住常人难以忍受的痛苦，没有诬陷师父。冀元亨从江西被押到南京，再押到北京。正德十四年（1519）秋到正德十六年（1521）四月，一直被关押。直到新皇帝上任，才被释放，出狱五天就去世了。

冀元亨做到了杀身成仁和舍生取义，用生命检验了自己的学问。

冀元亨的学问也影响了他的家庭。夫人李氏和两个女儿受连累被关押，在监狱坚持劳动，平静地纺花。她们信任丈夫和父亲不会背叛朝廷，知道自己的丈夫和父亲尊师重道。她们的平静引起了几位高官夫人的好奇。娘仨在高官夫人面前不亢不卑，拒绝了高官夫人的召见，坚持在监牢见几位贵妇人。高官夫人好奇地问李氏："你丈夫的学问都是些什么内容？"李氏说："我丈夫的学问就在每天的衣食住行和待人接物中。"

冀元亨在监狱里，对待狱友像亲兄弟一样。他平静地对待命运的安排，无怨无悔地走完自己的一生，出色地完成了自己的人生使命。他是王阳明心学的优秀弟子。

三、善于问学的弟子陆澄

陆澄（1485~1563），字清伯，又字原静（一作元静），是浙江湖州人。他是王阳明早期著名弟子，对王阳明致良知学的形成和发展起了很大作用。他的贡献主要表现在对王阳明言行的记录，还有他的勤学好问。可以说，《传习录》是由陆澄、徐爱、薛侃、钱德洪、陈九川等弟子与王阳明一起创作的。

陆澄登正德十二年（1517）进士，一生只做过六品主事。主事，是明代六部里的基层官员。嘉靖皇帝不喜欢他，他做官没有突出贡献。不过做官的贡献只能造福于一时一地，而《传习录》的智慧却永放光芒。

1. 变化气质

不同于那些功成名就后始拜入王阳明门下的弟子，早期的拜师弟子需要慧眼和勇气。

正德九年（1514），王阳明在南京做鸿胪寺卿，讲学遭到传统学者的广泛反对。这时，举人陆澄认识了王阳明。他初听心学感到一头雾水，又好奇又喜欢，每半个月求教一次。后来起了疑心，因疑而惧，他担心阳明心学是异端邪说。俗话说有疑就会有悟，在怀疑和恐惧中他有了新发现，于是去鸿胪寺去得更勤了，从每个半月一趟，缩短到五六日、三两日去一趟。他学心学受益后，干脆在鸿胪寺附近租了房子。再后来彻底接受和信任心学，就请求王阳明在鸿胪寺腾出一间仓库给他居住并做了王阳明的常随弟子。

陆澄每天受到熏染，进步显著。弟子们互相议论说，以前陆澄整天夸夸其谈，信口开河，现在成了谦谦君子，人也变得有气度了。这就是儒家说的变化气质。陆澄气质变化了，情绪变化了，实质是他的心变化了，心细了，心静了，心净了，心安了。

2. 传习记录

在南京鸿胪寺，陆澄记录下王阳明日常的教学对话。这些记录中的 80 条，被收录在《传习录》的上卷。难能可贵的是，这 80 条语录都经过王阳明亲自审查。现存的三卷本《传习录》，第一卷最早在赣州出版，收录了徐爱、陆澄、薛侃三个弟子的记录，共 129 条，其中陆澄一个人的记录超过一半。第二卷是王阳明的亲笔信。前两卷都经过王阳明亲自审查。第三卷是在王阳明去世后由弟子收集整理而成的，没有经过王阳明审查。第三卷还收录了王阳明与陆澄的一次教学问答。

正德十二年（1517），徐爱去世后，王阳明更加看重陆澄。《王文成公全书》共收录王阳明写给陆澄的信件 10 封，另有一篇送别序。

3. 良知问答

悟道的人像口铜钟一样，铜钟没人敲，就发不出悦耳动听的声音，悟道的人没遇到人求教，就像哑巴一样沉默寡言。陆澄勤学好问，问出了王阳明心中的道。

嘉靖三年（1524），陆澄两次书信问学，王阳明书信回答，答出了两篇心学精髓。这两封书信被收录在《传习录》中卷，在整个《传习录》中，也具有突出的价值。这两封书信对良知做了集中、详细的论述，介绍了良知的一些属性和特点：良知是心的本体，是至善的；一念良知，彻头彻尾，无始无终，是永恒的；良知即是道，圣人和凡人一样，心中的良知一样；能戒慎恐惧的心，就是良知；良知不分内外、前后，是浑然一体的；良知不分有事、没事，不分动和静，一直都在；良知能够分辨善恶；良知本来光明；禅宗说的本来面目即是良知；良知与精气神的关系是：良知的妙用被称为神，良知的流行被称为气，良知的凝聚被称为精。

陆澄明白不明白这些，不知道，也不要紧。关键是，在陆澄的提问下，王阳明说明白了。

4. 多病而长寿

陆澄身体不好，为此他求教师父。正德十六年（1521），王阳明写信嘱咐他，修养道德即是修养身心，养德就是养生。身体不好的陆澄享寿79岁。

陆澄得了真传，一生信任王阳明，追随王阳明，维护王阳明。

四、薛侃刻印了首版《传习录》

薛侃（1486~1546），字尚谦，号中离，广东揭阳人。正德五年（1510）在广东乡试中中举，正德十二年（1517）中进士。正德九年（1514）在南京拜师入门，先后跟从王阳明在南京、赣州、绍兴等地长期学习。他是王阳明早期著名弟子，对致良知学的形成、发展和传播贡献巨大。

1. 全家追随王阳明

正德九年（1514），薛侃参加会试落第，回程路过南京，拜王阳明为师，在南京长期跟从学习。他哥哥薛俊（1472~1524）是举人出身，在江西省玉山县县学做教谕（校长）。正德十一年（1516），王阳明到赣州上任，路过玉山县，薛俊率领弟弟薛侨（1500~1564）、侄儿薛宗铠（1498~1535）一起拜王阳明为师。

薛侃兄弟三人和侄儿一起拜师入门，对王阳明学问的宣传起了很大作用。后来，弟弟薛侨和侄儿薛宗铠这对叔侄在嘉靖二年（1523）双双高中进士。

2. 潜心学问，不急于做官

正德十二年（1517），薛侃中进士后，受王阳明的影响，没有急于做官，以照顾母亲的名义请假，回到家乡修学。王阳明邀请他来江西赣州学习，类似于现在的勤工俭学。王阳明在外出剿匪期间，安排薛侃一边负责巡抚衙门的日常事务，一边做正宪的家庭老师。他在赣州一住半年。

3. 刻印首版《传习录》

徐爱记录下师父的部分言行，并做了序和跋，没来得及刻印成书就去世了，他的记录丢失了不少。正德十三年（1518）八月，薛侃继承徐爱的遗志，搜集残存的徐爱记录共14条，合并陆澄在南京的记录80条，加上自己在南京和赣州的记录35条，汇集129条，编成三卷，刻印成书。这是初版《传习录》，内容是今传本《传习录》的上卷。

《传习录》从无到有，被记录成书稿，徐爱是发起人；从记录到成书，薛侃有首功。

初版《传习录》主要记录了王阳明师生在南京的讲学记录，少部分是在赣州的记录，不能全面反映王阳明的学问。当时，致良知学概念还没有提出和形成。

4. 传播致良知学

薛侃一生只做到七品官，他的贡献主要表现在对致良知学的终身信任、践行和传播。

嘉靖九年（1530），安葬王阳明后，薛侃牵头，组织同门弟子在杭州南郊天真山山麓修建王阳明祠。祠堂可容纳百余学生学习和食宿。在天真山建书院是王阳明的遗志。这是王阳明去世后，弟子们建的第一座阳明书院。由于朝廷在嘉靖八年（1529）把致良知学定为"伪学"，为了避嫌，弟子们把书院命名为祠堂。从此，弟子们有了定期聚会的场所。每年春秋，弟子们会聚到祠堂，祭祀后举办一个月的讲会。

王阳明去世后，薛侃与师兄弟一起搜集资料，整理文献，维护师门的学脉传承。嘉靖九年（1530），他为王畿、钱德洪编辑的《阳明先生诗集》作序，并动员侄儿薛宗铠资助出版。嘉靖十六年（1537），他与王畿一起选编《阳明先生则言》两卷。

嘉靖十年（1531）前后，薛侃被罢官后，专心传播致良知学。他是编制《王阳明年谱》的第一个倡议者，有弟子百余人，有文集传世。

五、师门的中流砥柱邹守益

1. 三个故事

《明儒学案》的编著者是明末清初著名学者黄宗羲（1610~1695），他把王阳明弟子按地域划分为七个学派，其中的江右学派即江西学派。黄宗羲认为，王阳明一生精神都在江西，江西学派真正传承了致良知学。江西学派的领军人物是邹守益（1491~1562）。

王阳明对邹守益很器重，甚至有些敬重。嘉靖初，邹守益去北京上任，中途拐到浙江绍兴，跟从王阳明学习了一个月。王阳明送行时，望着邹守益远去的背影，恋恋不舍，怅然若失。其他弟子不解地问道："师父为什么这么看重邹守益？"他说："守益虚怀若谷，谦虚好学，不耻下问，大贤呀！"

弟子竟然得到师父如此赞扬，由此可见师父对弟子的尊重，同时也体现了对弟子的信任和期望

嘉靖七年（1528）七月，王阳明在给邹守益的回信中落款"侍

生王守仁顿首，书复谦之先生"。落款中有三处用语充分体现了王阳明对弟子的敬重：侍生，意为随侍的学生；顿首，意为磕头、跪拜；先生，对人的敬称。

这三个故事联系起来，充分说明，邹守益没有辜负师父的信任和期望。师父期望弟子什么？传承、发展和弘扬致良知学。

2. 三地求学

邹守益，字谦之，号东廓，安福（今属江西）人。聪明好学，17岁中举，21岁中进士。会试中第一名，殿试中第三名。正德五年（1510），王阳明在庐陵做知县时，邹守益从安福到庐陵礼节性地拜访王阳明。正德六年（1511），邹守益参加会试时，王阳明是考官。邹守益也是一个急着做学问、不急于做官的人。在翰林院工作一年后，不顾大好前程，请假回家照顾父亲。父亲去世后，正德十四年（1519）春，邹守益到赣州请王阳明为父亲写墓志铭，听了王阳明讲学，解开了心中的疑团。他兴奋地说："大道就在这里呀！"于是拜师入门。

在平定朱宸濠叛乱的战争中，邹守益是师父的助手。

邹守益在赣州、南昌、绍兴，曾长期跟从师父学习。不能当面学习时，就通过书信请教。现存王阳明写给他的信件，正德十五年（1520）一封，正德十六年（1521）两封，嘉靖四年（1525）一封，嘉靖五年（1526）五封，嘉靖六年（1527）三封，这12封书信的内容都是师徒之间问学讲学的。

3. 三大贡献

邹守益官做得并不大，先后做过翰林院编修、南京吏部郎中和南京国子监祭酒等官，两次得罪嘉靖皇帝，中间还被贬到广德州做过判官。他对致良知学的发展有三大贡献：编《文录》、办书院、讲心学。

嘉靖六年（1527），邹守益和钱德洪一起出版了《阳明先生文录》四卷。

在被贬为广德州判官时，在当地建复初书院。在安福家乡，动员知县程文德办复古书院。程文德也是王阳明弟子。同在安福家乡，和安福籍同门弟子一起建复真书院。邹守益是这些书院的主讲。复初、复古、复真，意思都是要恢复每个人与生俱来的良知。在自己家，邹守益建有书院，名为"东阳行窝"，接待各地前来求学的学者。

从嘉靖十二年（1533）七月开始，在邹守益的主持下，江西省吉安府庐陵县境内的青原山成了江西甚至天下的致良知学讲学重地。弟子们和致良知学爱好者每年定期在青原山聚会、讲学，每次参加讲会的人都有几百人。

他本人经常应邀到各地讲学，一出去就是几个月。邹守益大力宣讲人性本善，这也是王阳明"人人心中有良知"的思想。他讲学的语言简易明白，通俗易懂。

王阳明去世后，弟子们分工编辑《王阳明年谱》，邹守益担任总裁。可惜，他没看到年谱的出版。

六、做官不耽误讲学的欧阳德

嘉靖二年（1523），欧阳德（1496~1554）中进士，被分派到南直隶六安州（今安徽六安市）做知州。欧阳知州给王阳明写信，向师父保证说："刚上任，工作繁忙，等把工作安排停当后，再开始讲学。"

王阳明回信说："我讲学，总是在繁忙的工作中，哪里需要专门召集学生讲学?"

师父的开示启发了欧阳德。他做官几十年,讲学几十年,做官和讲学两不耽误。

他与师兄薛侃、邹守益不同,两位师兄中进士后,觉得学识不精,又专门请假回到家乡,躲到山里去修学。欧阳德和师父一样,28岁中进士,师徒两人从举人到进士,中间都停顿了六年。与师父不同的是,师父是连续两次考场失利,欧阳德是主动放弃了两次会试机会。他21岁中举,第二年就可以参加会试。他觉得自己年轻,学识不够,心性不定,经验不足,就从家乡江西省泰和县跑到赣州,跟着王阳明学习。

欧阳德在六安州办书院,开始了他一生的讲学事业。欧阳德讲学,一直有着官方和半官方的身份,自然比在民间讲学影响大。他的官员身份非常有利于他的讲学。他在翰林院做过编修,在南京国子监做过教官,做过国子监祭酒,做过吏部侍郎兼翰林院学士,最后做到礼部尚书兼翰林院学士。

嘉靖二十八年(1549),负责培训庶吉士。庶吉士,是朝廷从当年300位新科进士中优中选优,选调的储备干部,年龄小于40岁。按照惯例,内阁大学士和内阁首辅一定是庶吉士出身。自然而然,欧阳老师要向这些庶吉士讲授致良知学。

嘉靖二十九年(1550),做会试主考官。主考官负责出考试题和录取,对天下读书人的引导作用非常大。如果考题中有几道关于致良知学的内容,等于是在推广致良知学。

礼部负责天下礼仪的规范和引导,欧阳德利用工作机会,把致良知学潜移默化地宣传了下去。嘉靖三十一年(1552),欧阳德出任礼部尚书兼翰林院学士。嘉靖三十二年（1553）和三十三年（1554），欧阳德牵头，与内阁大学士徐阶、兵部尚书聂豹、吏部侍郎程文德在北京共同发起灵济宫致良知学讲会，吸引听众上千人。讲会，即讲学大会的简称。

这时，半个天下的读书人都号称欧阳德的弟子。换句话说，半个天下的读书人都成了王阳明的再传弟子。嘉靖皇帝晚年开始信任欧阳德，正要重用他，他却去世了。

欧阳德气质纯粹，做事从容，学问注重实践，不尚空虚，遇事善于变通，不像薛侃和邹守益那样因得罪皇帝而双双坐牢，一个被贬官，一个被削职为民。

欧阳德与邹守益一起引领着江西同门弟子和再传弟子，扎实地传承了师父的致良知学。

七、行为怪异、开宗立派的王艮

王艮（1483~1541）开创了泰州学派。他年轻时很狂，行为怪异。他的怪异具体表现在以下六个方面：

1. 自学成才，气魄大

王艮是泰州海边的一个晒盐工人，小时候家里穷，没上几天学，没识几个字，没读几本书，开窍也晚。19岁时，跟着父亲到山东卖盐，顺便拜访孔庙。礼拜孔子塑像时突发灵感，他想：孔子是人，我也是人，他能成为圣人，我当然也能成为圣人。

从此，王艮外出卖盐时，就随身带着《论语》《大学》《孝经》。一有空就读书。他时常在心里琢磨几本经典的意思，遇到不懂的地方，随时随地向人请教。在心里琢磨多了，时间久了，身心气质发生了变化。他醒悟到，儒家经典是修身的学问。他把《大学》中的"格物"理解为"修身"。

2. 古装异服，行为怪

王艮有一天突发奇想，自己天天读圣人的书，说圣人的话，做圣人的事，想的也是圣人想的事，不戴圣人的帽子说不过去，不穿圣人的衣服说不过去。

圣人尧、舜、禹都比孔子资格老，其中资格最老的是尧。正德十四年（1519），王艮照着设想中的尧的衣冠，制作了圣人衣冠。他穿戴起圣人衣冠，踱着方步，天天表演圣人。

3. 南昌论剑，派头大

王艮自学了十来年，在家乡，在买卖食盐的圈子里，一直找不到知音。有一天，一个来自江西的教书先生叫黄文刚，他告诉王艮，在江西有个叫王阳明的大官，公开讲学，弟子很多，讲的内容和王艮讲得很像。

王艮担心，王阳明讲学，听众多，如果讲错了，误导天下读书人，自己要去指导指导；如果讲对了，自己去交流交流，学习学习。父亲替他担心，一个晒盐、卖盐的，刚挣了几个钱，就不知天高地厚，大老远地跑到江西，去和大官过招。耽误卖盐不说，惹恼了大官，会吃苦头的。父亲不让他去。

王艮在父亲床前跪到了半夜，得到允许。怕父亲变卦，天一亮，他就立即出发。

一进入南昌城，王艮就穿戴起圣人衣冠，手捧笏板，来到南昌巡抚衙门。进了中门，不再前进，等候王阳明迎接圣人。王阳明把王艮迎进客厅。王艮毫不客气，直接坐到上首座位。与王阳明辩论后，感受到与王阳明学识的差距，才移坐到下首座位，并磕头拜师。

王艮在宾馆想了一夜，后悔了，觉得拜师仓促。第二天，再次登门，宣布撤销前一天的师徒关系。经过再次辩论，终于信服了致良知学，这才正式拜师。

4. 长途跋涉，不畏难

正德十五年（1520）十月，王艮第一次到南昌，只住了七天，就急着回家。王阳明劝他多住一段时间，他说答应过父亲，要按时回家。

从泰州到南昌，一千多里。船在长江航行时，遭遇强盗。他冒着危险给强盗讲学，竟然感动了强盗。在鄱阳湖，南风刮了两天，危险重重。

回到家，他觉得意犹未尽，只住了七天，又要去南昌。父亲不同意，请族长阻止。王艮说服了父亲和族长。路过南京，在南京国子监大门前聚众讲学，轰动整个国子监。

5. 两次进京，惊天下

嘉靖元年（1522）春，王艮来到浙江绍兴。越学习，他越感觉到致良知学的真、善、美。这么好的学问，要宣传出去，要让天下人知道。怎么宣传？到北京去。

三月末，王艮穿戴上圣人衣冠，坐上小蒲车①，张挂醒目的招牌，一路招摇，沿途讲学，五月份来到北京。

奇异的服装、醒目的招牌、标新立异的学问，他沿途聚众讲

---

① 小蒲车：用柔软耐磨的蒲草包裹起车轮的小车。现代科技发达，用充气橡胶做轮胎，代替了蒲草。

学,历时两个月,经过几个省,这种行为艺术早通过驿站来往的各色人等传到北京。王艮人没到北京,事迹已经轰动京城。他在北京住了一个月,致良知学传遍北京,传到了天下。这无形中招致了一些人对王阳明的弹劾和诽谤。王阳明很生气。

嘉靖二年（1523）正月,王艮来绍兴学习,听师父讲解《论语》中"狂"人的境界,受到启发。他又"狂"了起来,决定再次进京,宣传致良知学。像去年一样,他坐上小蒲车,一路招摇,沿途讲学,二次进京。

这次,王阳明没生气。毕竟,王阳明对《论语》中"狂"的解释是：心中无私,我行我素,积极进取。

6. 开宗立派,影响大

王阳明在绍兴讲学的几年间,王艮领着儿子和侄儿,常住绍兴,专心学习。王艮读书少,不像传统读书人一样,受到文字的束缚,这反而成了他的优势。王阳明欣赏他,器重他。绍兴阳明书院,正是在王艮的牵头下建成的。王艮被安排做阳明书院的教授师。这一时期,王艮相当于师门的行政总管。

王艮认为,老百姓日常的行为规范就是至高无上又接地气的道。他把致良知学传播到了民间,他的弟子多是种田的、烧窑的、砍柴的、晒盐的等体力劳动者,他的讲学语言是老百姓喜闻乐道的大白话。

王艮还是一个行动家。家乡遭灾,他凭信誉向大富人家借贷两千石粮食救灾。

泰州学派传了五代,直到明末,著名学者有李贽、徐光启、罗汝芳等。有名有姓的弟子487人,《明史》有传的弟子20人,《明儒学案》收录的弟子 30 多人。

王艮，这位平民哲学家，深刻影响了晚明社会的思想、文艺、科学、文化等各个方面。

八、悟性高明的弟子王畿

王阳明最著名的故事是龙场悟道。正德三年（1508）的龙场悟道，如果缺少嘉靖六年（1527）的天泉证道做出说明和总结，是不完整的。王畿（1498~1583）是天泉证道故事中的主角。

嘉靖六年（1527）九月初九，王阳明去两广上任，十月份，路过南昌。邹守益、欧阳德等三百多名弟子和心学爱好者，迎候在南浦驿站。王阳明作为江西、湖广、广东和广西四省的军务总制，作为平定朱宸濠叛乱的英雄，在驿站受到官方和百姓的盛大欢迎。他简单地告诉弟子们："我有最高明的教法，用于向上突破形而上之道，一直没敢泄露出来。最近被王畿说破。这也是天机应该发泄了。前方战事紧急，我没时间和大家细说。你们可以询问王畿。"

询问王畿什么呢？

九月初八，王畿和钱德洪两个人之间出现争论。钱德洪认为，人心有善有恶，因此，意念有善有恶，觉知有善有恶，事物有善有恶。王畿认为，人心无善无恶，因此，意念无善无恶，觉知无善无恶，事物无善无恶。

王阳明第二天就要出发，送行的人多，需要准备的事多，忙到很晚，正要进入内室休息，听说王畿和钱德洪一直恭候在门外，就安排在伯爵府内碧霞池上的天泉桥上摆上桌椅，要裁判两个弟子的争论。

弟子争论这么深刻的问题，说明致良知学后继有人。王阳明很高兴，给两个弟子各打一百分。不过这是卷面分数，在心中，他给王畿打了150分。王畿超常发挥，悟性高明。

王阳明鼓励两个弟子互相学习，王畿要学习钱德洪的踏实功底，钱德洪要借鉴王畿对心体的觉悟。他综合两个人的见识，总结出具有普遍意义的"四句教"：

无善无恶是心之体，有善有恶是意之动。

知善知恶是良知，为善去恶是格物。

这个故事史称"天泉证道"。

龙场悟道有三个结论：圣人之道，吾性自足；道在心中，不用外求；格物，即正念头。什么是圣人之道？"四句教"给出了答案：圣人之道，即良知，即无善无恶的心体。道，不仅指道理，还指道路和方法。换句话说，圣人之道，不仅指良知，还包括致良知的方法。龙场悟道后，王阳明解释"格物"为"正念头"，现在确定为"为善去恶"。"为善去恶"，这种致良知方法比"正念头"更明白。

"四句教"，明显地推崇钱德洪的见识，隐含着对王畿见识的确认。为什么要隐含？等待有智慧的人去悟。有这种智慧的人不多，说出来没有普遍意义。隐含什么？王畿认为，人心无善无恶，既然无恶可去，还修什么！他因此认为，良知是现成的，是不需要修的。

唐代和尚慧能（638~713）就有这样的见识，他因此被师父提前确立为接班人。当时和慧能竞争接班人的神秀和尚（约606~706），他的见识和钱德洪一样，只被师父打了勉强及格分。钱德洪比神秀幸运，被王阳明打了100分。为什么？佛家重视见识，见识到了就给满分。和尚没有爹娘需要日常孝敬，没有夫妻需要日常包容，没有儿女需要日常教育。儒家是要做事的，注重实行，注重知行合一，知而不行不算，光说不干不行。

太高明不容易被理解和接受。王阳明告诫王畿，这么高明的见识，连颜回和程颢两位大贤都不敢相信和接受，自己心中知道就行了，不要轻易传播。王阳明本人是千辛万苦学成的，孔子本人也说自己是学成的。为什么王阳明在南昌又忍不住透漏给邹守益和欧阳德等弟子呢？他们本来就聪明，又是资深弟子，需要最后的向上挺身一跃，实现从下学到上达的突破。

浅显的见识更容易被理解和接受。历史证明，大家还是普遍接受钱德洪的见识。王畿如果生在唐代，可能会与慧能齐名；如果是个和尚，那一定是个高僧。

太高明的见识容易误导人。王艮、王畿，是王阳明弟子中两个见识最高明的人，被称为"二王"。他们都认为，良知是现成的，根本不用去修。从理上说，是对的；从事上做，一定是错的。他们的见识，在晚明确实起到了解放思想的作用，但是不少人从思想解放堕落到放荡与放纵。晚明社会风气恶化，"二王"负有一定责任。

如何借鉴历史教训？听从王阳明的圣训，持守"四句教"，仰望星空，像王畿一样，大胆自信立大志；脚踏实地，向钱德洪学习，小心谨慎修身心。

九、师门大总管钱德洪

王阳明晚年有两个最重要弟子，一个是王畿，一个是钱德洪（1496~1574）。两个弟子在正德十六年（1521）拜师入门，钱德洪比王畿大两岁，钱德洪是师兄，组织能力强，工作踏实，功夫细密,悟性不如王畿。他们是王阳明身边的长随弟子,追随师父六年时光。两人是天泉证道的当事人,在王阳明去世后,成了师父的代表,几乎担当了王阳明的衣钵传人。

王畿悟性高,钱德洪功夫扎实。在致良知的道路上,以龟兔赛跑比喻,王畿是跑得快的兔子,钱德洪是速度慢的乌龟。幸好,王畿没有在赛跑中途睡大觉,钱德洪虽然慢,也不放弃,两个人都到达了终点。

钱德洪组织能力强,又是师兄,贡献要大得多。

1. 组织贡献

正德十六年(1521)秋,钱德洪组织余姚74位青年才俊拜师入门。

嘉靖初年,在绍兴阳明书院,钱德洪和王畿一起承担了教学和行政管理工作,是王阳明的助手。王阳明去广西上任时,把书院日常管理工作委托给了钱德洪和王畿。

嘉靖七年(1528)冬,钱德洪和王畿向同门师兄弟发布王阳明的讣告。

嘉靖九年(1530),杭州天真书院建成后,钱德洪和王畿轮流在书院值班,承担联络和组织天下弟子的任务。

嘉靖十一年(1532),在北京吏部任职,长期组织同门师兄弟和心学爱好者一起学习。

嘉靖二十二年(1543),被削职为民。此后二十多年,游走各地,专心于同门弟子联络和讲学工作。

2. 文献贡献

嘉靖六年(1527),和邹守益一起,刻印《阳明先生文录》

四卷。

嘉靖七年（1528）冬，和王畿一起发布王阳明讣告时，约定用三年时间搜集王阳明散失的诗文。

嘉靖十四年（1535），执教苏州府学时，撰写公告，求购王阳明散失在各地的诗赋文章，派学生分头到江西、浙江、福建、广东、广西和南北直隶搜集收购。嘉靖十五年（1536），和同门弟子黄绾、闻人诠一起，续刻《阳明先生文录》。

嘉靖三十五年（1556），钱德洪编成《传习录》三卷，并加按语，是即今传本。其中第三卷为钱德洪新编，并收录有他本人记录的语录。

嘉靖四十年（1561），组织刻印了《文录续编》一卷。

嘉靖四十二年（1563），编著、定稿《王阳明年谱》。王阳明去世后，弟子们分工编辑年谱，由邹守益任编辑总裁。后来，师兄们先后去世，最后实际上由钱德洪编著成稿。

隆庆六年（1572）出版的三十八卷本《王文成公全书》，主要由钱德洪整理编辑而成。

3. 由渐修到顿悟

嘉靖二十一年（1542），钱德洪因得罪皇帝被关进监狱。他以为这次活不成了，就像当年王阳明在贵州龙场一样，时刻准备着迎接死亡。要死的人，一切幻想和妄想都消失了。最令他牵肠挂肚的是他的亲人，但是一个要死的人，对亲人的思念无处寄托。他的人心死了，结果，他的道心生起来了。天泉证道时，他不理解王畿在说什么。嘉靖六年（1527）秋，送行王阳明到钱塘江边的严滩时，他听不懂师父和王畿谈论的内容。在监狱里，他突然理解了，明白了。他悟透了无善无恶的心体，悟透了至善。

在监狱里，他写信告诉王畿自己的心路历程。他给同门弟子季本、张元冲写信，称赞王畿见识高明、功夫踏实。

天泉证道时，王阳明告诫他，要与王畿取长补短、互相学习。他因为见识不足，不认同王畿。从32岁直到48岁，中间经历了16年的辛苦修学，他终于达到王畿见识的高度。

钱德洪由渐修到顿悟，王畿由顿悟到渐修，两个人代表了致良知的两种修学方法。

十、绍兴知府南大吉

南大吉（1487~1541），字元善，号瑞泉，陕西渭南人。出身书香门第，父亲做过河南省新野县县学教谕。从小志向远大，要做圣贤，造福于民。他很聪明，正德五年（1510）24岁时中举，第二年就顺利地考取进士，被选为庶吉士，作为重要储备干部，进入翰林院深造。

正德六年（1511）会试时，南大吉选考《礼记》，王阳明是《礼记》学科的考官。两个人这样建立了名义上的师生关系。嘉靖二年（1523）到嘉靖四年（1525）任浙江省绍兴府知府。南大吉到绍兴后，拜访老师，慢慢地喜欢上致良知学，最后正式拜师入门。

1. 良知提醒

有一天，南大吉到伯爵府拜望师父。他问师父："我在工作中出现不少过失，先生为什么既不事前提醒，也不事后批评？"王阳明问道："出现了什么过失？"南大吉一五一十地罗列了几件过失。

王阳明听完说道:"我既提醒了,也批评了。"南大吉疑惑地问道:"您什么时候既提醒又批评了?"王阳明说:"我不提醒,你怎么知道的?"南大吉猛然醒悟道:"您说的是良知在提醒和批评我!"王阳明说:"我不是天天在和你说良知吗?"南大吉心领神会,哈哈大笑。

过了几天,南大吉再来拜望师父。他自我批评说:"没想到,我在工作中出现的过失更多了。这样犯错在前,后悔在后,不如您提前提醒我,提前告诫我,能不犯错,才更好。"王阳明说:"别人事前提醒,没有自己事后痛悔效果更好。"南大吉心领神会,笑着告辞了。

又过了几天,南大吉又来拜望师父。他坦诚地回顾了几天来所犯的过失,自己觉得过失比以前更多了。他说:"身体行为可以做到不犯错,起心动念还是有过失,怎么办呢?"王阳明说:"我们先说镜子,镜子自身布满灰尘时,照不出人脸上的灰尘。镜子擦干净了,脸上即便有个雀斑,也隐瞒不住。心就像镜子一样,过去过失太多了,已经麻木了,迟钝了,对过失习以为常。现在觉醒了,即便一个很细微的过失,也瞒不住。这可是下学上达、超凡入圣的关键时刻。加油!"

南大吉过去性情豪爽,大大咧咧,现在心思变得细密了。他的良知从沉睡到觉醒,又从觉醒到日日践行,成了他的警卫员、监督员和良师益友。

2. 亲民爱民

南大吉请王阳明为绍兴府的行政大厅书写了《亲民堂记》。他以亲民爱民为做官的宗旨,不畏权势,大刀阔斧,整治绍兴的吏治和民风，兴修水利，造福于民，建设文化，移风易俗。

南大吉修缮了稽山书院，召集全府八个县的青年才俊，请王阳明讲学。他为稽山书院修建了尊经阁。请王阳明写了《稽山书院尊经阁记》。这篇记文系统地论说了儒家经典与人心的关系。

致良知学的这两篇重要文献，因南大吉请求而从无到有。

3. 整理出版《续刻传习录》

南大吉安排稽山书院用《传习录》做教材。嘉靖三年（1524），为了丰富教材内容，南大吉把王阳明论学的九篇书信与《示弟立志说》《训蒙大意示教读刘伯颂等》合编在一起，与正德十三年（1518）薛侃在江西赣州刻印的初版《传习录》汇编出版，并写了序。这就是《续刻传习录》。后来经过钱德洪整理，南大吉新编内容成了今版三卷本《传习录》的中卷。

南大吉弟弟南逢吉（1494~1574），南逢吉儿子南轩（1518~1602）都在绍兴跟从王阳明学习。南逢吉具体经办《续刻传习录》的刻印。南逢吉是嘉靖十七年（1538）进士，南轩是嘉靖三十二年（1553）进士，父子做官时都有善政，并都有著作传世。

主要参考书目

王阳明著：王文成公全书，四部丛刊初编，上海商务印书馆，1929年。

王阳明著，陈明、王正、谷继明等注释：王阳明全集，华中科技大学出版社，2015年。

王阳明著，吴光、钱明、董平、姚延福编校：王阳明全集，浙江文丛，浙江古籍出版社，2011年。

王阳明著，王晓昕、赵平略点校：王文成公全书，理学丛书，中华书局，2015年。

王阳明著，邓艾民注：传习录注疏，上海古籍出版社，2015年。

陈荣捷著：王阳明传习录详注集评，重庆出版社，2017年。

王阳明著，王晓昕译注：传习录译注，中华书局，2018年。

王阳明著，计文渊编：王阳明法书集，西泠印社，1996年。

周建华编著：王阳明在江西，江西高教出版社，2017年。

华建新著：姚江秘图山王氏家族研究，宁波出版社，2010年。

王阳明著，华建新注评：王阳明诗文选，中州古籍出版社，2020年。

束景南著：王阳明佚文辑考编年，上海古籍出版社，2015年。

束景南著：王阳明年谱长编，上海古籍出版社，2017年。

束景南著：阳明大传，复旦大学出版社，2020年。

邹建锋著：阳明夫子亲传弟子考，中国社会科学出版社，2017年。

谌业军、胡启富编著：王阳明居黔记，贵州人民出版社，2020年。

陈宝良、王熹著：中国风俗通史（明代卷），上海文艺出版社，2005年。

王阳明著，陈椰、林锋选编、译注：王阳明家训译注，上海古籍出版社，2019年。

王阳明著，王程强释读：王阳明家书，台海出版社，2017年。

王程强：王阳明，河南文艺出版社，2016年。

王程强：厉害了！王阳明，百花文艺出版社，2020年。

程颢、程颐著，王孝鱼点校：二程集，中华书局，1981年。

张载著，章锡琛点校：张载集，中华书局，1978年。

朱熹著：四书章句集注，中华书局，2012年。

朱熹、吕祖谦编，查洪德注译：近思录，中州古籍出版社，2008年。

黄宗羲著：明儒学案，中华书局，2008年。

汤漳平、王朝华译注：老子，中华书局，2014年。

杨天才、张善文译注：周易，中华书局，2011年。

王世舜、王翠叶译注：尚书，中华书局，2012年。

陈晓芬、徐儒宗译注：论语·大学·中庸，中华书局，2011年。

潘麟著：《大学》广义，复旦大学出版社，2015年。

潘麟著：以心传心，中央编译出版社，2017年。

万丽华、蓝旭译注：孟子，中华书局，2016年。

周炳麟修，邵友濂、孙德祖纂：余姚县志，清光绪二十五年（1899）刻本。

萧良干修，张元忭、孙鑛纂：绍兴府志，明万历十五年（1587）刻本。

张廷玉等撰：明史，中华书局，1974年。

汉语大词典编辑委员会编：汉语大词典，汉语大词典出版社，1988年。

后　记

2020年初，中州古籍出版社时任副总编（今中州古籍出版社总编）卢欣欣女士说，中州古籍出版社在出版一套家藏文库，在市场调研中，见到我点评的《王阳明家书》，想请我负责《王阳明家书家训》的注释、翻译、点评。我没有贸然答应，原因是不想重复，不想抄袭，哪怕是自己重复和抄袭自己。

2017年8月，我注译评的《王阳明家书》在台海出版社出版，受到读者广泛好评。

2017年11月18日，第二届中国阳明心学高峰论坛在北京召开，参会人员1100多人，人手一册《王阳明家书》。在大会分论坛上，我做了《阳明家书呼唤良知》的主题发言。

2018年5月，阳明先生故乡浙江余姚王阳明故居管理处的黄懿先生通过微信告诉我，他们余姚市400多位科级以上干部，人手一册《王阳明家书》。

2019年6月5日，北京幸福家庭联盟读书会金子谦女士通过微信告诉我，她组织了54个家庭，准备用一年时间学习《王阳明家书》。后来，读书会的妈妈增加到100位。2020年5月16日，金老师说，经过一年学习，读书会中的48位妈妈已经能背诵《王阳明家书》附录的阳明年谱。这些都深深触动了我。

后来，卢欣欣女士多次约请。考虑到《王阳明家书》出版后的五年来，在全国阳明学者的共同努力下，新资料又被发现、发掘出来不少，尤其是束景南先生四卷《王阳明年谱长编》和三卷《阳明大传》的出版，更加丰富了有关王阳明的文献资料。

再加上，我专注于王阳明致良知学的研究和修学已经十几年了，先后创作了长篇历史小说《王阳明》三卷和生命传记《厉害了！王阳明》等书，近五年，我对王阳明的认识又有了非常显著的升华。具体表现在，学识上，读书更多了一些，更精了一些，《王阳明全集》细细研读了八九遍，其他学者的书也看了不少；身心修行上，坚持早上静坐，坚持事上炼心，灵明昭觉的境界日益稳定。

基于以上几个原因，欣然接受了卢欣欣女士的约请。

《王阳明家书》出版商邓东文先生说，新书不能侵犯他们的版权。正好，我不愿意重复自己，就决定重新注译评和编配故事。从2021年5月开始，宅居书房，脱产创作，一心一意，专心致志，在创作中修炼身心，在修炼身心中创作。

在写作过程中，得到了许多师友的鼓励和帮助。王阳明十大弟子如何选择，就此分别请教了《王阳明全集》主编吴光教授，《王阳明大传》译者钱明教授，《王文成公全书》《阳明先生集要》《王阳明集》《传习录》校注者王晓昕教授，郑州大学公共管理学院刘太恒教授，《王阳明诗文选》编著者华建新教授，民间"致良知学"践行和传播者二一先生，阳明心苑创始人盘子老师等。

读者赵俊生是某高科技企业经营者，他安排职工学习《王阳明家书》，向客户赠送《王阳明家书》。赵俊生说："世间书海浩瀚，在一本书里，哪怕一句话，甚至一个字使自己受到启发，这本书看得就值了。希望

《王阳明家书家训》仍然是这样的书。"

  提出宝贵建议的还有赣州阳明书院王修权院长、河南省王姓文化研究院王朝利秘书长、阳明先生第十五代后裔王正锡先生和第十八代后裔王勇先生，以及绍兴市王阳明研究会马士力秘书长。

  谢谢卢欣欣女士的信任！谢谢责编张雯女士的用心编校！谢谢各位前辈和同仁的指导和帮助！

  《王阳明家书家训》不同于2017年出版的《王阳明家书》，这是两本各自独立的书。

  学无止境，道无穷尽。恳请各位读者师友批评指正，督促我好好学习，天天向上，把《王阳明家书家训》做得更好。

完稿于 2021 年 12 月 8 日

家藏文库书目（持续更新中）

大学　中庸	嵇康诗文选
三国志选注译（上、中、下）	庾信选集
水经注	孟浩然诗选
唐才子传	李杜诗选（上、下）
商君书	韩愈诗选
孔子家语	柳宗元诗选
法言	杜牧诗选
随园食单	苏轼诗文选
板桥杂记	黄庭坚诗选
抱朴子内篇	陆游诗文选
文中子中说	王阳明诗文选（上、下）
大唐西域记（上、下）	花间集（上、下）
洛阳伽蓝记	晏殊　晏几道词选
地藏经　药师经	欧阳修词选
东坡志林	苏轼词选
朱子读书法	秦观词
武林旧事　附《增补武林旧事》	周邦彦词
扬州画舫录（上、下）	姜夔词
徐霞客游记（上、下）	豪放词
曾国藩家书	婉约词
梁启超家书	历代抒情小赋选
郑板桥家书	先秦散文选
王阳明家书家训	唐宋散文选
古诗十九首　乐府诗选	晚明散文选
阮籍诗选	古文辞类纂（上、下）

唐人小说选　　　　　　　儒林外史

牡丹亭　窦娥冤　　　　　千家诗

西厢记　桃花扇　　　　　帝鉴图说

喻世明言　　　　　　　　四字鉴略

警世通言　　　　　　　　声律启蒙　笠翁对韵

醒世恒言（上、下）　　　重订增广贤文　名贤集

聊斋志异　　　　　　　　历代修身格言集萃

镜花缘